Ben

Les Éditions du Boréal
4447, rue Saint-Denis
Montréal (Québec) H2J 2L2
www.editionsboreal.qc.ca

Les Éditions du Boréal
4447, rue Saint-Denis
Montréal (Québec) H2J 2L2
www.editionsboreal.qc.ca

À l'ombre du mur

DU MÊME AUTEUR

La Petite Loterie. Comment la Couronne a obtenu la collaboration du Canada français après 1837, Boréal, 1997.

Les Fins du Canada selon Macdonald, Laurier, Mackenzie King et Trudeau, Boréal, 2001.

Les idées mènent le Québec. Essai sur une sensibilité historique (collectif sous la direction de Stéphane Kelly), Presses de l'Université Laval, 2003.

Stéphane Kelly

À l'ombre du mur

Trajectoires et destin de la génération X

Boréal

© Les Éditions du Boréal 2011
Dépôt légal : 1er trimestre 2011
Bibliothèque et Archives nationales du Québec

Diffusion au Canada : Dimedia
Diffusion et distribution en Europe : Volumen

Catalogage avant publication de Bibliothèque et Archives nationales du Québec et Bibliothèque et Archives Canada

Kelly, Stéphane, 1963-

    À l'ombre du mur : trajectoires et destin de la génération X

    Comprend des réf. bibliogr.

    ISBN 978-2-7646-2098-4

    1. Génération X – Québec (Province). 2. Jeunes adultes – Conditions sociales – Québec (Province). I. Titre.

HQ799.8.C32Q4   2011   305.24209714   C2011-940213-0

ISBN PAPIER 978-2-7646-2098-4

ISBN PDF 978-2-7646-3098-3

ISBN ePUB 978-2-7646-4098-2

À Mélissa Anctil

Fata volentem ducunt, nolentem trahunt.
(La destinée conduit ceux qui l'acceptent
et traîne ceux qui la refusent.)

INTRODUCTION

Les enfants de la révolution

Toute génération en arrive un jour à se questionner sur sa place dans la société. Elle se demande aussi quel a été véritablement sa contribution à l'histoire nationale, en comparaison de l'apport de celles qui l'ont précédée. La génération X ne fait pas exception. Nés au tournant des années 1960, les aînés de celle-ci ont déjà atteint la cinquantaine. Après avoir beaucoup critiqué les baby-boomers, ils doivent à leur tour tenter de définir un horizon politique pour la société québécoise. S'ils participent aux débats publics depuis longtemps, leur personnalité collective reste difficile à cerner : génération de sacrifiés, de frustrés, de conservateurs, d'individualistes… Ce livre a été écrit pour offrir une réponse plus substantielle à cette question. Je n'ai pas la prétention de croire qu'il s'agit d'une réponse définitive. On peut par contre lire cet essai comme un jalon visant à faire avancer un débat qui prendra de l'importance dans les prochaines années, à mesure que les X accepteront de prendre le relais de leurs prédécesseurs.

En cherchant à cerner la personnalité collective de la génération X, j'ai eu recours à la métaphore du Mur. Elle s'est imposée spontanément dans mon analyse pour décrire les expériences vécues par les X durant les années 1980 et 1990. Le Mur surgit à mon esprit comme un symbole puissant illustrant les nombreux obstacles qui sont venus briser l'élan que la génération précédente avait imprimé à la société. La physionomie particulière de la génération X au tournant des années 1980 est façonnée par cet obstacle qui contrarie soudain les aspirations apparemment légitimes de ses membres dans leur vie intime, professionnelle et spirituelle.

Le Mur ne s'impose pas seulement aux perdants de cette génération. Ceux qui tirent leur épingle du jeu l'ont aussi affronté, avant de le contourner. Le Mur affecte ainsi les X sans véritable discrimination. Les femmes sont autant touchées que les hommes. Les X fortement scolarisés, comme ceux qui le sont peu, s'épuisent à le gravir. Bref, le Mur marque l'ensemble des individus qui accèdent à l'âge adulte à cette époque, par-delà les classes sociales. En butant contre lui, les X réalisent que l'idéal de vie adopté par leurs parents est hors d'atteinte. Ils doivent simplement chercher à s'assurer une « vie normale ». Cette lutte pour la survie les incite à réviser à la baisse leurs attentes concrètes à l'égard de ce que la société peut offrir. Par prudence, ils en viennent à s'imposer un horizon de vie minimaliste. Au slogan de Che Guevara, « Soyez réalistes, demandez l'impossible », ils répondent, en silence : « Ne vise pas trop haut et tu ne seras pas déçu. » C'est le début d'un long questionnement pour cette génération, qui mènera éventuellement à l'adoption d'un scepticisme face aux grandes utopies politiques. Cette posture par rapport à l'avenir, faite de méfiance et d'ambivalence, a fini par contaminer d'autres groupes. Elle est partagée maintenant par une bonne partie du peuple québécois. La preuve que les X, sans faire de coups d'éclat, ont déjà infléchi la sensibilité de leurs compatriotes.

L'aspect le plus intriguant du destin de cette génération s'est joué dans la transformation rapide du domaine de la vie intime. La façon dont les X deviennent adultes, s'installent dans la vie et mènent leur vie privée est originale en regard des mœurs des générations passées. Leur façon singulière de s'inscrire dans le monde n'a toutefois pas été le fruit d'un choix délibéré, plutôt le résultat de tâtonnements, d'improvisation et d'une volonté ferme de surmonter les épreuves. En effet, si les cohortes générationnelles qui suivent les X semblent aujourd'hui marcher dans leurs pas sur plusieurs plans, il reste qu'ils ont été les premiers cobayes d'un brusque virage de l'Occident avancé. Ce virage visait à accélérer la cadence de la « poursuite du bonheur individuel ». Certes, la révolution individualiste qui travaille l'Occident a commencé à transformer le domaine de la vie privée bien avant que les X deviennent adultes. Seulement, cette révolution se généralise pleinement durant les années 1980, frappant de plein fouet leur trajectoire. L'individualisme radical, introduit progressivement par les cohortes précédentes, rend la condition des X et des cohortes subséquentes plus instable, plus incertaine, plus précaire, dans les domaines de la vie professionnelle comme de la vie intime.

La métaphore du Mur n'évoque pas seulement les obstacles rencontrés par les X dans leurs différentes trajectoires. L'image a acquis une seconde signification au fil de mon analyse. Les X viennent au monde dans une société qui valorise toute rupture avec le passé. Elle les prive par conséquent des repères, des principes, des éléments de culture que la civilisation avait précieusement façonnés et conservés au fil du temps. Plus les X vieillissent, plus l'idée de *mouvement* est sacralisée. Elle sert à orienter l'action dans toutes les sphères de l'activité humaine, forçant l'individu à s'adapter de plus en plus rapidement. Pourtant, ce culte du mouvement n'a pas fait naître une société plus stable, plus juste, plus prospère. Au contraire, il sème les germes d'une insécurité généralisée sur la planète. En entrant dans la vie adulte durant les années 1980, les X y sont plus durement soumis que les générations précédentes. D'un côté, ils doivent accepter d'être des travailleurs flexibles et mobiles ; de l'autre, ils doivent adapter leur vie intime à cet impératif.

Porté par le courant idéologique libertarien, ce culte du mouvement isole de plus en plus les nouvelles générations de leur héritage historique. La dissolution rapide de tous les repères anciens crée un homme nouveau, complètement émancipé du passé, qui n'agit qu'en fonction de son intérêt. Il voit l'engagement politique comme une activité inutile, une entrave à la prospérité générale et à sa propre liberté. Il est obsédé par le bien-être, les jouissances matérielles, la satisfaction des besoins du corps. Dans sa quête frénétique de confort, il se réfugie au foyer, entre le fourneau, l'îlot, le frigo et la table à manger. Lorsque les X étaient des enfants, les féministes suggéraient aux femmes de sortir de leur cuisine. À observer les choses aujourd'hui, on note que les femmes y sont restées et que les hommes, eux, sont venus les y rejoindre. Esclaves des plaisirs que procure la vie au foyer, les X se sont privés des gratifications liées à la vie civique.

Ce livre présente une forme atypique en ce qu'il offre une variété de regards sur la condition de la génération X à travers le temps. Au fil de l'analyse et de la rédaction, j'ai inventé une méthode qui se voulait libre et expérimentale. La nature du sujet nécessitait un tel traitement. Le lecteur trouvera ainsi dans les prochaines pages une juxtaposition d'essais. Ils ont en commun de chercher à révéler la trame centrale du destin de cette génération ainsi que les trajectoires primordiales empruntées par ses membres. Plusieurs chapitres proposent des analyses sociologiques du groupe, d'autres cherchent plutôt à explorer le sens de certaines œuvres qui ont façonné son imaginaire. D'autres encore proposent des biographies fictives de X dans le but d'illustrer l'ingéniosité déployée par chacun pour affronter le Mur[1].

Des essais, des romans et des reportages ont tenté par le passé de décrire la condition de la génération X. À ma connaissance, aucun écrit ne s'était penché sur le sens donné par ses membres à leurs trajectoires et à leurs épreuves. C'est pour cela qu'à l'origine ce livre a été rédigé à leur intention. Je tentais de cerner la signification que cette génération a donnée à son destin collectif. J'ai cherché à le faire en ravivant et en consignant des souvenirs, des observations, des émotions avant que le temps fasse son œuvre et que tout un pan de notre passé tombe dans l'oubli. En cours de route, cet exercice de mémoire a évolué. J'ai maintenant la conviction qu'il peut intéresser toutes les générations. En érigeant un Mur entre chaque nouvelle génération et les précédentes, le culte

---

1. Le lecteur curieux trouvera, en annexe à la page 279, une description plus précise de la méthode que j'ai utilisée.

du mouvement mine la possibilité de se rallier autour d'un idéal commun qui donne un sens à notre aventure collective.

Ce livre étant centré sur le destin d'une génération, j'aimerais ici préciser les balises de mon analyse. Le phénomène démographique qu'on a appelé le baby-boom s'est étalé au Québec sur pratiquement trois décennies : les années 1940, 1950 et 1960. En gros, cette explosion de la natalité a donné naissance à trois cohortes distinctes, chacune étant liée à une décennie[2]. Dans les pages qui suivent, j'ai attribué un nom distinct à chaque cohorte. Les *premiers boomers* naissent dans les années 1940. Leur profil a été dépeint par François Ricard dans *La Génération lyrique*[3]. C'est le groupe qui a le plus profité de la forte croissance économique des Trente Glorieuses (1945-1975). Les X, eux, arrivent au monde au tournant des années 1960. Leur destin est aux antipodes de celui des premiers boomers. Leur vision du monde naît précisément de cette opposition.

Enfin, dans l'entre-deux se trouve une cohorte moins visible que je nomme les *seconds boomers*. Ils sont nés dans les années 1950. Ceux-ci constituent un groupe plus effacé, ont moins de poids dans les débats publics. Également, ils profitent moins de la prospérité économique que leurs aînés. Plusieurs parmi eux traversent même des difficultés d'insertion professionnelle au début de l'âge adulte, puisque l'économie tourne plus lentement dès le milieu des années 1970. Sur le plan de la vision du monde, ils sont assez proches de la cohorte des *premiers boomers*. Coincés entre ces derniers et les X, ils possèdent une identité générationnelle moins prononcée. Dans les débats sur l'avenir du Québec, cette cohorte de seconds boomers se démarque moins, collectivement, que celle qui

---

2. Dans une étude, Simon Langlois a montré que ces trois cohortes ont connu des destins économiques différents. « Niveaux de vie et effets de génération », dans Céline Saint-Pierre et Jean-Philippe Warren, *Présences de Guy Rocher*, Montréal, Presses de l'Université de Montréal, 2006, p. 73-84.
3. François Ricard, *La Génération lyrique*, Montréal, Boréal, 1992.

précède et celle qui suit. C'est une génération écartelée entre les deux autres : les premiers-nés dans la cohorte des seconds boomers seront intellectuellement et affectivement solidaires des premiers boomers. Par contre, les derniers-nés de la cohorte des seconds boomers, ceux qui viennent au monde entre 1957 et 1959 connaîtront un destin proche de celui des X. Ainsi, parmi les auteurs qui à mon sens structurent et expriment l'imaginaire X, et qui seront discutés dans ce livre, on trouve quelques individus nés à la fin des années 1950. Par conséquent, une définition exclusivement démographique de la génération X serait stérile. Dans ses analyses, Statistique Canada fait débuter cette génération à l'année 1967. Or, les premières cohortes d'individus qui se butent au Mur au tournant des années 1980 sont nées bien avant cette date, soit à partir de la toute fin des années 1950. Ce sont elles qui, dans les journaux, les revues, les tribunes, vont développer une critique des baby-boomers et poser les jalons d'un nouvel imaginaire générationnel.

L'une des œuvres clés de ce nouvel imaginaire est le célèbre roman *Generation X*, de Douglas Coupland[4]. Best-seller planétaire, le livre dépeint la vie de jeunes adultes âgés de 20 à 30 ans au tournant des années 1990. La société dépeinte par Coupland est fermée, sans avenir. Les repères anciens ont disparu. Les X se contentent de survivre, en acceptant à l'occasion des « McJobs ». Si ces jeunes ne sont pas révoltés, ils jettent en revanche un regard corrosif sur le monde, et ce, non sans humour. Dans les marges du roman, l'auteur a placé un lexique humoristique fournissant des concepts pour comprendre le monde dans lequel vivent les X. À plusieurs reprises dans le livre est suggérée l'idée que ceux-ci vivent à une époque où il ne se passe rien. Comme si, au fond, la sacralisation du mouvement, de la mobilité, du changement et de la vitesse qui caractérise l'époque n'était qu'une vaste supercherie orchestrée par les puissants de ce monde.

---

4. Douglas Coupland, *Generation X: Tales for an Accelerated Culture*, New York, St. Martin's Press, 1991. Canadien né en 1961, Coupland a fréquenté l'Université McGill au début de la vingtaine.

I
L'enfance de la génération X

1
Les années 1960 et la société thérapeutique

L'une des choses que l'on enseigne aux membres de la génération X sur les bancs d'école durant les années 1970 est qu'ils sont nés au début d'une grande époque. Les jeunes Québécois nés après la Grande Noirceur auraient échappé aux affres de la misère, de l'autoritarisme et du sectarisme. Nous le savons aujourd'hui, les enfants de la révolution naissent à la fin d'une époque, à la toute fin d'un long cycle de prospérité, de paix et d'égalité sociales. On a beau dire que la Belle Province dirigée par Duplessis résiste, le fait est que le mouvement de prospérité de l'après-guerre profite à toutes les classes de la société.

Les X naissent dans la dernière portion des Trente Glorieuses. L'expression « Trente Glorieuses » désigne les trois décennies de croissance quasiment ininterrompue entre 1945 et 1975. Ce progrès tient à une combinaison exceptionnelle de facteurs : soutien du gouvernement à l'économie, progrès technologiques, stabilité sociale. À cela s'ajoute, pour les États-Unis, l'Angleterre et le Canada, le grand avantage d'avoir remporté la Seconde Guerre mondiale. Dès ce moment, les États-Unis succèdent à l'Angleterre comme grande puissance économique et militaire sur la scène internationale. La philosophie sociale qui sous-tend le New Deal est associée au triomphe des États-Unis sur l'échiquier politique mondial. Symboliquement, elle est synonyme de prospérité, de victoire et de paix. Le New Deal repose sur l'union de forces sociales (ouvriers, fermiers, petits marchands, industries fragiles) opposée à la concentration économique et à l'élargissement des inégalités entre les classes sociales.

Dans les quartiers où les X vivent, au milieu des années 1960, il y a certes des riches et des pauvres, mais aussi beaucoup de familles qui se sont taillé une modeste place dans leur milieu. Dans les rues se mêlent des dizaines d'enfants, des fils d'ouvriers, de professeurs, de fonctionnaires, de marchands et de médecins. Issus de milieux très variés, ces enfants se rencontrent au quotidien. En se côtoyant, ils finissent par se ressembler. Plusieurs se savent membres d'une famille plus riche, ou plus pauvre, que la moyenne, mais ce fait reste souvent secondaire.

La rue est un puissant niveleur. Elle est la scène de joutes âprement disputées. Pendant que les filles jouent à la marelle ou aux élastiques, les garçons s'adonnent au hockey, au baseball ou au football, selon la saison. Les parties commencent immédiatement après les classes et durent jusqu'au souper. La plupart des mères s'occupent de la maison, préparant les repas, surveillant du coin de l'œil leur progéniture s'agiter dans la rue. En fait, les mères n'ont pas vraiment à veiller à la sécurité. Les aînés s'en occupent en imposant les règlements, comme des apprentis parents, malins et complices.

Dans les années 1960, nous vivons déjà dans une société de consommation. La notion d'abondance est toutefois relative. Certaines familles sont certes plus riches, mais leur taille impose un sens du sacrifice. Les jeux des enfants sont souvent peu coûteux, comme l'instruction qui leur est prodiguée, comme les soins offerts lorsqu'un membre de la famille est malade. Cette époque, sans s'en réclamer, possède un esprit républicain. La vie est simple, voire austère. L'universalité, sans être la règle, semble à tout le moins poindre à l'horizon. Les espaces de ségrégation tombent les uns après les autres. On s'occupe à satisfaire les besoins élémentaires de chacun, sans distinction, sans privilège, sans discrimination. Une société où les enfants et les jeunes représentent près du tiers de la population s'attache à des tâches simples. Offrir un toit, un accès à l'hôpital et à l'école, un terrain de jeu, ainsi qu'un emploi au parent pourvoyeur.

Quand on relit les discours de Roosevelt et de Bennett, en plein cœur de la Grande Dépression des années 1930, on s'aperçoit que l'esprit du New Deal est toujours bien vivant au milieu des années 1960. Cet esprit prend forme dans des politiques publiques généreuses. Le programme de la gauche réformiste nord-américaine devient une réalité palpable grâce à un mouvement de prospérité exceptionnel. Cet idéal politique, simple, modeste et raisonnable est cependant menacé au moment même où le plus grand nombre en bénéficie. Cette menace, bien peu la pressentent à l'époque. Quelques esprits lucides tentent de sonner l'alarme, mais ils ne sont pas pris au sérieux.

Sous quelle forme se présente cette menace? Je dirais, pour simplifier, que les institutions qui ont façonné le Canada français pendant plusieurs générations s'affaiblissent sous la pression de la révolution culturelle. Avant celle-ci, plusieurs institutions médiatisaient les rapports entre l'individu et la collectivité, les principales étant la famille, l'école, l'État et l'Église. Ces institutions jouaient un rôle crucial dans la transmission des valeurs et des normes nécessaires à la cohésion sociale et à la poursuite du bien commun. Or, la révolution culturelle porte un puissant mouvement antiautoritaire qui finit par miner ces institutions. Dans les prochains chapitres, nous allons voir comment ces dernières se transforment rapidement, pour s'adapter à la montée de l'individualisme et se plier au culte du mouvement. Les X grandissent ainsi au sein d'institutions qui sont en crise.

Lorsque les X arrivent à l'adolescence, ils n'habitent déjà plus ce paisible pays forgé par l'esprit du New Deal et les politiques de Roosevelt et de Bennett. Certes, on continuera longtemps à parler de l'État-providence. La taille de l'État continuera d'ailleurs de croître. Mais il peinera de plus en plus à redistribuer la richesse entre les classes sociales et entre les générations. Subtilement, les politiques publiques prendront un autre sens. Elles s'emploieront de moins en moins à redistribuer le revenu et de plus en plus à changer les comportements du peuple dans le but de le « guérir ». L'État-providence cédera la place, tranquillement, de façon invisible, à l'État thérapeutique. Ce dernier s'appuie sur le triomphe d'une nouvelle éthique sociale. En effet, lorsque les X arrivent au monde, deux éthiques sociales s'affrontent : d'un côté, l'éthique bourgeoise, qui se veut austère, répressive, disciplinaire ; de l'autre, l'éthique thérapeutique, portée par la société de consommation[1]. Partout en Occident, l'ancienne éthique, qui prône les valeurs dites traditionnelles (le sens du sacrifice, l'effort, l'épargne, la discipline), bat de l'aile.

À partir des années 1960, dans l'espace public, les valeurs bourgeoises font l'objet de railleries et de critiques. S'en donnent à cœur joie les journaux, les magazines, la publicité, la télévision et, bien sûr, la musique populaire. Composée de professeurs, de conseillers, d'experts, de managers, de thérapeutes, la nouvelle classe moyenne s'active à donner le coup de grâce à la vision bourgeoise, à la faveur de la nouvelle culture, qui se proclame plus démocratique, plus festive et plus humaine. Vouée à l'émancipation de l'individu, cette culture prône le plaisir, l'expérimentation, le bien-être personnel, l'expression des sentiments et l'authenticité. De cette lutte à finir entre les partisans de l'ordre ancien et les prophètes de la nouvelle culture, ces derniers sortent facilement victorieux.

Cet avènement de l'éthique thérapeutique a été dépeint par Philip Rieff durant les années 1960. Définie simplement, cette éthique interprète le monde à l'aide du langage médical[2]. « L'hôpital succède au parlement et à la cathédrale comme archétype de la culture occidentale[3] », écrit-il. Selon lui, l'Occident a vu se suc-

---

1. Sur les deux éthiques, voir Daniel Bell, *Les Contradictions culturelles du capitalisme*, Paris, Presses universitaires de France, 1979.
2. En France, Michel Foucault et Jacques Donzelot ont dépeint les contours de l'éthique thérapeutique. Consulter Foucault : *Histoire de la sexualité*, vol. 1 : *La Volonté de savoir*, Paris, Gallimard, 1976 ; pour Donzelot : *La Police des familles*, Paris, Éditions de Minuit, 1977.
3. Philip Rieff, *The Feeling Intellect*, Chicago, Chicago University Press, 1990, p. 8. (Je traduis.)

céder trois idéaux de personnalité : l'idéal de l'homme politique, hérité de l'Antiquité classique ; l'idéal de l'homme religieux, hérité de la civilisation de l'autorité qui précéda les Lumières ; et l'idéal de l'homme psychologique dans le monde moderne[4]. L'homme psychologique, selon Rieff, est soumis à cette subtile tyrannie démocratique décrite par Tocqueville, qui n'est plus fondée, comme au Moyen Âge, sur une hiérarchie séparant les confesseurs des confessés. Dans la société thérapeutique, cette « démocratie du malade », chacun doit être confesseur et confessé à la fois ; chacun est ainsi invité à jouer au docteur avec les autres. Et personne n'a la prétention de se croire guéri ni parfaitement sain. Rejetant l'autorité du passé et de la tradition, chaque individu cherche à atteindre un maximum de bien-être : « L'homme psychologique, dans son indépendance à l'égard de tous les dieux, se sent libre d'utiliser toutes les expressions divines… Il sera un pratiquant de n'importe quelle foi qui pourra lui offrir un usage thérapeutique[5]. »

Dans les prochains chapitres, je montrerai de quelle façon cette quête effrénée de bien-être, de libération ou de guérison mine progressivement les institutions de la société et fait naître les dilemmes que rencontreront les X sur leur chemin vers l'âge adulte.

---

4. Philip Rieff, « The Emergence of Psychological Man », dans *Freud: The Mind of a Moralist*, New York, Anchor Books / Doubleday, 1961, p. 361-392.

5. *Ibid.*, p. 26-27. (Je traduis.)

2

Des parents déboussolés

Je viens de suggérer que l'action de l'État commence à prendre un sens nouveau au terme des années 1960. Je vais me pencher maintenant sur les mutations qui touchent une deuxième institution centrale : la famille. Durant la Révolution tranquille, l'État québécois adopte certes une gamme de politiques publiques qui empiètent sur l'autorité des parents. Il reste que, parmi les institutions de la société, la famille demeure la grande responsable de la socialisation des enfants. À quoi ressemblent les parents de la génération X ? Ils ont été largement exposés aux grandes mutations familiales qui travaillent l'Occident depuis un siècle. Les jeunes adultes possèdent le droit de se marier sans trop d'ingérence parentale. L'unité familiale qu'ils connaissent est responsable de l'éducation des enfants et du réconfort émotionnel. La taille des familles diminue. Une conscience de la vulnérabilité des enfants se manifeste de plus en plus nettement. Au-delà de cette sensibilité familiale commune, deux types de parents façonnent l'éducation de la génération X.

En gros, les parents de la future génération X naissent entre le milieu des années 1920 et le milieu des années 1940. Un premier groupe de parents naît donc avant le baby-boom. Marqués par l'esprit de la Grande Dépression, ceux-ci restent attachés à la vieille éthique sociale bourgeoise, austère et répressive. Les premiers-nés du baby-boom composent le second groupe de parents ; ils sont plus modernes, néophiles et nettement plus critiques à l'égard de leurs ancêtres et des valeurs héritées du passé.

Ainsi, les membres de la génération X sont soit les cadets des dernières grandes familles (de six ou sept enfants), soit les aînés des familles fondées par les premiers boomers. Le fait de grandir dans l'une ou l'autre de ces familles a des conséquences importantes. Les X qui naissent dans le premier groupe de familles (pré-babyboom) vont se séparer plus facilement de leurs parents. Le fossé qui existe entre eux, sur le plan des valeurs et des normes, est important à la fin de l'adolescence. Ces X n'ont aucune difficulté à quitter le domicile familial au début de l'âge adulte. La page est vite tournée, et leur départ est accompagné d'un sentiment de soulagement. Il en va autrement du second groupe. Les X qui naissent dans des familles de premiers boomers se sentent moins étrangers vis-à-vis de leurs parents. Ils partagent la plupart de leurs valeurs, bien que la cohabitation puisse comporter des difficultés. La séparation d'avec leurs parents se réalise de façon moins nette que pour les autres X. Nés de parents boomers, ils développent un rapport ambivalent face à la génération qui les précède. Leur accession à l'autonomie en est plus laborieuse et problématique. Ils restent liés à leurs parents, se sentent protégés, mais ont aussi le sentiment d'être écrasés par eux.

Au-delà de cette division, déterminante et significative, la génération X en entier est exposée à la dissolution du modèle familial traditionnel. Qu'ils soient nés dans une famille de premiers boomers ou pas, les X assistent à une critique sociale dévastatrice du modèle parental traditionnel. Dans le contexte de la scolarisation rapide de la société, à la suite de la Seconde Guerre mondiale, de multiples sources d'information nourrissent les adultes dans l'apprentissage de leur rôle de parents. Ayant soif de connaissance, ils dévorent journaux, magazines et livres, écoutent des pédiatres ou des sexologues discourir à la radio et à la télévision. Ils consultent aussi des psychologues, des experts, des professionnels, qui offrent des conseils pour résoudre les problèmes les plus complexes de la vie parentale et conjugale. L'effet net de ce mouvement est d'affaiblir l'autorité parentale, de miner la confiance des parents en leurs propres capacités et de discréditer ce qu'on appelle la « culture répressive » inculquée depuis des générations.

Dès le début des années 1960, beaucoup de parents québécois sont ambivalents face aux mérites de cette révolution culturelle. Ceux qui sont nés au début du baby-boom ont tendance à s'identifier au mouvement, et par conséquent l'applaudissent et souhaitent en augmenter la cadence. Les autres, qui ont grandi durant la Grande Dépression, sont moins optimistes et nettement plus sceptiques. Ils tentent parfois même de résister ou de ralentir le mouvement. Mais ils sont souvent impuissants devant ces autres parents, plus scolarisés, plus jeunes, plus audacieux. Il reste que ce n'est pas toujours une question d'âge. Le milieu de travail compte pour beaucoup dans la façon de percevoir la nouvelle éthique thérapeutique. La nouvelle classe moyenne, portée par l'expansion du secteur public, accueille avec enthousiasme l'élan révolutionnaire de la société. La vieille classe moyenne, dominante dans le secteur privé de l'économie, est plus réservée face à la naissance d'une nouvelle moralité, laquelle semble dissoudre des valeurs comme l'autorité, la discipline, le contrôle de soi et l'austérité.

Avant le déploiement de la révolution culturelle, les rôles parentaux se définissent d'une façon stricte : les pères sont pourvoyeurs, les mères sont éducatrices et ménagères. Cette division du travail commence tranquillement à changer durant les années 1960. La scolarisation des femmes fait des progrès et favorise leur insertion graduelle sur le marché du travail. Leurs séjours en entreprise se font de plus en plus longs. Néanmoins, la plupart des mères restent à la maison tant que les enfants n'ont pas atteint l'école primaire. Beaucoup de mères au foyer souffrent en silence, voyant de plus en plus leur statut comme une servitude, supportée parfois au prix d'une surconsommation d'alcool ou de médicaments. Les enfants, toutefois, bénéficient d'un encadrement parental assez stable et cohérent. Les pères sont plus présents, pour donner un répit à la mère, le soir ou la fin de semaine. Contrairement à aujourd'hui, une famille de classe moyenne pouvait alors s'appuyer sur un seul revenu, pour autant que le sens du sacrifice soit au rendez-vous.

Quelque part à la fin des années 1960, le modèle traditionnel est graduellement remplacé par ce que l'on s'empresse de nommer avec candeur le « modèle démocratique ». L'autorité s'assouplit et se partage désormais plus formellement entre les deux parents. Ceux-ci deviennent hésitants à punir leurs rejetons, se questionnant de plus en plus sur les modalités d'exercice de la discipline et de l'autorité. Le statut de l'enfant a considérablement changé. Il ne s'agit plus de le préparer à entrer dans l'univers des adultes, dans un monde commun fait de normes, de traditions et de savoirs. Sur toutes les tribunes, les spécialistes de la famille, toutes disciplines confondues, exhortent les parents à démocratiser leur foyer. La vie d'un enfant, disent-ils, est une longue quête d'expériences affectives qui doivent tendre vers l'émancipation et la libération. Ces spécialistes se préoccupent aussi beaucoup de la santé mentale des parents, qu'on juge fragile. Les chefs de famille, avertissent-ils, ne sont pas seulement des parents. Puisqu'ils sont aussi des conjoints, des amoureux, des amants, ils doivent s'aménager un espace à eux pour se créer une vie quotidienne riche, stimulante et exaltante.

Le nouvel idéal familial qui se fait jour durant les années 1960 façonne beaucoup plus lourdement les X qui sont nés de parents boomers. Ces X réussiront moins facilement à se détacher de leurs parents, qui ont cherché à éduquer leur progéniture d'une façon plus permissive et moins hiérarchique que ne l'ont fait leurs propres parents. Certains sont même allés jusqu'à nouer une relation amicale avec elle. Cet égalitarisme, s'il était animé par de nobles sentiments, a produit des effets pervers. La série télévisée *Les Invincibles* a proposé à ce sujet des scènes hilarantes — et passablement vraisemblables bien que caricaturales — de ces effets pervers, notamment en décrivant la relation tordue entre le personnage de P.-A. et son père[1]. P.-A. est un éternel adolescent, très scolarisé, incapable de quitter le domicile familial. À plusieurs égards, il échoue à

---

1. La série *Les Invincibles* a été diffusée à Radio-Canada entre 2005 et 2009. Elle a été écrite par François Létourneau et Jean-François Rivard.

faire preuve d'un sens des responsabilités. La promiscuité qui est de mise au domicile familial est telle que, lors d'un épisode, il cède aux avances de la nouvelle conjointe de son père. Ce dernier finit par l'apprendre et décide de mettre son fils à la porte. Quelques épisodes plus tard, ayant appris que P.-A. a été rayé de l'Ordre des psychologues, le père décide de donner cours à sa colère. Il administre à son fils une solide fessée, avouant qu'il aurait dû employer cette méthode depuis longtemps.

L'incapacité ou le refus de grandir est observable chez plusieurs des cadets de la génération X, qui ont été élevés par des premiers boomers[2]. Ces parents ont oublié qu'éduquer son enfant, c'est aussi savoir s'en séparer. Plus les parents tardent à proposer un salutaire détachement, plus le processus de séparation est laborieux et difficile. Françoise Héritier a qualifié ce phénomène d'« inceste du deuxième type[3] ». Il survient lorsqu'un parent et son enfant sont soudés l'un à l'autre, animés d'un désir inconscient de fusionner. Cet « inceste du deuxième type » risque davantage de se mettre en place dans les familles où les rôles sont confus et interchangeables. Dans ces familles, les générations ne sont pas différenciées, et les règles, par conséquent, ne sont édictées par personne en particulier. Il devient difficile de discerner les rôles et les devoirs de chacun. L'idée de hiérarchie ayant été évacuée, l'enfant ne connaît pas les repères qui peuvent l'aider à entrer graduellement dans le monde des adultes.

---

2. Dans le troisième épisode de la série *Les Invincibles*, on entend en hors-champ la chanson *I Don't Wanna Grow Up*, de Tom Waits : « When I'm lying in my bed at night / I don't wanna grow up / Nothin' ever seems to turn out right / I don't wanna grow up / How do you move in a world of fog / That's always changing things / Make me wish that I could be a dog / When I see the price that you pay. »
3. Françoise Héritier, *Deux sœurs et leur mère*, Paris, Odile Jacob, 1994.

3

Le Mur et la destruction de l'école publique

Au début des années 1980, le groupe de l'heure dans la musique populaire, Pink Floyd, propose son nouvel opus : *The Wall*. L'œuvre paraît d'abord sous la forme d'un album double, puis est adaptée au cinéma. Les jeunes de l'époque se précipitent chez les disquaires pour acheter l'album, afin de le mesurer aux classiques *Dark Side of the Moon* ou *Wish You Were Here*. Quelque temps après, ils se rendent au cinéma local pour apprécier l'œuvre cinématographique. L'imaginaire pessimiste et catastrophiste déployé dans le film marque l'esprit de la jeunesse. Une pièce de l'album, *Another Brick in the Wall*, devient avec les années une chanson culte pour la génération X du Québec. En effet, un palmarès dressé en 2008 par le journal *La Presse* et la station de radio Rythme FM la place au premier rang des 500 meilleures chansons produites depuis les années 1970. On peut légitimement se demander pourquoi elle a acquis une telle notoriété. Musicalement, elle ne présente pas la virtuosité de *Stairway to Heaven*, de *Sympathy for the Devil* ou de *Shine on You Crazy Diamond*.

La popularité de cette chanson tient moins au contenu musical qu'à son refrain célèbre. Celui-ci s'imprime dans les esprits durant toutes les années 1980, la pièce étant jouée à répétition dans les discothèques, les bars, les stations de radio, les polyvalentes et les cégeps. Le refrain de la chanson porte un jugement sans appel sur l'école et sur les professeurs : *We don't need no edu-*

cation / We don't need no thought control / No dark sarcasm in the classroom / Teachers leave them kids alone / Hey, teacher, leave us kids alone / All in all it's just another brick in the wall.

The Wall raconte l'histoire d'une vedette rock qui, dans le contexte d'une sérieuse dépression, se remémore sa propre enfance. Les souvenirs de la vedette sont centrés d'abord sur la perte du père, mort au front durant la Seconde Guerre mondiale, puis sur l'éducation autoritaire sévissant dans les écoles anglaises. Pink Floyd s'attaque à deux institutions centrales de l'Occident : l'armée et l'école. On peut même présumer que, pour le groupe, la seconde est subordonnée à la première. L'école sert à discipliner, à embrigader et à enrôler l'enfant dans cette étrange guerre qui menace l'humanité. Plusieurs scènes évoquent l'imminence d'une guerre nucléaire et la montée d'une nouvelle forme de fascisme. Ces thèmes ne sont pas nouveaux. Ils étaient en fait au cœur du mouvement contre-culturel qui a eu cours en Occident durant les années 1970. L'aspiration à l'autonomie et à la liberté serait brimée par le conformisme de la société de masse. Chaque enfant de l'Occident serait fatalement destiné à n'être qu'une simple brique du terrifiant Mur édifié par les forces fascistes.

Le message exprimé dans *The Wall* serait anodin s'il n'était pas en concordance avec le point de vue de l'élite culturelle en Occident au tournant des années 1980. Bien que l'école ne soit plus en 1980 un lieu d'autoritarisme, de discipline arbitraire et d'endoctrinement, cette compréhension de l'institution va étrangement perdurer, sans doute au détriment des élèves. *The Wall* est la version cinématographique du nouvel idéal scolaire qui s'est installé à partir de la fin des années 1960.

Le film *The Wall* a finalement suggéré une fausse piste aux X en dépeignant ce gigantesque Mur, autoritaire, disciplinaire, fascisant. Cette image s'est avérée bien trompeuse. Le monde ancien s'est déjà effondré lorsque les X arrivent à l'école. Un nouveau Mur s'est toutefois formé sur les ruines de l'ancien. Il isole les nouvelles générations de la chaîne des générations qui les ont précédées. Les X entrent ainsi dans la vie sans les repères sûrs du passé. Ils sont donc condamnés à répéter les erreurs de leurs prédécesseurs.

Durant le siècle qui précède la révolution culturelle des années 1960, l'idéal de l'école méritocratique et républicaine domine en Occident. Pendant plusieurs décennies, l'école demeure un puissant facteur de progrès social. Au tournant des années 1960, l'alphabétisation est acquise pour la grande majorité de la population. Les membres de toutes les classes sociales sont en voie de maîtriser la capacité de lire, d'écrire et de calculer[1]. On peut dire sans mentir que l'école méritocratique, sans être parfaite, a tenu plusieurs de ses promesses.

Au Canada français, certes, la philosophie de l'éducation avant les années 1960 était double : un idéal catholique contrebalançait un idéal républicain importé de France et des États-Unis. Cette école imposait des formes de discipline, de surveillance et de contrôle autoritaire qui pouvaient parfois être abusives et, par conséquent, porter atteinte à la dignité des individus. Mais cette même école se souciait d'enseigner autre chose qu'une simple adaptation à la société capitaliste. En effet, avant de prendre le grand tournant vers la modernité intégrale, à partir des années 1960, elle transmettait humblement un certain nombre de savoirs et de vertus indépendants de l'ordre capitaliste. Enseigner la philosophie, la littérature, l'histoire, le latin ou le grec ne visait pas à produire les futurs rouages de l'ordre marchand. En fait, la culture classique, qui idéalise maintes figures de courage, de bravoure et de sacrifice, avait infiniment plus de chances de former des Louis-Joseph Papineau, des Jean-Charles Harvey ou des René Lévesque que d'engendrer des spectateurs amorphes ou des consommateurs avides, pressés de jouir des fruits de la société de consommation.

L'école qui naît du rapport Parent, au milieu des années 1960, prend clairement parti pour les forces du mouvement. Larguant

---

1. Voir le chapitre 2, « Un plafond culturel », dans Emmanuel Todd, *L'Illusion économique*, Paris, Gallimard, 1998, p. 53-80.

son héritage classique, elle se donne pour mission d'adapter les enfants aux besoins et nécessités du présent, plutôt que de les soumettre aux exigences sévères de la tradition. Dans ce grand virage, les professeurs deviennent les agents du mouvement. Ils apparaissent comme des libérateurs, guidant audacieusement les élèves dans les sentiers interdits, indiquant avec malice les astuces qui permettent de se débarrasser du fardeau de la tradition. Les professeurs ont des publics attentifs, acquis d'avance au combat pour sortir des ornières du passé. Ils sont des complices, des amis qui partagent avec la jeunesse de l'époque un dédain pour le conformisme du monde environnant. Aux yeux des élèves, les professeurs réalisent un véritable tour de force : celui de réussir dans la vie tout en refusant de se conformer au « système ».

La génération X prend au pied de la lettre les préceptes de cette nouvelle culture : apprendre nécessite peu d'effort ; la créativité prime la maîtrise des techniques d'un art ; il faut refuser le monde tel qu'il est, plutôt que de s'y insérer avec humilité ; la raison compte pour peu de chose à côté de l'expression spontanée des passions et des sentiments. Ainsi, tous les leurres qui vont aggraver le drame de la génération X durant les années 1980 se trouvent déjà dans la pédagogie libératrice que les professeurs pratiquent à cette époque avec candeur.

Le monde qui attend la génération X, au début de l'âge adulte, exigera pourtant de la patience, de la discipline, du caractère et de la prudence. En disqualifiant ces vertus, la société mène involontairement la jeunesse vers de durs lendemains. L'un des domaines dans lesquels on prépare mal la génération X est l'apprentissage de la langue française. Dans les polyvalentes des années 1970, on soumet cette génération à une variété d'utopies pédagogiques. L'un de leurs effets les plus pervers est de produire avec le temps des milliers d'analphabètes diplômés, loin de maîtriser la langue française. Les familles aisées réussissent à soustraire leurs enfants à cette dérive en les inscrivant dans les meilleures écoles privées. Mais les enfants de la majorité, qui fréquentent l'école publique, jouent le rôle de cobayes dans le grand laboratoire du Québec libéré. Les élèves n'apprennent plus le français, mais le « québécois »; ils ne sont pas invités à méditer ni à comprendre la culture, mais à s'exprimer. Au sortir de la polyvalente, les élèves qui parviennent à écrire convenablement et démontrent une culture livresque ont défié l'esprit du temps. Ils ont appris à écrire par eux-mêmes, en marge de l'école. Ou encore, ils ont eu la chance de tomber sur un professeur délinquant (souvent une religieuse, ou un frère) resté attaché aux vieilles méthodes d'enseignement.

L'une des clés du succès de l'école, jusqu'aux années 1960, est qu'elle se fonde sur la transmission des savoirs. Elle privilégie les notions apprises par cœur. Elle inculque une discipline fondée sur le respect des règles. L'alphabétisation s'appuie sur l'association de l'écriture avec la lecture. Enfin, cette école, qui valorise l'excellence et l'émulation, est méritocratique. Elle est aussi sélective, autoritaire, parfois même inégalitaire. Il reste qu'elle constitue l'un des rares moyens offerts aux classes populaires d'améliorer leur sort. À chaque nouvelle génération, une plus grande proportion d'enfants du peuple peut gravir quelques échelons de la pyramide sociale, au prix d'efforts, de sacrifices et d'une grande discipline.

L'école méritocratique, qui prédomine avant les années 1960, détache l'élève de son milieu familial, paroissial et culturel, et tâche d'inculquer à tous les mêmes connaissances, le même savoir-faire et, surtout, un libre arbitre. Certes, les enfants des classes populaires sont bousculés par la rudesse et la fermeté de cette philosophie scolaire. Mais ce n'est qu'ainsi que l'individu développe son caractère. Exigeante et sélective, l'école méritocratique permet cependant à une minorité significative de contourner le handicap de sa classe. Elle envoie aussi à tous un message honnête et sans équivoque : la vie n'est pas un jardin de roses. Cette école donne néanmoins une véritable chance aux enfants d'origine populaire de rattraper le retard social qu'ils accusent sur les enfants de l'élite en accédant à une culture de haut niveau.

Il y a quelque chose d'intrigant dans la façon dont l'école, au tournant des années 1960, tourne le dos au passé. Les professeurs sont invités, avec de plus en plus d'insistance, à faire la guerre à l'archaïque, à se méfier des auteurs classiques, à voir la culture comme une source d'oppression. Dans son célèbre livre *La Reproduction*, le sociologue Pierre Bourdieu s'en prend au modèle de l'école républicaine, inspiré par Jules Ferry[2]. L'une de ses cibles est le « sacro-saint cours magistral », responsable à son avis de la crise de l'éducation. L'élève, écrit Bourdieu, est surtout préoccupé par son avenir professionnel. Il veut qu'on l'amène vers des voies pratiques et concrètes. Selon le célèbre sociologue, en donnant un cours magistral, le professeur ne fait que s'écouter parler. Cette façon d'enseigner est en outre, à ses yeux, un mécanisme insidieux qui permet à l'élite d'asservir les pauvres depuis des générations. N'étant pas contrainte à travailler, l'élite peut se gargariser de ses humanités mortes, de ses connaissances inutiles et de son arrogante culture occidentale. L'auteur de *La Reproduction* propose aux professeurs de rompre avec cette tradition pour soulager l'école de l'encombrant cours magistral. Cela n'empêcha pas le sociologue de pratiquer ce type d'enseignement au Collège de France jusqu'à la fin de sa vie.

En moins d'une génération, la science du sociologue Bourdieu s'est étendue jusqu'aux écoles publiques. Les autorités scolaires ont accepté l'idée que l'école était bourgeoise. Sur la base de cette analyse, les ministères de l'éducation, les syndicats et les professeurs prennent le virage en faveur d'une école de masse. Fini le temps où l'école cherchait à transmettre ce que l'on sait et ce que l'on pense de mieux dans le monde. Il faut plutôt s'incliner devant le droit de l'élève à garder sa « culture propre ». Sous aucun prétexte les professeurs ne doivent faire partager le meilleur de la culture aux enfants des classes populaires ou à ceux des familles immigrées. Cette philosophie de l'école de masse prône plutôt une logique adaptative. Elle se conforme et s'adapte au vécu des élèves afin de ne pas leur faire violence.

---

2. Pierre Bourdieu et Jean-Claude Passeron, *La Reproduction*, Paris, Éditions de Minuit, 1970.

Le message que reçoit la génération X, à partir des années 1970, est que tous les rêves sont permis. Un nombre considérable de X deviennent par conséquent d'éternels étudiants, perdus dans le labyrinthe des programmes, des facultés et des propédeutiques. Ainsi, beaucoup de X s'y attardent longtemps, faute de trouver un métier décent ou à la hauteur des grandes ambitions que les aînés leur font miroiter. L'école devient pour plusieurs un vaste parking où il fait bon flâner, en attendant de se faire une place au soleil.

En 1971, les trois quarts des jeunes adultes (18 à 34 ans) avaient quitté l'école avant l'âge de 22 ans. En 2001, seulement la moitié de ceux-ci l'ont fait. Étant donné que la plupart des jeunes adultes ne veulent pas se marier ni avoir des enfants avant la fin de leurs études, l'incitation à la scolarisation tend à repousser l'installation dans la vie. Plus de jeunes adultes sont de fait diplômés universitaires aujourd'hui. Ainsi, en 2001, chez les 30 à 34 ans, 29 % des femmes et 25 % des hommes avaient obtenu un diplôme postsecondaire ; en 1971, c'étaient seulement 7 % des femmes et 13 % des hommes[3].

Pourtant, les places au soleil se font plus rares. On découvre, à partir des années 1980, que l'ascenseur social est en panne et que, finalement, l'accès aux filières payantes est plus fermé que durant les années 1950. Car la valeur des diplômes a drôlement chuté[4]. L'école est devenue un interminable labyrinthe dans lequel beaucoup ont fini par se perdre. Cela prendra parfois plusieurs années — des années de chômage, d'errance sociale ou de travail précaire — avant que les X réalisent que cette institution les a dangereusement éloignés de leur but, au nom de l'ouverture et du changement.

---

3. Warren Clark, « Transitions différées des jeunes adultes », *Tendances sociales canadiennes*, Statistique Canada, 11-008 au catalogue, 2007, p. 22.
4. Sur la baisse de la valeur des diplômes, la suréducation et le déclassement des X, voir les travaux de Mircea Vultur, « La suréducation des jeunes au Québec », dans Miriam Fahmy et Antoine Robitaille, *Jeunes et engagés*, Institut du Nouveau Monde, Montréal, Fides, 2005, p. 86-93.

Beaucoup de X ont ainsi passé près de vingt ans sur les bancs d'école, et, pourtant, ils ne possèdent pas de culture générale. Ils peinent à faire des déductions logiques, à identifier des penseurs célèbres, à évaluer le contenu scientifique d'une publication, à comprendre de simples articles de journaux, à utiliser la langue avec précision et éloquence, et à citer quelques faits élémentaires sur l'histoire de leur pays. En constatant avec honte leur inculture et ces années d'études perdues, les X vont chercher des cibles, de façon confuse, avec ressentiment. La rage de cette génération s'adressera tantôt à ses anciens maîtres, tantôt au système d'éducation et aux baby-boomers en général. Mais cette rage, souvent, prendra aussi la forme de la flagellation. Les X retourneront l'accusation sur eux-mêmes, se blâmant pour les choix faits (à la légère) à la sortie de la polyvalente.

Ce curieux développement de l'histoire, dans le domaine scolaire, avait été prédit par Hannah Arendt dans son article « La crise de l'éducation[5] ». Dans toute son œuvre, la philosophe a encouragé la préservation du « trésor perdu de la révolution ». Pour elle, si on voulait insuffler une volonté révolutionnaire en chaque enfant, et en chaque génération, il fallait être conservateur en matière d'éducation. Dans le monde moderne où l'attrait du nouveau était puissant, le professeur devait conserver une attitude de révérence à l'égard du passé.

---

5. Hannah Arendt, « La crise de l'éducation » (1958), dans *La Crise de la culture*, Paris, Gallimard, 1972, p. 247-252.

4

La religion du rock ou la passion selon C.R.A.Z.Y.

Parmi les institutions qui ont façonné la société québécoise, l'Église catholique a joué un rôle de premier plan. Comme la famille, l'école et l'État, l'Église a été traversée par des changements de grande envergure durant les années 1960 et 1970. La plupart des X naissent dans des familles où la fréquentation de l'église est encore la norme. À la fin de l'adolescence, cependant, la majorité d'entre eux abandonnent la pratique religieuse. Ce que vivent les X sur le plan religieux est inusité, et cela se déroule à toute vitesse, en l'espace de quelques années. Un film québécois produit par un cinéaste de la génération X, Jean-Marc Vallée, suggère des pistes pour comprendre comment la « sortie de la religion » s'est effectuée pour cette génération.

* * *

C'est l'histoire d'une famille québécoise normale, typique. Nés dans les années 1930, les parents donnent naissance à cinq garçons, entre le début des années 1950 et le milieu des années 1960. Le quatrième, Zachary, naît en 1960, la nuit de Noël. Il est déclaré cliniquement mort pour trois brèves secondes avant de revenir à la vie, comme par miracle. Il aura de fait un destin fort singulier, lié au surnaturel. Comme les mères de l'époque, celle de Zachary est intensément dévote. Naître le même jour que Jésus de Nazareth, à son avis, confère des dons. Cette conviction s'avère fondée. Zac possède à l'évidence des pouvoirs surnaturels, ceux d'arrêter une hémorragie, d'atténuer la douleur d'une brûlure, de réaliser des souhaits. Tout le voisinage est heureux de pouvoir recourir à ses dons.

L'histoire de cette famille fictive est relatée dans le populaire film québécois *C.R.A.Z.Y.* Avec raison, la critique québécoise a relevé qu'il s'agissait d'un film pénétrant sur les années 1960 et 1970 et, surtout, sur l'homosexualité. C'est aussi une œuvre sur la place de la religion dans les familles québécoises. Pour s'assurer de bien faire passer cette idée, Jean-Marc Vallée a mis toutes les chances de son côté : il a campé un personnage de prêtre dans son propre film. Un clin d'œil significatif.

L'une des questions les plus intrigantes au sujet de la génération X est son rapport à l'héritage religieux canadien-français. Plusieurs auteurs, artistes et intellectuels de cette génération ont cherché à rouvrir cette question pour mieux comprendre le présent et, surtout, pour mieux définir l'horizon spirituel de la société québécoise. Certains vont jusqu'à se demander si la génération X n'aurait pas été mieux armée pour affronter les années 1980 si elle avait reçu un héritage religieux riche et stimulant[1]. Ces repères auraient peut-être pu offrir une source de consolation, de réconfort et d'espérance. Or, aux yeux de la plupart des X, l'héritage religieux transmis aux enfants dans les années 1960 est pauvre. En voulant moderniser à tout prix l'expérience religieuse, on l'a rendue insignifiante et superficielle. La réponse suggérée par Jean-Marc Vallée dans *C.R.A.Z.Y.* est paradoxale. D'un côté, de multiples scènes du film montrent que l'expérience religieuse des

---

1. Sur l'expérience religieuse de la génération X, lire É.-M. Meunier, « Une nouvelle sensibilité pour les enfants du Concile », dans Stéphane Kelly (dir.), *Les idées mènent le Québec*, Québec, Presses de l'Université Laval, 2003, p. 93-106.

enfants durant les années 1960 n'est pas inspirante. De l'autre, certaines significations religieuses donnent au jeune Zac des remparts contre le désespoir. Pour comprendre le point de vue de Jean-Marc Vallée, penchons-nous sur Zac, le personnage central du film.

Dès l'enfance, les parents de Zac pressentent qu'il n'est pas « un garçon normal ». Ses comportements sont davantage ceux d'une petite fille. Le père est nettement plus effrayé par ce constat que la mère. Il refuse de se rendre à l'évidence que son fils est homosexuel. La mère est plus compréhensive, mais tout aussi désemparée. Elle se console en pensant que Zac a été choisi par Dieu. Elle l'exhorte à exploiter les pouvoirs divins que l'Être suprême lui a conférés. Elle l'amène même chez une « sorcière » du quartier pour se faire confirmer ses dons. D'abord réfractaire, Zac finit par accepter qu'il a des dons : « Tout ce que j'avais à faire était de prononcer en silence les petites prières que Madame Chose m'avait confiées. Qui consistaient non pas à demander, mais à ordonner à Dieu de procéder à la guérison. »

La religiosité de la mère, peu orthodoxe, est retransmise au garçon par l'intermédiaire de la musique rock. Les moments dramatiques qu'il vit, dans sa trajectoire visant à accepter son homosexualité, sont soulignés à grands traits par un arrière-plan musical. Tantôt, c'est du rock, tantôt, de la musique religieuse. Dans une transition abrupte, la pièce *Shine on You Crazy Diamond* de Pink Floyd accompagne l'ellipse qui fait basculer Zac de l'enfance vers l'adolescence. La pièce *Sympathy for the Devil* des Rolling Stones le transporte de sa chambre du sous-sol familial à l'église, lors d'une messe de minuit. En voix hors champ, Zac confie : « Que la messe de minuit était courte et agréable, en athée que j'étais devenu ! J'avais quand même tenu ma promesse. Jamais je n'aurais manqué la messe de minuit. Une fois par année, ça la rendait heureuse. Ça lui fermait la trappe. » Il s'établit ainsi entre Zac et sa mère une étrange complicité, fondée sur une religiosité vague mais néanmoins pratique. Lors d'un réveillon de Noël, par exemple, le garçon offre à sa mère un livre sur Jérusalem.

La Providence vient même en aide à Zac une seconde fois, lors d'un dangereux accident de moto. Il est déclaré cliniquement mort une nouvelle fois, mais s'en sort. C'est à la suite de ce miracle que son orientation sexuelle se confirme. Il est attiré sexuellement par le petit ami de sa cousine et finit par accepter ce désir : « Pendant que ma mère se dévouait futilement à ses œuvres de charité, son petit Jésus n'avait qu'une idée en tête… » Ce processus vers l'acceptation de son homosexualité est néanmoins marqué par des doutes et des retours en arrière. En proie au désespoir, Zac décide un jour de retourner chez la sorcière du quartier, « Madame Chose ». Zac remarque une photo accrochée sur un mur du salon. Des traces de pas, dans un désert… Il s'agit d'une belle histoire, dit la sorcière. Un homme, commence-t-elle, rêvait qu'il marchait dans le désert avec le Christ sur le bord de la mer, pendant qu'il regardait des scènes de sa vie dans le ciel.

> À un moment donné, il s'est retourné, pis il a remarqué qu'à quasiment tous les moments de sa vie, il y avait deux traces de pas dans le sable. La sienne, pis celle du Christ. Sauf les pires moments de sa vie. Y avait alors juste une trace de pas. L'homme a dit à Jésus : « Tu m'avais dit que tu ferais tout le chemin avec moi. Pourquoi tu m'as abandonné quand j'avais le plus besoin de toi ? » Jésus lui a répondu : « S'il y avait juste une trace de pas dans le sable, dans les moments les plus durs de ta vie, c'est que je te portais. »

À cette parabole, Zac répond : « Je veux être comme les autres. » Et la sorcière de répliquer : « Dieu merci, tu le seras jamais. » Loin d'accepter ce verdict, dans la scène suivante, Zac se bat avec un jeune homosexuel du quartier qui l'épie et le drague, tentant ainsi désespérément de renier ses propres désirs. En arrière-fond, une obsédante musique religieuse accompagne le violent combat. Finalement, Zac narre cet épisode où, à la veille d'un autre Noël, marchant péniblement dans une tempête de neige, il a une révélation : « J'allais simplement être guéri si je réussissais à traverser la tempête. » Puis, il a une vision : des traces de pas dans la neige… Il finit alors par accepter le chemin dessiné par sa mère : « Si j'avais bel et bien des dons, à force de Lui rendre service, peut-être allait-Il un jour m'exaucer. »

Ce jour va venir, au terme d'un énième affrontement avec son père. Humilié par ce dernier, Zac décide de partir pour un pèlerinage dans les vieux pays, en commençant par la Terre sainte : « Excuse-moi, maman. Je sais que ça va te faire de la peine de savoir que je suis parti. Mais je sais que tu vas être contente de savoir où je suis. Inquiète-toi pas. Ton bon Dieu veille sur moi. » Il précise toutefois que ce n'est pas par excès de foi chrétienne qu'il se rend à Jérusalem. Au contraire : c'est au cours de ce voyage qu'il commence à vivre pleinement son homosexualité. Il y fait la rencontre fascinante d'un Américain homosexuel, qui ressemble à s'y méprendre au Christ. Enfin, Zac finit par prendre le chemin du désert, s'y perd et est secouru par un groupe de nomades arabes. Et, bien sûr, par les prières de sa mère, à l'autre bout du monde. À son retour, les voies de la réconciliation sont ouvertes ; le père et le fils finiront avec le temps par faire la paix, et à trouver un peu de sérénité.

Le film de Jean-Marc Vallée montre le curieux parcours par lequel le Québec s'est détaché de l'Église catholique. Le déclin de la pratique religieuse est un fait qui traverse l'Occident durant les Trente Glorieuses. Seulement, au Québec, en commençant plus tardivement, ce processus est plus violent et déstabilisant, ce qui durcit les rapports entre les jeunes et les aînés durant les années 1960 et 1970.

Dans les familles, la crise d'adolescence se double souvent d'une crise religieuse. Le refus d'aller à la messe crée invariablement un conflit familial. À la limite, ne plus croire en Dieu est tolérable aux yeux de beaucoup de parents, déjà gagnés par le doute. Mais ne pas aller au rendez-vous dominical est plus grave. Bien des jeunes, comme Zac, négocient des arrangements pour ne pas bousculer l'harmonie familiale. Cependant, à mesure que les années passent, les parents finissent par baisser les bras. Le refus d'un adolescent d'aller à la messe n'est plus un sacrilège ni un geste héroïque. Dans plusieurs familles, c'est un banal rite de passage.

La crise du christianisme, dans les années 1960 et 1970, n'épuise toutefois pas la quête du sacré. Depuis ses origines, le monde chrétien se fonde sur la grande trinité romaine : religion, tradition, autorité. Son effondrement prépare le terrain pour la diffusion d'une nouvelle trinité : *sex, drugs and rock'n'roll*. Si la religion a longtemps représenté l'institution la plus propre à offrir une consolation pour passer à travers la grisaille, la souffrance et l'ennui du quotidien, dès les années 1960, c'est cette nouvelle trinité qui prend le relais. Son apprentissage suit une séquence en trois temps.

Le premier temps commence par l'intériorisation des mythes, des symboles, des mystères du rock'n'roll. Écouter la radio enfermé dans sa chambre à coucher est la première façon d'entrer en communication avec cet univers spirituel. Des années d'écoute peuvent précéder la deuxième étape, bien que la présence d'un grand frère ou d'une grande sœur puisse accélérer les choses.

Le deuxième temps est la visite plus ou moins régulière des paradis artificiels. La consommation de cannabis se répand rapidement et massivement durant les années 1970. La génération X est la première chez qui elle se généralise. La tolérance de la société à l'égard des drogues est à son faîte à ce moment. Dans les polyvalentes, les professeurs hésitent à punir des délits qu'eux-mêmes commettent en privé.

Enfin, le dernier temps est l'expérimentation sexuelle. Elle vient compléter un mode de vie fondé sur la consommation de psychotropes et de culture rock. Ces trois piliers de la culture festive et thérapeutique en Occident façonnent de multiples manières le mode de vie de la génération X. Selon les prophètes de cette culture, cette cohorte profite d'un précieux privilège : elle serait la première à goûter pleinement, sans culpabilité, à ces fruits autrefois défendus. La génération précédente y a certes goûté, mais de façon plus parcimonieuse et avec une culpabilité amère, étant aliénée par la vieille morale judéo-chrétienne.

Détrôner une mythologie chrétienne vieille de deux millénaires n'est pas une tâche facile. Pour parvenir à ses fins, le rock emprunte au christianisme ses thèmes les plus évocateurs : le paradis, l'enfer, le diable, l'au-delà, les anges. On l'a souvent noté, les spectacles rock ressemblent à de grandes messes. Les plus belles pièces ont des allures d'hymnes. Ses vedettes jouent aux prophètes ou aux prédicateurs. À partir des années 1970, le rock détrône le christianisme. Son écoute se généralise. Il est partout : à la maison, au travail, à l'école, dans l'auto, les ascenseurs et les cafés, sur la plage... Le rock est omniprésent, comme l'étaient auparavant les signes de l'expérience chrétienne. Ses chansons adoucissent les mœurs, invitent au recueillement ou suscitent des mouvements extatiques. Elles suggèrent des significations souvent intrigantes, mystérieuses, obsédantes, qui permettent de composer avec un monde qui semble avoir perdu son sens.

La vieille éthique chrétienne imposait jadis des interdits pour discipliner l'individu. Elle le voyait comme un éternel enfant, toujours esclave de son corps. Cette éthique imposait donc des limites, avec une certaine autorité, pour le pousser vers le statut d'adulte. L'éthique thérapeutique, elle, recourt au rock pour garder l'individu au stade de l'enfance ou de l'adolescence. Elle s'adresse au corps, qu'elle cherche à cajoler, à exciter, à soulager et à libérer. Le rock multiplie les astuces pour faire vivre à son public des expériences fortes et inédites. Il prend l'enfant par la main et le fait entrer dans l'univers enchanté et douillet de la société de consommation[2].

---

2. Deux auteurs, l'un marxiste, l'autre conservateur, ont saisi le rôle central du rock dans la société de consommation : Michel Clouscard, *Le Capitalisme de la séduction*, Paris, Éditions sociales, 1981 ; Allan Bloom, *L'Âme désarmée. Essai sur le déclin de la culture générale*, Paris, Julliard, 1987.

5
Le sexe : les illusions de la libération

Le fait de s'insérer dans une société individualiste, durant les années 1960, fait naître chez beaucoup de X un sentiment de vertige. En sortant de la polyvalente, ils ont le choix entre une centaine de parcours scolaires. Mais ils commencent à pressentir que la plupart mènent au bureau de l'assurance chômage plutôt qu'à la porte d'une entreprise. Le vertige des X se manifeste aussi en ce qui a trait à leur vie intime, où ils font également face à une variété de choix sur les plans sexuel, amoureux et familial. Il y a désormais plus d'une façon de mener sa vie. Pour les garçons et les filles de cette génération, cette liberté peut être vécue comme une libération, mais aussi comme une tyrannie.

Durant les années 1970, les idées de la révolution sexuelle se diffusent à l'ensemble de la société. Les livres de Wilhelm Reich, de Simone de Beauvoir et de Herbert Marcuse sont allègrement lus, discutés, vulgarisés. Lorsque les X atteignent l'âge adulte, les partisans de la révolution sexuelle ont largement triomphé. Le plaisir sexuel a été déculpabilisé ; la bataille contre la censure est largement gagnée ; la permissivité est entrée dans les mœurs ; l'émancipation des femmes a fait des progrès rapides ; la contraception a été normalisée ; enfin, l'homosexualité semble de plus en plus en voie d'être acceptée.

Embrasser ces idées va de soi pour la plupart des X. Les membres de cette génération ont été faiblement exposés aux normes de l'ancien système patriarcal. Ils suivent donc la révolution sexuelle avec enthousiasme. Ils savent que chacun est libre de vivre sa sexualité comme il l'entend. Ils considèrent aussi que se marier est une possibilité parmi d'autres, et non un passage obligé pour tout adulte responsable. Ils savent que la sexualité ne vise pas uniquement à la procréation. Ils pensent enfin qu'une grossesse non désirée ne doit pas obligatoirement mener à la naissance d'un enfant. En acceptant ces idées, les X entrent dans l'âge adulte d'une manière bien différente des premiers boomers et des générations précédentes. La vie intime, pour de nombreux X, ressemble à une longue expérimentation personnelle, délestée des contraintes du passé.

Détruire l'ordre répressif est une attitude clé de la révolution sexuelle. Au début de l'âge adulte, au tournant des années 1980, les X ont le sentiment que la civilisation avance vers la liberté. Un versant plus sombre de la révolution sexuelle va toutefois se manifester rapidement. Ce versant fera peser sur le sexe des menaces, des inquiétudes et la montée de nouvelles formes de surveillance de la vie intime des individus. L'épidémie du sida sème rapidement la panique. Le slogan des soixante-huitards, « Jouir sans entraves », devient vite périmé ou, à tout le moins, entaché d'irresponsabilité.

L'écrivain Alain Roy a suggéré une hypothèse intéressante pour saisir le destin de la génération X. Dans un court essai intitulé « Le refus total », il note que la célébration d'Éros par les premiers boomers a occulté Thanatos. Souvent, les gestes et les actes posés par ceux-ci au nom d'Éros ont entraîné des conséquences dévastatrices, sans qu'ils en soient même conscients. La génération X aurait ainsi subi les effets du refoulement de Thanatos par les premiers boomers. Les X héritent des pulsions de mort non reconnues par leurs prédécesseurs :

> On devine que pour la jeune génération d'aujourd'hui les choses se passent différemment. Loin de se vouer au culte jubilatoire d'Éros, comme ce fut le cas de leurs aînés, les jeunes s'activent

surtout à éviter les foudres de Thanatos. Par une étrange coïncidence, le spectre du sida vient comme illustrer ce fait psychologique. L'enjeu, maintenant, n'est plus la libération intérieure ; plus modestement, il s'agit de survivre[1].

Les X sont moins loquaces en matière de sexualité que les premiers boomers. Bien qu'ils aient traversé leur vingtaine durant les années 1980, lors de la montée de l'épidémie du sida, les auteurs et artistes de cette génération ont rarement abordé ce thème. Pourtant, une bonne partie des X ne s'étant pas installés avant la fin de la vingtaine, ils ont dû vivre hantés par le spectre de la terrible maladie. Plus souvent qu'à leur tour, ils ont dû renouer avec l'expérience de la confession, cette fois-ci dans le cabinet du médecin.

Le grand livre de Michel Foucault, *Histoire de la sexualité*[2], propose une clé pour saisir l'expérience sexuelle de la génération X. Dans cet essai, le philosophe refuse de voir l'histoire de la sexualité en Occident à partir d'un schéma progressiste. Longtemps soumis au pouvoir clérical, le sexe serait plutôt tombé au XXe siècle sous la coupe d'un nouveau type de pouvoir : la médecine. La valorisation croissante de la liberté sexuelle, écrit Foucault, a seulement été une étape de plus dans le grand processus de médicalisation de la vie. La révolution sexuelle des années 1960 a simplement amené une plus grande surveillance de la sexualité. L'ancienne compétence ecclésiastique sur le sexe aurait donc été remplacée par la compétence médicale. Cette dernière a marqué une nouvelle étape dans la mise en place d'un appareil disciplinaire en Occident.

Selon Foucault, la tradition chrétienne de l'examen de conscience pénitentiel a fini par servir de base à l'essor de la science du sexe. Cette dernière a adapté la confession aux règles du discours scientifique. La découverte par la médecine de l'importance

---

1. Alain Roy, « Le refus total », *Liberté*, vol. 37, n° 221, 1995, p. 93.
2. Michel Foucault, *Histoire de la sexualité*, Paris, Gallimard, 1976.

du sexe dans le développement de la personne a créé un intérêt nouveau chez les médecins pour la surveillance des enfants et de la vie familiale. En surveillant la pathologie sexuelle de la famille, ils luttent contre ce qui est perçu comme des « maladies modernes » : la masturbation, la prostitution, les maladies transmises sexuellement, les perversions. L'exposition croissante de la vie sexuelle à l'examen scientifique mène à la rationalisation de la vie émotionnelle, et non à sa libération. Ironiquement, c'est la contre-réforme dans le monde catholique qui aura forcé ce virage de l'attitude occidentale face au sexe. Le XVIIe siècle voit la mise en place d'un système disciplinaire voué à la surveillance de la société, en particulier des enfants. Dès ce moment, le rituel de la confession se détache du sacrement de la pénitence. La confession dévie vers la guidance des âmes et la direction des consciences.

Ce rappel historique était nécessaire pour qu'on comprenne la façon dont la génération X négocie son rapport à la sexualité au début de l'âge adulte. Il serait erroné de penser que les X échappent à un ordre répressif en venant au monde dans les années 1960. Ils s'affranchissent certes rapidement de l'emprise cléricale, quelque part au milieu de l'adolescence. Mais de nouveaux censeurs et de nouveaux contrôles succèdent bientôt aux anciens.

Ce fait est suggéré dans *Le Confessionnal* de Robert Lepage. Le film prend la forme d'une enquête, menée par Pierre Lamontagne, un jeune homme de Québec. À la suite du décès de son père, Pierre cherche à découvrir l'identité du père biologique de son frère adoptif, Marc. Son enquête le mène vers un prêtre défroqué. Évoluant dans les coulisses du pouvoir politique, ce dernier connaît bien des secrets et possède une grande influence dans la Vieille Capitale. À la fin du film, après le suicide de Marc, l'homme révèle à Pierre un lourd secret : Marc était en réalité le fils biologique de son propre père. Ce dernier avait mis enceinte sa belle-sœur. Peu après la naissance de Marc, elle s'était enlevé la vie, incapable de supporter ce lourd secret.

Dans *Le Confessionnal*, l'inceste sert à suggérer le piège du confinement affectif qui guette toute famille et toute société.

Celles-ci ont toujours tendance à cultiver le désir de rester entre soi. Depuis les origines de la civilisation, l'interdiction de l'inceste consiste à faire circuler des femmes entre les groupes, pour briser le confinement affectif. La société, en faisant de l'inceste le plus grand tabou, cherche à briser le confinement affectif de la cellule familiale.

Le narrateur, au début et à la toute fin du *Confessionnal*, prononce la phrase suivante : « Dans la ville où je suis né, le passé porte le présent comme un enfant sur ses épaules. » Permanence du passé, enfermement, loi du silence, inceste. Les thèmes du film de Lepage suggèrent que le Québec n'a pas tellement changé, en dépit des discours rassurants sur la libération des mœurs. Les mêmes fantômes planent au-dessus de notre société, en proie à l'éternel retour des choses. Plusieurs scènes du film suggèrent le caractère inextricable du présent et du passé : la maladie héréditaire de Pierre ; les photographies de la famille qui laissent des traces sur les murs même après plusieurs couches de peinture ; la faute d'orthographe tatouée à vie sur le bras de la danseuse nue. Le film établit aussi souvent des analogies entre le passé et le présent au moyen d'allers-retours entre 1952 (année de la naissance de Marc) et 1989 (année du retour de Pierre à Québec). Le thème du confessionnal, qui domine l'ensemble du film, introduit un climat de confidence, de doute, de surveillance, de soupçon. En tant que symbole, le confessionnal prend différentes formes : cabines, isoloirs, chambrettes de sauna, salon privé d'un bar de danseuses nues, banquette arrière d'une limousine, salle de bains.

Né en décembre 1957, à la fin de la cohorte des seconds boomers, Lepage développe dans son œuvre plusieurs thèmes qui structurent la sensibilité de la génération X. *Le Confessionnal* suggère, par exemple, qu'il n'existe peut-être pas de coupure profonde entre l'ancien Canada français et le Québec moderne. Les Québécois d'aujourd'hui sont restés attachés à leurs anciens mythes. Depuis le référendum de 1995, on assiste d'ailleurs à leur revalorisation par les artisans de notre cinéma : *Aurore l'enfant martyre, Maurice Richard, Séraphin, Le Survenant*... Ainsi, la sortie du confinement affectif promise par la révolution sexuelle n'a peut-être pas réussi. Avec impatience, la génération des premiers boomers a goûté à ses fruits, en poussant des cris de liberté. Pourtant, leurs propres enfants, les cadets de la génération X, sont condamnés aujourd'hui à évoluer dans un confinement affectif d'un tout autre type : souriant, permissif, amical et compatissant[3]. Il est célébré avec des refrains empruntés à la philosophie du « je t'aime ».

---

3. Voir Caroline Eliacheff et Nathalie Heinich, *Mères et Filles. Une relation à trois*, Paris, Albin Michel, 2002.

II
Devenir un jeune adulte

6

Les années 1980 et la crise de la classe moyenne

Au tournant des années 1980, les fondations de la société québécoise se lézardent et se fracturent. Si l'on se représentait la nation québécoise comme un individu, il s'agirait encore d'un jeune, mais dont les espoirs et les aspirations ont buté contre un mur infranchissable. La défaite référendaire fait glisser le Québec sur la pente du désenchantement. Et une crise économique pointe à l'horizon. D'ailleurs, s'il faut choisir une ligne de rupture entre l'avant et l'après, entre un âge d'espoir et un âge de désespoir, c'est l'année 1981 qu'on a gardée en mémoire. Le gouvernement québécois, dirigé par René Lévesque, doit arbitrer cette crise et les nombreux conflits qu'elle fait naître. Alors qu'il s'était donné le mandat de libérer le Québec, Lévesque doit se consacrer à une tout autre mission : arrêter une hémorragie susceptible de saper les bases de la société.

La grave crise économique qui s'abat sur l'Occident envoie de lourdes ondes de choc partout dans la société québécoise et, plus tragiquement, dans la cohorte qui arrive sur le marché du travail ou tente d'y entrer. Ses effets sur la génération X débordent du simple cadre des conditions économiques : elle la fragilise dans son ensemble. En effet, de nombreux X sont nés de parents de la génération des premiers boomers œuvrant dans le secteur public et parapublic ; les autres sont nés de parents appartenant à la cohorte des années 1930 ou même des années 1920, qui dépendent largement du secteur privé. Le gouvernement Lévesque sera amené à prendre des décisions qui auront l'effet de braquer les « familles du privé » contre les « familles du public ». La classe moyenne, unie depuis la Seconde Guerre mondiale, sort de cette crise abîmée et divisée.

* * *

Au Canada, les revenus des ménages ont augmenté de 43 % dans les années 1950 et de 37 % dans les années 1960[1]. À partir des années 1970, la croissance économique en Occident commence à ralentir. Un premier choc se produit avec la crise du pétrole de 1973. Puis, un deuxième, avec plus d'envergure, en 1981. Le produit national brut est en baisse. Les taux d'intérêt montent rapidement. La valeur du dollar canadien dégringole. Le chômage atteint des sommets jamais vus depuis près d'un demi-siècle. La léthargie économique touche tout le Canada, mais les dommages sont plus sévères dans la société québécoise. Cette année-là, près de la moitié (44 %) des emplois perdus au Canada le sont au Québec. En août 1982, le gouvernement du Québec calcule avoir perdu plus de 200 000 emplois, l'équivalent de ce qu'il avait réussi à créer dans les cinq années précédentes. Et la situation continue de s'aggraver durant le reste de l'année.

Plus les mois passent, plus le gouvernement dirigé par René Lévesque est désemparé. Les déboires constitutionnels exacerbent la déroute économique de l'État québécois. Jamais dans l'histoire du Québec un gouvernement n'a été dirigé par des hommes aussi instruits ; pourtant, jamais la situation n'a semblé aussi insensée,

---

1. Pascale Beaupré, Pierre Turcotte et Anne Milan, « La loi de la jungle : conditions changeantes du marché du travail à la suite du baby boom d'après-guerre », *Tendances sociales canadiennes,* Statistique Canada, n° 11-008 au catalogue, 2006, p. 12.

inexplicable. Cette impuissance de l'intelligentsia politique face au chaos social laisse des marques profondes. La perception de l'élite par le peuple commence à changer à partir de cette époque. Lorsque la prospérité se réinstalle, au milieu des années 1980, les Québécois ordinaires ont appris à se méfier de « ces hommes qui ont toujours réponse à tout », mais qui semblent déconnectés du réel.

Avant cette crise, les Québécois avaient tendance à applaudir chaque geste de l'État québécois pour consolider ses institutions publiques. Contrairement aux autres États en Occident, celui du Québec ne s'est pas construit graduellement durant l'ensemble du XXe siècle[2] : la plupart des institutions publiques prennent forme en moins d'une génération. Les grands technocrates de l'État, au début des années 1960, caressent des rêves de grandeur, pensant savoir avec précision de quoi l'avenir sera fait ; mais leurs efforts de construction d'un État moderne, s'ils étaient nécessaires, ont été nettement improvisés. Les premiers à le constater, et avec frayeur, sont les ministres du gouvernement Lévesque, au cœur de la crise. Lors des négociations avec les syndicats du secteur public, au cours des rondes de 1977, puis de celles de 1982, les ministres réalisent que l'État québécois a engendré avec les années une puissante bureaucratie, largement incontrôlable.

Les ministres du gouvernement péquiste ne font que poursuivre une œuvre collective, relayée par différents régimes politiques (libéraux ou unionistes). Tous les gouvernements du Québec, depuis celui de Paul Sauvé en 1959, mènent la province sensiblement dans le même sens. Le gouvernement Lévesque a cependant trop tardé à donner un coup de barre. Lorsque le peuple le porte au pouvoir, en 1976, l'économie ralentit déjà depuis au moins cinq ans. Mais pour le gouvernement Lévesque, offrir de généreuses conventions collectives à ses employés dans

---

2. Jean-Jacques Simard, « Ce siècle où le Québec est venu au monde », dans Roch Côté, *Québec 2000,* Montréal, Fides, 1999, p. 18-24.

les négociations de 1977 était une façon habile de fidéliser sa clientèle en vue du futur référendum.

Lors des rondes de négociation de 1982, la situation n'est plus la même. Il n'est plus possible d'accroître l'endettement de la province. En outre, le coût politique d'un affrontement est limité, puisqu'il n'y a aucun référendum à l'horizon. Le gouvernement Lévesque s'engage donc dans un dur conflit avec les syndicats du secteur public et parapublic. Les négociations se terminent par l'imposition d'une loi spéciale, qui impose 109 conventions collectives aux 300 000 employés du secteur public. Dans les semaines qui suivent, les syndicats défient la loi et mènent leurs troupes à la grève. Le gouvernement Lévesque, appuyé par d'importants segments de la société, décide de frapper un grand coup pour forcer un retour au travail. Il adopte un décret, plus coercitif, qui impose aux grévistes récalcitrants des sanctions majeures : alourdissement de la tâche de travail ; congédiement ; perte de salaire et d'ancienneté ; suspension de la Charte des droits et libertés.

Ce dramatique conflit de travail est l'un des plus importants au Québec dans le dernier demi-siècle. Il annonce l'aggravation de lignes de fracture profondes au sein de la société québécoise. Depuis plusieurs années déjà, des critiques s'élèvent contre le statut enviable dont bénéficient les employés du secteur public. Selon ces critiques, ces salariés gouvernementaux n'ont pas pris acte du ralentissement économique. Leurs revendications laissent croire que la croissance n'a jamais cessé. Les familles québécoises qui ne tirent aucun revenu d'emploi du secteur public approuvent la fermeté du gouvernement Lévesque. Pour les familles qui, au contraire, reçoivent leur salaire d'un organisme du gouvernement, elle est perçue comme une manœuvre odieuse et tyrannique. À partir de ce moment, beaucoup de querelles et de débats tournent autour de l'image d'« enfants gâtés » des employés de l'État.

Les enjeux qui sous-tendent la crise de 1981 transcendent le clivage politique droite/gauche. Au sein même du caucus péquiste, la position des députés face aux lois spéciales ne suit pas ces lignes. Plusieurs députés associés à la gauche, comme Gérald Godin ou

Robert Dean, s'inquiètent du fait que les conventions collectives du secteur public sont trop généreuses en comparaison de celles du secteur privé. Durant ce long conflit, les Québécois s'affrontent et se divisent. On ne semble plus avoir affaire à une querelle entre des patrons et des employés. Il s'agit plutôt d'un conflit entre certains Québécois travaillant pour le gouvernement et d'autres Québécois qui ne possèdent pas ce « privilège ». Ce clivage est palpable dans les conversations de tous les jours. Ainsi, dans tous les milieux, au restaurant, à l'aréna, dans les tavernes, sur le parvis de l'église, dans les réunions familiales, on se dispute et s'accuse mutuellement d'égoïsme.

Cette nouvelle ligne de fracture au sein de la société québécoise affaiblit aussi la cohésion de la génération X. Ceux qui sont nés dans une famille qui dépend de l'État s'opposent à ceux qui dépendent plutôt du secteur privé, et vice versa. Il importe peu ici d'établir qui avait raison dans ce débat. Il faut simplement noter que la classe moyenne, après des décennies de gains, sort divisée et affaiblie de cette crise ; elle aura désormais plus de mal à protéger ses acquis. Bien sûr, ce déclin de la classe moyenne affecte moins les aînés que les plus jeunes, qui n'ont pas une situation professionnelle stable et sûre comme leurs parents. Plusieurs devront s'habituer à vivre avec des moyens plus modestes et reporter à plus tard l'installation dans la vie.

À partir de l'année 1984, la croissance de l'emploi s'accélère. Toutefois, la situation des travailleurs de moins de 35 ans continue à se détériorer. Même si beaucoup d'écrits évoquent le milieu des années 1980 comme étant une période de consommation effrénée, la situation des jeunes travailleurs reste précaire[3]. Cette décennie amène plus qu'une grave crise économique. Plusieurs indicateurs annoncent le début d'une crise sociale : inflation et chômage, certes, mais aussi augmentation sérieuse des avortements, des

---

3. Pascale Beaupré, Pierre Turcotte et Anne Milan, « La loi de la jungle », p. 12.

divorces, des suicides, des naissances hors mariage. La société québécoise semble avoir perdu son unité et sa cohésion. Cela prendra cependant bien des années avant qu'elle commence à prendre la mesure de cette perte.

Si la fin des Trente Glorieuses a produit des effets négatifs sur l'ensemble de la société québécoise, elle n'a pas touché les différentes générations avec la même gravité. Le sociologue Simon Langlois a discerné trois destins générationnels différents[4]. Le premier est celui des trois cohortes aînées, nées dans les années 1910, 1920 et 1930, qui ont pleinement profité de la prospérité des Trente Glorieuses. Cependant, leurs dernières années sur le marché du travail ont été moins payantes. Le ralentissement économique les a touchées à un moment où, normalement, les revenus d'un ménage augmentent encore (durant les dernières années de vie active).

Le deuxième destin est celui des premiers boomers, nés dans les années 1940. C'est la seule cohorte à voir ses revenus réels progresser constamment, et ce, même à la suite du choc pétrolier et de la crise de 1981. Certes, cette progression est plus lente durant cette période, mais, étant au milieu de la pyramide d'âge dans leur milieu de travail, les premiers boomers sont parvenus à se mettre à l'abri. Le destin de cette cohorte est exceptionnel.

Le troisième destin est celui des seconds boomers et des X, nés dans les années 1950 et 1960. Ce sont les deux cohortes les plus affectées par la fin de l'ère des Trente Glorieuses. Ainsi, les seconds boomers connaissent une longue léthargie dans la vingtaine. La croissance économique des années 1990 les aidera à se rattraper, atténuant enfin les effets d'un décollage tardif et laborieux. Dans le cas des X, la léthargie sera moins longue, mais plus intense et dramatique. Pour la première fois depuis cinq générations, le niveau de vie des jeunes adultes (les X) est plus faible que celui de

---

4. Simon Langlois, « Niveau de vie et génération », dans Céline Saint-Pierre et Jean-Philippe Warren, *Sociologie et société québécoise. Présences de Guy Rocher*, Montréal, Presses de l'Université de Montréal, 2006, p. 73-84.

la cohorte précédente lors de la première tranche de la vie adulte[5]. Ce recul social est inquiétant pour l'ensemble de la société, après plus d'un demi-siècle de croissance du niveau de vie. Le ressentiment, la colère, l'amertume des X n'est pas sans fondement.

---

5. Cette analyse de Simon Langlois a été confirmée par l'étude de Charles Fleury, « La génération X a-t-elle été sacrifiée au Québec ? », *Recherches sociographiques*, vol. 49, n° 3, 2008, p. 475-499.

7

Les étapes de l'installation dans la vie

Pour comprendre la singularité du destin de la génération X, il faut se pencher sur la façon dont celle-ci parvient à s'installer dans la vie. Pour la plupart des individus, le processus se réalise par les étapes suivantes : terminer ses études, quitter le domicile de ses parents, avoir un emploi à temps plein toute l'année, nouer une relation conjugale et, dans certains cas, avoir des enfants. Ces cinq étapes peuvent être considérées comme des jalons qui mènent à l'acquisition de l'indépendance de l'individu. Un chercheur de Statistique Canada, Warren Clark, a étudié la différence dans le processus d'installation entre deux époques (en retenant les années 1971 et 2001). Il montre à quel moment de la vie de jeunes adultes, âgés entre 18 et 34 ans, arrivent à franchir ces cinq étapes cruciales. Le premier groupe, né entre 1937 et 1953, nous donne une bonne idée de la trajectoire des premiers boomers ; le second, né entre 1967 et 1983, nous donne un aperçu de la trajectoire des cadets de la génération X ainsi que des premiers-nés de la génération Y.

En comparant les jeunes adultes de ces deux périodes, Clark montre que le processus d'installation est devenu beaucoup plus long et sinueux qu'il ne l'était autrefois.

En 1971, les trois quarts des jeunes adultes de 22 ans avaient quitté l'école, près de la moitié d'entre eux étaient mariés, et un sur quatre avait des enfants. En revanche, en 2001, la moitié des jeunes adultes de 22 ans fréquentaient encore l'école, un sur cinq était en union conjugale (habituellement une union libre), et seulement un sur onze avait des enfants[1].

Quitter le domicile familial

J'ai déjà abordé la première transition, la fin des études, dans le chapitre sur la destruction de l'école publique. J'ai alors observé que les X prennent beaucoup plus de temps à franchir cette étape que les générations précédentes. La deuxième transition, le départ du domicile familial, a aussi fortement changé pour les cohortes nées à partir des années 1960. Si les aînés de la génération X ont tendance à quitter le nid sensiblement au même âge que les premiers et les seconds boomers, un changement survient dans le comportement des cadets. Ceux-ci, ainsi que les membres de la cohorte suivante (les Y), désertent le nid familial à un âge nettement plus avancé.

En 2001, 60 % des hommes et 73 % des femmes de moins de 25 ans ne vivaient plus avec leurs parents. En 1971, c'était plutôt 78 % et 89 % qui avaient réalisé cette transition. Autre indice d'une difficulté à se détacher des parents : le départ n'est pas toujours définitif. En effet, de nombreux jeunes adultes reviennent vivre chez leurs parents après une tentative d'installation plus ou moins réussie.

Par rapport aux générations précédentes, on observe toutefois une constante dans cette étape de l'installation dans la vie. En général, les jeunes femmes quittent le domicile familial à un âge plus précoce que les jeunes hommes. Ce fait tient surtout à ce que les femmes nouent une relation conjugale plus tôt que les hommes.

---

1. Warren Clark, « Transitions différées des jeunes adultes », *Tendances sociales canadiennes,* Statistique Canada, 11-008 au catalogue, 2007, p. 22.

Travailler à temps plein toute l'année

Les données sur la troisième étape, travailler à temps plein toute l'année, révèlent aussi la difficulté des X à s'installer dans la vie. Leur interprétation est cependant plus ardue lorsqu'elles concernent les femmes, puisqu'en 1971 ces dernières quittaient le marché du travail au moment de la première grossesse. Les femmes ayant un enfant en âge préscolaire travaillaient peu à cette époque. Seulement 9 % d'entre elles travaillaient à temps plein, contrairement à 27 % en 2001.

Les jeunes hommes de 2001 ont par contre plus de difficulté à travailler à temps plein toute l'année, comparativement à ceux du recensement de 1971. Cette difficulté à obtenir un revenu permettant d'exercer le rôle de pourvoyeur contribue sans doute à l'installation plus lente des jeunes hommes depuis une génération.

S'engager dans une relation conjugale

Les données de l'article de Clark sont plus détaillées pour la quatrième étape, la création de liens conjugaux. Elles permettent de mieux voir ce qui rapproche et ce qui différencie les différentes cohortes. Le mariage et le fait d'avoir des enfants perdent de la popularité avec les années. De moins en moins de jeunes adultes (25 ans et moins) sont dans cette situation : 42 % en 1971 (premiers boomers), 34 % en 1981 (seconds boomers), 27 % en 1991 (génération X) et 18 % en 2001 (génération Y).

Les jeunes adultes (25 ans et moins) des trois première cohortes ont quitté le domicile familial sensiblement dans la même proportion (28 %, 27 %, 28 %). C'est avec la génération Y qu'un changement survient. Ils sont 36 % en 2001 à rester chez leurs parents.

En 1971, 65 % des hommes et 80 % des femmes de 25 ans ou moins étaient ou avaient été dans une relation conjugale. En 2001, ces pourcentages avaient chuté presque de moitié, à 34 % et 49 % respectivement. Les jeunes adultes qui ont quitté les études assez tôt sont évidemment plus susceptibles de s'engager dans une relation conjugale. Ainsi, en 2001, près de la moitié des jeunes adultes de 25 ans sans diplôme d'études secondaires étaient mariés ou vivaient en union libre, comparativement à 32 % de ceux qui avaient préféré poursuivre des études universitaires.

Les données de 2001 révèlent une tendance : les premières unions prennent la forme d'une cohabitation plutôt que d'un mariage. En 2001, 69 % des femmes âgées entre 20 et 29 ans vivaient en union libre. À partir de la trentaine, toutefois, l'union libre fait place au mariage. À l'âge de 34 ans, seulement 16 % des adultes privilégiaient l'union libre. Cette plus faible proportion ne tient pas seulement à la popularité du mariage. Étant donné l'instabilité des couples, beaucoup d'adultes avaient échoué leur première union et vivaient séparés au moment de l'enquête.

Avoir des enfants

Les données du recensement de 2001 révèlent aussi que les jeunes adultes remettent à plus tard le moment d'avoir des enfants. Même ceux qui sont peu scolarisés ont des enfants plus tardivement que leurs vis-à-vis des générations précédentes. La poursuite d'études universitaires retarde davantage ce moment, souvent jusque dans la trentaine. Le taux de fécondité des femmes, s'il a diminué pour la période de la vingtaine, a augmenté pour celles qui sont dans la trentaine. Il reste qu'en 2001, près de 30 % des hommes âgés de 30 ans avaient un enfant, comparativement à plus de 60 % en 1971. Pour les femmes, c'est 55 % en 2001 contre 80 % en 1971.

* * *

Je viens ici de laisser entendre que les cinq étapes clés de l'installation dans la vie sont franchies plus tardivement et plus lentement par la génération X que par les générations précédentes. Les X réalisent ces transitions plus péniblement que les premiers et les seconds boomers, sauf en ce qui a trait au départ du domicile familial. Sur ce point, toutefois, on note une différence entre les aînés et les cadets de la génération X. Ces derniers se détachent plus lentement de leurs parents. Leur comportement annonce une tendance lourde qui va structurer le phénomène des « Tanguy[2] ».

Comment peut-on expliquer cette difficulté générale à acquérir l'indépendance propre à la vie adulte ? On doit tenir compte de plusieurs facteurs si on veut offrir une réponse nuancée. Certains concernent l'évolution de l'économie, d'autres, celle des mœurs. Premièrement, l'incitation à la scolarisation favorise un report de l'installation. Deuxièmement, l'instabilité du marché de l'emploi durant les années 1980 et 1990 augmente l'insécurité et le doute face à la capacité de satisfaire les besoins d'une jeune famille. Troisièmement, le coût du logement durant ces années a augmenté davantage que les revenus des jeunes adultes. Quatrièmement, la signification accordée à la vie familiale a nettement changé. Dans une société qui valorise le plaisir et l'expérimentation, fonder un foyer peut apparaître comme une corvée désagréable qu'on a intérêt à reporter à plus tard. Finalement, la grande instabilité des unions défie la foi dans l'avenir des jeunes Québécois.

* * *

Au-delà des statistiques, il faut comprendre que l'installation plus tardive de la génération X produit des effets sur son destin

---

2. Ce terme désigne les jeunes adultes qui, même dans la vingtaine avancée, peinent à quitter le nid familial. *Tanguy* est le titre d'un film français de Étienne Chatiliez qui a dépeint avec humour le phénomène. Dans le film, sorti en 2001, le personnage de Tanguy termine une thèse de doctorat, enseigne à l'université, conseille un ministre, mais est incapable de quitter ses parents.

comme groupe. En effet, les difficultés à s'installer pèsent lourdement sur la trajectoire de la cohorte née dans les années 1960. Une installation rapide contribue grandement au succès économique d'une génération, comme l'a montré le sociologue Louis Chauvel[3]. La réussite à l'échelle de toute une vie dépend beaucoup de la capacité d'un individu à accumuler du capital durant la première phase de l'âge adulte. Plus un individu est tardivement installé, plus sa capacité à profiter d'occasions économiques et professionnelles favorables est limitée. De même, une installation tardive influence tout le domaine de la vie intime. Un couple qui s'unit au début de la trentaine risque d'avoir moins d'enfants qu'un autre qui le fait au début ou au milieu de la vingtaine.

Revenons un instant sur le contraste entre les X et les premiers boomers. Dans les années 1960, le processus d'installation de ces derniers est précoce et rapide. Ils ont la possibilité concrète de s'émanciper au milieu de la vingtaine. Qu'ils abandonnent l'école tôt ou qu'ils poursuivent des études universitaires ne change rien à l'affaire. Ceux qui font le choix d'aller à l'université sont de toute façon souvent embauchés avant l'obtention de leur diplôme. En comparaison, l'émancipation des X est lente. Sur la grande route de la vie, une fourche se présente à eux : une première voie mène au marché du travail, une seconde invite à la poursuite des études universitaires. Dès ce moment surgit une division interne au sein de cette génération, et deux sous-groupes se forment : les *tôt-installés* et les *tard-installés*.

Le premier groupe, les tôt-installés, ne va pas à l'université. Ces X entrent sur le marché du travail au début de la vingtaine, mais le processus est plus long et laborieux, et surtout moins fructueux que pour les premiers boomers. Ils occupent souvent des emplois de la vieille économie industrielle, ou des « McJobs » fournis par l'essor du secteur des services. Le quotidien de cette cohorte

---

3. Louis Chauvel, *Le Destin des générations*, Paris, Presses universitaires de France, 2002.

est à des années-lumière de l'esprit des Trente Glorieuses, que ce soit sur le plan du salaire, des conditions de travail ou de l'avancement. Sa trajectoire sociale est tout sauf prospère et facile. Les X exercent tôt un métier, mais un lourd trafic, causé par la cohorte précédente, qui accapare tous les postes enviables, ralentit leur intégration professionnelle. Ils avancent lentement et, souvent, se perdent dans les nombreux culs-de-sac produits par une économie en déroute. En bref, ils s'intègrent tôt au système, mais souvent à titre de citoyens de seconde zone.

Le second groupe, les X tard-installés, emprunte plutôt la voie des études universitaires. Pour ce groupe, la période qui sépare l'acquisition du diplôme et l'installation effective est nettement plus longue que pour le premier. On peut sans se tromper l'estimer à une bonne dizaine d'années. Pour comprendre le destin politique et social de la génération X, il faut garder à l'esprit les conséquences de cette division interne entre les tôt-installés et les tard-installés. Certes, ce clivage au sein d'une génération séparant les individus scolarisés de ceux qui le sont peu n'est pas nouveau. Mais il engendre des répercussions plus lourdes sur le destin des X. Durant plusieurs années, un grand nombre d'entre eux seront soit des chômeurs diplômés, soit des travailleurs précaires vivant en marge du système.

Le destin des X tard-installés est nettement mieux documenté que celui des X tôt-installés. S'ils n'ont jamais vraiment exercé le pouvoir, les premiers ont néanmoins eu de l'influence dans les médias et les partis politiques. Dès les années 1980, ils produisent des manifestes, des pamphlets, des romans, autant de coups de gueule pour dénoncer la domination des premiers boomers. Leur amertume découle de l'horizon intellectuel qui régnait dans les polyvalentes durant leur adolescence. En effet, sur les bancs d'école, ces X adhéraient au grand rêve démocratique. Élèves brillants, ils partageaient les utopies et les rêves de leurs professeurs. Comme ceux-ci, ils se berçaient de l'illusion que toutes les ambitions sont permises, que rien n'est interdit aux gens de bonne volonté.

Les X tard-installés grandissent motivés par cette croyance optimiste. Même après les premières déceptions, ils s'y accrochent, en dépit des signaux que le réel leur envoie. Mais avec le temps, les premiers boomers apparaissent comme de sérieux obstacles à leur poursuite du bonheur. Le processus d'installation est long, sinueux, laborieux. Il paraît être une éternité. Des années durant, ils se perdent dans les dédales de la précarité et de l'insécurité, et, plus tard, dans ceux de la frustration et du ressentiment.

On peut spéculer longuement sur les raisons qui incitent les uns à quitter l'école au début de l'âge adulte et les autres à poursuivre leurs études. Il est difficile de cerner les facteurs qui pèsent dans ces décisions. Cela peut être une question d'argent, de tradition familiale, de talents ou encore, tout simplement, de circonstances. Cependant, si l'économie joue sur la trajectoire des X, il faut éviter d'en exagérer l'importance. L'installation tardive des X n'est pas seulement une conséquence des ratés économiques. Les effets de la révolution sexuelle poussent dans le même sens. Ainsi, à mesure que les années 1970 avancent, les jeunes adultes sont de plus en plus libres de refuser de fonder une famille. Les idéaux de liberté et d'égalité, nés dans le domaine politique, finissent par envahir le domaine de la vie intime. La structure de la famille change ainsi radicalement. Lorsque les X arrivent à l'âge adulte, au tournant des années 1980, la famille nucléaire d'antan amorce un déclin. Les unions des X sont plus fragiles : elles connaissent par exemple une durée plus brève que celles des générations précédentes. Les jeunes familles sont en proie à une grande insécurité. Les familles à deux revenus sont déchirées face à l'exigence de mobilité et de flexibilité du marché du travail mondialisé. Il devient difficile pour la plupart des X de reproduire et de transmettre le modèle familial hérité de leurs parents. Il est maintenant loin, l'univers calme et rassurant de leur enfance.

Les cohortes qui précèdent la génération X avaient l'obligation ferme de s'installer dès qu'elles atteignaient une certaine autonomie financière, ou même dès qu'elles s'en approchaient. À partir de la fin des Trente Glorieuses, tout se passe comme si la société dissuadait ou empêchait les jeunes adultes de s'installer. Dans l'air du temps, l'installation dans la vie est associée à la mièvrerie, à la perte de sa liberté, au conformisme de la société de consommation. La culture accrédite l'idée que cet acte, loin d'être un acte d'adulte libre, responsable et autonome, représente plutôt la mort de l'individu, la renonciation à l'émancipation. Plusieurs chansons populaires disent à la radio le dégoût de cet idéal, comme *Once in a Lifetime* des Talking Heads :

> *And you may ask yourself*
> *What is that beautiful house ?*
> *And you may ask yourself*
> *Where does the highway go ?*
> *And you may ask yourself*
> *Am I right ?... Am I wrong ?*
> *And you may tell yourself*
> *My God !... What have I done*[4] *?*

---

4. Talking Heads, *Once in a Lifetime*, dans *Sand in Vaselines: Popular Favorites 1976-1983*, New York, Sire, 1992.

8
Stratégies de survie en temps d'anomie

Pour bien comprendre dans quelle société les X s'insèrent au début des années 1980, on peut se rapporter à la notion d'anomie. On qualifie une société d'anomique lorsque les idéaux ne sont plus atteignables par le recours à des moyens licites, c'est-à-dire aux instruments que la société offre aux individus pour mener une vie normale. Par « idéal », on entend le but qui est valorisé à une époque par une civilisation. Il est inculqué par l'éducation, qu'elle soit assumée par les parents ou par l'école. Selon les époques et les sociétés, l'idéal poursuivi peut varier. Dans un texte sur l'éducation, Émile Durkheim précise la variété des idéaux proposés à travers l'Histoire :

> À Athènes, on cherchait à former des esprits délicats, avisés, subtils, épris de mesure et d'harmonie, capables de goûter le beau et les joies de la pure spéculation ; à Rome, on voulait avant tout que les enfants devinssent des hommes d'action, passionnés pour la gloire militaire, indifférents à ce qui concerne les lettres et les arts. Au Moyen Âge, l'éducation était avant tout chrétienne[1] […]

---

1. Émile Durkheim, *Éducation et Sociologie* (1922), Paris, Presses universitaires de France, 1968, p. 35.

Aux États-Unis, la réussite financière a été l'idéal dominant au XXe siècle. En France, c'était plutôt la citoyenneté active. Au Québec, avant les années 1960, l'idéal dominant consistait à fonder une grosse famille afin de contribuer à l'essor de la nationalité. La modernisation de cette société a marginalisé cet idéal de vie. Dans les années 1980, la société québécoise a fait un virage en direction de l'idéal prôné par la société américaine : la réussite financière. Les jeunes, pas moins que les premiers boomers, ont été séduits par celui-ci. Toutefois, les moyens licites mis à la disposition de la jeunesse ne correspondaient peut-être pas à cet idéal. En effet, à partir des années 1980, de multiples signes donnent à penser qu'un état d'anomie se met en place. Lorsque les X arrivent sur le marché du travail, plusieurs indices révèlent une détérioration des conditions de vie des jeunes adultes. En matière économique, les taux de chômage et d'inflation font des bonds spectaculaires. Dans le domaine de la vie intime, on assiste à une dislocation des modèles traditionnels. On assiste, de fait, à une augmentation rapide des avortements, des divorces, des naissances hors mariage et, surtout, des suicides[2]. Les X forment une société qui a perdu ses repères. Ils sont déroutés. Dans le texte cité plus haut, Émile Durkheim fait cette observation :

> Il est vain de croire que nous pouvons élever nos enfants comme nous voulons. Il y a des coutumes auxquelles nous sommes tenus de nous conformer ; si nous y dérogeons trop gravement, elles se vengent sur nos enfants. Ceux-ci, une fois adultes, ne se trouvent pas en état de vivre au milieu de leurs contemporains, avec lesquels ils ne sont pas en harmonie. Qu'ils aient été élevés d'après des idées ou trop archaïques ou trop prématurées, il n'importe ;

---

2. Le taux de suicide chez les jeunes adultes (15-34 ans) connaît une forte progression dans les années 1980. Pour une analyse du point de vue de l'essor de la société thérapeutique, lire Gilles Gagné et David Dupont, « Les régimes de suicide au Québec », *Recherches sociographiques,* 2006, vol. 48, n° 3, 2007, p. 27-63.

dans un cas comme dans l'autre, ils ne sont pas de leur temps et, par conséquent, ils ne sont pas dans des conditions de vie normale[3].

L'analyse de Robert K. Merton peut nous aider à comprendre davantage les conséquences de l'anomie sur l'entrée des X dans la vie adulte[4]. Dans les années 1930, le sociologue a conçu un modèle qui permet de décrire les stratégies de survie des X. Celui-ci dégage cinq figures d'adaptation à une structure sociale anomique. Ces figures peuvent être comprises comme des types sociaux : le rebelle, le conformiste, le déviant, le fuyard et le routinier. Dans le tableau suivant, inspiré du modèle de Merton, le signe + signifie « acceptation », tandis que le signe – signifie « refus ». Quant au signe ±, il veut dire « refus de l'idéal actuel et introduction d'un nouvel idéal » et « refus des moyens actuels et introduction de nouveaux moyens ».

Typologie des figures d'adaptation individuelle

Figures d'adaptation	Idéal	Moyens
• Le rebelle	±	±
• Le conformiste	+	+
• Le déviant	+	–
• Le fuyard	–	–
• Le routinier	–	+

---

3. Émile Durkheim, *Éducation et Sociologie*.
4. Robert K. Merton, « Structure sociale, anomie et déviance » (1939), dans *Éléments de théorie et de méthode sociologique*, Paris, Plon, 1965, p. 167-191.

Avant de décrire chaque figure, j'ajouterai qu'un individu peut changer de figure au fil du temps. Par exemple, il peut être un déviant au début de la vingtaine pour devenir un routinier dix ans plus tard, à la faveur de certains événements.

Le rebelle

La figure du rebelle possède un cachet romantique, elle a marqué la mythologie de la Révolution tranquille. Les premiers boomers ont pris plaisir à l'incarner dans les années 1960 et 1970. C'est une figure qui cherche à rejeter la structure sociale afin d'en instaurer une nouvelle, plus juste, plus humaine. Les rebelles jugent la structure sociale établie arbitraire, injuste, illégitime. Ils rejettent donc leur appartenance à un système. Pour que la rébellion ait un sens, il faut que certains groupes partagent une même hostilité envers la structure sociale et qu'ils posent des gestes pour la changer. Le rebelle invoque les idéaux, les idéologies ou les mythes pour expliquer l'origine des frustrations collectives. Il s'emploie aussi à dessiner les contours d'une nouvelle société où les moyens licites seraient mieux accordés au nouvel idéal. Contrairement au conservateur, qui pense que les frustrations et les injustices sont dans la nature des choses, le rebelle croit qu'elles sont surtout attribuables à de sérieuses dysfonctions de la structure sociale.

Comparativement à la génération des premiers boomers, la génération X a produit peu de véritables rebelles. Ceux qui adoptent cette position sont rapidement condamnés à la marginalité. Ce qui ne veut pas dire que les X ont accepté leur époque sans faire preuve de sens critique. Beaucoup d'entre eux ont exprimé des doutes face aux idéaux chéris par la société québécoise, mais leur désapprobation a pris la forme du ressentiment plutôt que de la rébellion. La génération X a exprimé de l'hostilité, de l'envie, et parfois même de la haine pour ses aînés. Ce ressentiment n'a toutefois mené à aucune action collective d'ampleur.

À première vue, l'attrait de la rébellion semble ainsi appartenir au passé. Pourtant, la sémantique de la rébellion est plus vivante que jamais. Dans une société qui prône le « mouvement pour le mouvement » et la « rupture pour la rupture », les médias doivent couronner quotidiennement des figures de rebelles, c'est-à-dire des individus qui prônent l'accélération du mouvement vers une modernité intégrale. Dans son roman *La Rebelle*, l'écrivain Benoît Duteurtre a dépeint avec humour l'attitude de ces révolutionnaires de salon qui, aujourd'hui, utilisent une sémantique radicale pour accélérer leur mobilité sociale. Le personnage principal du roman, Éliane, est une journaliste progressiste animant une émission « qui décoiffe », intitulée *Les Rebelles*. Intransigeante, elle se laisse toutefois peu à peu corrompre par amour.

> Éliane jette un regard au magazine posé sur son ventre ; huit pages illustrées consacrées aux « femmes rebelles » : Marie Curie, Mère Teresa, Janis Joplin, Lady Diana… Elle ferme les yeux et respire profondément, en songeant à la chance qu'elle a eue de s'en sortir, sans jamais renier ses convictions… Tout cela est fragile. Dans certains moments d'angoisse, Éliane se voit exclue du circuit, contrainte de gagner péniblement sa vie, réduite à survivre comme quinze ans plus tôt[5].

Dans une société qui valorise le changement perpétuel, comment peut-on vraiment être un rebelle, ou simplement un réformiste au sens où on l'entendait jadis, et prétendre renverser l'ordre des choses ? C'est le dilemme qui s'est posé à la génération X dès son entrée dans la vie adulte. Ce dilemme, qui paraît insoluble, en a poussé un bon nombre à tourner le dos aux idéaux.

---

5. Benoît Duteurtre, *La Rebelle*, Paris, Gallimard, 2004, p. 12.

Le conformiste

Dans une société où les moyens licites permettent relativement bien de réaliser l'idéal de vie, la plupart des individus sont des conformistes. Ils poursuivent en effet l'idéal imposé puisque la société leur donne les moyens de l'atteindre. Une adhésion massive à l'idéal assure une forte cohésion sociale. Cependant, lorsqu'un fossé se creuse entre les moyens et l'idéal, un nombre important d'individus abandonnent la voie conformiste. Ceux qui y demeurent font le pari qu'ils réussiront mieux, un jour, que la moyenne de leurs contemporains.

On trouve une description savoureuse de cette figure au Québec dans *Acceptation globale* de François Benoît et Philippe Chauveau. Publié en 1986, ce best-seller marque le commencement du débat entre les premiers boomers et les X. Du point de vue du modèle de Merton, les auteurs décrivent la génération X sous les traits d'individus conformistes qui jugent stérile de s'opposer au consensus social forgé par leurs aînés, les refus-globalistes. Ils cherchent seulement à survivre et à obtenir leur part du gâteau :

> Dans le but de combattre ceux qui se déclarent « contre », il décide de devenir « pour » et, prenant le contre-pied du *refus global*, il s'identifie à l'acceptation globale, attitude foncièrement pragmatique qui consiste à ignorer les discours refus globalistes et à prendre tout ce qui pourra lui permettre de survivre. Il est désormais prêt à tout accepter mais ne reçoit toujours rien, sinon les critiques des refus globalistes qui n'apprécient pas qu'on mette en doute ce qu'ils ont fait pour le Québec et pour le monde, et qu'ils proclament bien haut le caractère sordidement matérialiste de cette nouvelle génération[6].

---

6. François Benoît et Philippe Chauveau, *Acceptation globale*, Montréal, Boréal, 1986, p. 29-30.

Cette analyse était convaincante à l'époque où elle a été livrée au public québécois. Depuis, nous connaissons mieux la génération X et les différentes stratégies qu'elle a mobilisées pour survivre. Nous savons maintenant que la gravité de la crise durant les années 1980 a incité de nombreux X à abandonner la voie conformiste.

Le déviant

La pression de la réussite est implacable dans certaines sociétés, même si celles-ci n'offrent pas toujours les moyens pour y parvenir. Le déviant est l'individu qui accepte l'idéal proposé, au mépris toutefois des normes sociales et des procédures coutumières. Il approuve l'idéal de vie de ses contemporains, mais utilise des moyens illicites pour l'atteindre.

Le déviant est prêt à prendre de sérieux risques pour grimper dans la pyramide sociale, pour se maintenir au sommet, ou encore pour éviter la déchéance. Dans certains milieux professionnels, il est vrai, la différence entre un moyen licite et un moyen illicite est seulement une affaire de degré. Plusieurs grandes fortunes au XXe siècle ont été amassées par la tricherie, la corruption ou le vol. La réussite oblitère souvent les moyens tortueux utilisés par tel ou tel millionnaire. À l'occasion, cependant, un Conrad Black ou un Vincent Lacroix se fait prendre.

Pour certains individus appartenant aux couches inférieures de la pyramide sociale, le crime est une réponse efficace à une situation qui n'assure pas la réussite financière par des moyens licites. En orientant les individus vers la réussite matérielle de façon étroite, sans leur en donner les moyens adéquats, la société en pousse certains, involontairement, sur la pente du crime. D'où la popularité croissante des grands criminels, figures astucieuses et immorales qui triomphent dans une société où les canaux de la mobilité se ferment ou se rétrécissent considérablement.

Durant les années 1980, beaucoup de X multiplient les recours à des moyens illicites pour rester en vie, se faire une place au soleil ou maintenir l'illusion dans leur milieu que « tout va bien ». Le déviant peut plagier pour obtenir son diplôme, il peut vendre de la cocaïne pour payer son loyer, se marier pour avoir accès aux prêts et bourses, travailler au noir. Dans le cercle restreint des X, ces stratégies sont tolérées, puisque c'est parfois la seule façon de ne pas trébucher et tomber plus bas.

Le fuyard

Un des modes d'adaptation à une société anomique est l'évasion. L'individu qui emprunte cette voie est le fuyard. Celui-ci refuse l'idéal prescrit par la société, ainsi que les moyens fournis. Le fuyard devient progressivement un étranger à sa propre société, ne partageant pas les valeurs communes. À plusieurs titres, son étrangeté pose souvent problème à ses contemporains. Il existe différentes catégories de fuyards : les vagabonds, les clochards, les exilés, les toxicomanes, les parias, les fous, les ermites. Leur comportement marginal trouve son origine dans les tensions qui traversent la société et est exacerbé par les dysfonctions qui y règnent. Ce type d'adaptation survient lorsque, après une pénible tentative d'intégration sociale, l'individu finit par décrocher, considérant que les moyens qui lui sont fournis s'avèrent inefficaces. Résigné, le fuyard se soustrait aux exigences du système.

Beaucoup de X adoptent cette voie durant les années 1980. La forme de décrochage la plus courante est de « vivre sur le BS ». Le gonflement rapide du nombre d'assistés sociaux durant cette décennie provoque en retour une montée de dénonciation de ces jeunes. Généralement, l'attitude du fuyard est perçue négativement par la société, car elle remet en question l'idéal de vie. Dans la conscience publique, il est vu comme un individu inutile, improductif, perturbateur de l'ordre social. La société réagit ainsi, car l'acceptation de l'attitude du fuyard signifierait que l'idéal de vie est discutable. La société multiplie par conséquent les moyens pour remettre les fuyards sur la voie de la réussite ou, à tout le moins, de l'intégration.

Le routinier

Le routinier est l'individu qui a renoncé à poursuivre l'idéal hégémonique, mais qui ne cherche pas à renverser l'ordre des choses. Il continue simplement à vivre au quotidien de façon routinière, en utilisant les moyens conventionnels pour gagner sa vie, sans toutefois nourrir les aspirations élevées de ses contemporains. Pour s'encourager, il se répète qu'il est « né pour un petit pain » ou encore qu'« un "tiens" vaut mieux que deux "tu l'auras" ».

Inquiets de son manque d'ambition, les proches du routinier craignent qu'il se soit mis lui-même sur une voie de garage, qu'il ne cherche plus à se dépasser, ce qui est le cas. C'est une figure répandue dans les sociétés où la position sociale dépend du mérite. La compétition qui y prévaut nourrit une forte anxiété. Lorsque celle-ci devient insupportable, l'individu pense la soulager en abaissant ses aspirations. Il trouve un réconfort dans la routine et le respect des conventions.

La figure du routinier a une longue histoire dans la société québécoise. « Ne vise pas trop haut, tu ne seras pas déçu. » Derrière cette maxime se trouve l'idée que les ambitions élevées provoquent souvent des déceptions amères. À l'opposé, des aspirations modestes et facilement réalisables procurent paix et sérénité. Au travail, l'individu routinier reste scrupuleusement dans les limites, par crainte d'être remarqué et de faire naître l'envie. Il évite de faire des vagues. Plus sa renonciation à l'idéal est profonde, plus il s'accroche avec détermination aux protocoles, aux normes et aux coutumes de son milieu. La figure du routinier est populaire dans la classe moyenne inférieure. Au sein de celle-ci, les parents exercent une pression constante sur leurs enfants pour maintenir le respect des normes et des commandements moraux. Ils agissent ainsi, car l'effort pour s'élever socialement a moins de chances d'être couronné de succès que dans la classe moyenne supérieure. Cette sévérité nourrit l'anxiété des enfants, laquelle renforce encore plus leurs tendances routinières.

La figure du routinier pour la génération X a été illustrée dans l'univers cinématographique de Ricardo Trogi, dans *Québec-Montréal* et *Horloge biologique*[7]. Les personnages de ces œuvres sont des jeunes hommes proches ou au début de la trentaine, manquant de caractère et d'ambition, refusant les engagements sérieux ; ils cherchent à profiter de la vie, généralement en respectant les conventions. Dans une société qui offre des horizons étroits aux jeunes hommes, ceux-ci cherchent simplement à cimenter leur amitié, rempart contre les espoirs déçus.

---

7. Cet univers a ensuite été transposé au petit écran dans la série *Les Invincibles*. Bien que cette série n'ait pas été écrite par Ricardo Trogi, plusieurs des acteurs de ces deux films y campent les rôles principaux.

9

Monsieur Bovary

En m'inspirant de la théorie de Merton sur l'anomie, j'ai avancé l'idée que les X entraient dans la vie adulte au sein d'une société qui avait laissé de côté ses anciens repères. Ici, il ne s'agit pas de s'apitoyer avec nostalgie sur les vertus des normes du Canada français d'antan. Celles-ci étaient déjà désuètes dans les années 1940 et 1950, alors que la société se modernisait. Le problème tient plutôt au fait que ces repères n'ont jamais été remplacés. La tentative de refondation de la société québécoise a failli en 1980, et à nouveau en 1995. En l'absence d'une telle refondation, les Québécois ont simplement cherché à s'ajuster à l'idéal américain, ce qui se répercute dans le domaine de la vie intime. Je vais explorer cette idée dans les deux prochains chapitres, par un examen d'œuvres culturelles produites par des auteurs de la génération X.

* * *

Dans la vie intime, les X représentent une génération de transition. Bien que les premiers et les seconds boomers aient été marqués par les révolutions féministe et sexuelle, les X en sont vraiment les cobayes. Toutes sortes d'indices attestent le début d'une véritable rupture avec l'arrivée de cette génération : les rapports sexuels sont plus précoces ; les gens sont moins nombreux à se marier ; la durée des unions est plus brève ; la taille des familles est plus petite ; l'âge de la première grossesse est reporté au tournant de la trentaine. En bref, les X entrent dans la vie adulte d'une façon bien différente des générations antérieures.

En général, les X applaudissent ces changements. La contrainte sociale qui pèse sur les actes de la vie intime s'affaiblit. L'encadrement parental devient de plus en plus hésitant, les soixante-huitards prônant d'une même voix l'« interdit d'interdire ». Une soif de liberté individuelle se fait jour dans différents aspects du quotidien. Petit à petit, les X incorporent dans leur vie de nouvelles façons de penser l'intimité. Elles sont introduites par des pionniers, des cousins ou des cousines, des oncles ou des tantes qui ont abattu les tabous anciens. Ces avant-gardistes ont déchiré les derniers lambeaux de l'ordre patriarcal.

Comme dans toute révolution, il est impossible de ne voir que du positif ou du négatif dans ce nouvel ordre des choses. Certains changements représentent un progrès pour le plus grand nombre ; d'autres, par contre, sont plus troublants. Il se passera une décennie, parfois deux avant que les X trouvent le courage de questionner certaines facettes inédites de la vie intime. Ce n'est souvent qu'au terme d'une longue traversée du désert qu'ils finissent par voir les effets pervers de la permissivité. S'ils expriment une ambivalence, s'ils finissent par cultiver un doute face au culte du mouvement dans le domaine de la vie intime, peu vont jusqu'à prôner un retour à l'ancien modèle. Par contre, ils parlent plus spontanément que leurs aînés des dérives de la société contemporaine : l'affaiblissement de l'institution du mariage, les effets du divorce sur l'équilibre affectif des enfants, la réduction de la sexualité à sa dimension purement physique, l'influence latente de la pornographie sur les rapports amoureux et sexuels…

Parmi les idées douteuses qui pénètrent les consciences durant la grande révolution culturelle, il y a celle qui nie toute différence entre les sexes. Un certain féminisme durant les années 1970 avait soutenu l'idée que les femmes et les hommes n'étaient pas différents. Parce que les hommes et les femmes devaient être traités sur un pied d'égalité, on a défendu l'idée qu'ils étaient identiques. Le féminin et le masculin ne seraient que des concepts fabriqués par la société dans un sombre dessein, celui de maintenir les femmes au foyer.

Si cette idée a connu une telle popularité, à partir des années 1970, c'est que chaque sexe a fini par envier l'autre. Beaucoup de femmes, clouées à la maison, idéalisaient les trajectoires professionnelles masculines, qui paraissaient remplies de défis ; beaucoup d'hommes, de leur côté, entraînés dans des univers compétitifs aliénants, ont fini par envier secrètement le confort, la paix et la chaleur de la vie au foyer[1]. Ces illusions, bien sûr, se sont aujourd'hui largement volatilisées. Mais l'envie d'être l'autre a fini par contaminer l'imaginaire des deux sexes, au point de rendre bien des hommes et bien des femmes méconnaissables. Ce fantasme de faire des hommes et des femmes des êtres indifférenciés, loin de réussir, aura fini par donner naissance à deux étranges et curieuses créatures, que j'appellerai monsieur Bovary[2] et madame Don Juan.

Je ne prétends pas ici que les X sont tous devenus des monsieur Bovary et des madame Don Juan. J'affirme seulement que les pressions de la société, des médias en particulier, ont tendu à produire ces deux nouvelles créatures. Celles-ci ne réussissent pas à former des couples plus durables, plus harmonieux ni plus émancipés. Au contraire, les unions au sein de la génération X sont plus fragiles que celles des générations précédentes. En effet, 46 % des femmes de la génération X ont échoué leur première union, comparativement à 34 % pour les femmes de la génération des premiers boomers[3].

---

1. Sur l'envie que chaque sexe manifeste l'un pour l'autre durant les années 1960 et 1970, consulter Christopher Lasch, « Division sexuelle du travail, déclin de la culture civique et essor des banlieues », dans *Les Femmes et la vie ordinaire,* Paris, Climats, 2008, p. 137-169.
2. Sur le bovarysme masculin, voir Éric Zemmour, *Le Premier Sexe*, Paris, Denoël, 2006.
3. Céline Le Bourdais et Evelyne Adamcyk, « Portrait des familles québécoises à l'horizon 2020 », dans Gilles Pronovost, *La Famille à l'horizon 2020,* Québec, Presses de l'Université du Québec, 2008, p. 72-99.

* * *

Le féminisme des années 1970 a popularisé l'idée d'une humanité affranchie de la différence entre les hommes et les femmes. Il n'y aurait plus d'hommes, plus de femmes. Nous serions tous identiques, indifférenciés, donc égaux. Ce féminisme suggérait une seconde idée étonnante, la supériorité des traits que la civilisation avait historiquement assignés au féminin. La douceur était supérieure à la force, le dialogue à l'autorité, la paix à la guerre, l'écoute à l'ordre, la tolérance à la violence. Le programme féministe se proposait de faire admettre ces deux idées et, ensuite, de persuader la société que les hommes devaient absolument accepter ces traits. Avec le temps, après bien des résistances, les hommes ont fini par accepter cette position. Surtout les plus jeunes, qui n'avaient pas été conditionnés par les valeurs patriarcales.

Aujourd'hui, cette révolution est palpable dans tous les domaines de la vie. Les X ont emboîté le pas, mais le mouvement est plus visible encore chez les cohortes plus jeunes. Les garçons poussent aujourd'hui le bovarysme un cran plus loin. Dans les cégeps, par exemple, il faut entendre les garçons qui parlent de leurs « amoureuses ». À dix-huit ans, non seulement ils sont déjà en couple, mais ils sont soudés à elles de longues heures. Si celle-là est en classe ou au travail, ils gardent contact par téléphone (appels et messages textes). Il faut maintenir le lien, à chaque quart d'heure. Même en cours, à la salle de bains, au boulot, ou entre deux bouchées à la cafétéria.

La grande rupture, le début du bovarysme masculin, a débuté avec la génération X. Sur les bancs d'école, ce sont les X qui encaissent l'insulte de l'époque : « Maudit macho ! » Cette astuce linguistique a connu un fameux destin. Pour beaucoup de femmes, elle représentait un raccourci commode pour ramener l'homme dans le droit chemin. Elle permettait de lui rappeler que l'époque avait changé et que lui était resté, par bêtise, par stupidité, un pauvre homme des cavernes. Bientôt, les femmes n'ont plus eu à recourir à l'accusation. Ce sont les hommes eux-mêmes, les hommes de l'avant-garde, qui ont accepté la responsabilité de rappeler aux derniers barbares qu'ils étaient d'irréformables machos.

En étant attentif à la production des chanteurs québécois de la génération X, on observe quel chemin a été parcouru depuis les années 1970. Leurs chansons ne font pas que refléter l'air du temps, ils forgent aussi l'opinion et les passions de ceux qui les écoutent. L'ombre de monsieur Bovary plane derrière les airs de leurs répertoires. Album après album, les histoires d'amour se succèdent. L'homme de la génération X est un rêveur triste, mélancolique, tout comme l'héroïne de Flaubert, qui observe la difficulté d'aimer ou encore de maintenir la flamme à travers le temps.

Penchons-nous ici sur quelques extraits de chansons des premiers albums de Daniel Bélanger. Dans son premier album, *Les insomniaques s'amusent*, Bélanger signe une chanson intitulée *La Folie en quatre*. Elle met en scène un personnage qui craint le jour où son histoire d'amour prendra fin. Anticipant avec tristesse ce moment, il se confie : « En somme si mon âme oublie ton âme / Et que mes yeux oublient tes yeux / Ce sera le fruit de la démence / Et non la violence d'un aveu / Mais avant qu'un de ces jours, la folie… / Je t'aime[4]. »

Les unions des X sont fragiles, souvent brèves. Plus que les générations précédentes, ils vivent dans la croyance que l'amour n'est pas éternel. Ce thème revient aussi dans la chanson *Les Doux Printemps*, tirée du deuxième album du chanteur, *Quatre saisons dans le désordre* : « Nous serons vieux et frêles / Peut-être même séparés / Nos têtes pêle-mêle / Incapables et usées / Mais aujourd'hui je t'aime / Aujourd'hui pour l'éternité / T'es la plus belle saison de ma vie[5]… »

Que l'amour ne soit pas éternel est une vieille idée qui a traversé les siècles. Toutefois, contre ce risque, les liens du mariage

---

4. Daniel Bélanger, *La Folie en quatre*, dans *Les insomniaques s'amusent*, Montréal, Audiogram, 1992.
5. Daniel Bélanger, *Les Doux Printemps*, dans *Quatre saisons dans le désordre*, Montréal, Audiogram, 1996.

offraient une certaine protection. Ces liens pouvaient évidemment un jour ressembler à des chaînes, mais ils protégeaient les époux et donnaient à l'union une base solide, rassurante. Les enfants, en fin de compte, bénéficiaient de la pérennité de l'union.

Jadis, l'institution du mariage encadrait les débordements de la sexualité et de la passion amoureuse. Les couples se mariaient souvent pour d'autres raisons que pour officialiser des liens d'amour. Dans les chansons des X, on ne parle plus de mariage ni d'enfants. On idéalise le couple. Monsieur Bovary rêve d'une union parfaite, fusionnelle, avec l'autre. Il rêve d'un amour éternel, brûlant du premier jour jusqu'au dernier. Monsieur Bovary voit bien sûr que cet idéal est inatteignable. Il est donc un personnage triste, en proie à la déprime, qui entretient néanmoins un dialogue larmoyant et incessant pour convaincre l'être aimé de la sincérité de ses sentiments.

Pendant des siècles, l'homme s'est engagé dans le mariage à reculons, presque malgré lui. Il était en effet plus préoccupé par l'idée d'amener la femme au lit que par celle de l'épouser. Et il ne rêvait pas de lui faire des enfants. Il finissait par accepter la paternité, la famille, le mariage, sous la pression d'une femme, d'un prêtre ou de sa propre famille. D'ailleurs, un bon nombre de mariages (plus du tiers selon des historiens) étaient précipités parce que l'homme avait mis la jeune femme enceinte. La société, par l'intermédiaire du milieu, l'obligeait à assumer ses responsabilités[6].

Cette ancienne époque, où l'homme cherchait plus à copuler qu'à exprimer sa passion, monsieur Bovary la juge sinistre. Il souhaite que Cupidon métamorphose sa vie. Il veut trouver la Femme, celle qui le fera rêver, qui le remplira d'amour et de tendresse. Dans la chanson *Cruel*, Daniel Bélanger écrit : « Maman dis-moi / Pourquoi j'ai quitté la chaumière / Je suis sans cellule depuis / Sans famille nucléaire / Je sais de la vie / Qu'elle se termine

---

6. Lionel Tiger, *The Deline of Males*, New York, St. Martin's Griffin, 1995.

souvent au lit / Mais pire que la mort qui vient / C'est l'amour qui ne vient jamais[7]. »

Nous pourrions multiplier de telles citations en empruntant au répertoire de Daniel Bélanger, de Jean Leloup, de Dédé Fortin ou d'Éric Lapointe. Ce n'est pas nécessaire. Le bovarysme masculin a pénétré tous les champs de la culture, de la chanson au téléroman, du cinéma à la littérature. Cette mutation sociale serait plus facile à accepter si le bovarysme ne portait pas une curieuse ambiguïté. Quelque part dans l'âme de monsieur Bovary subsiste un doute ; un atavisme qui ne veut pas mourir. Ce doute apparaît avec clarté dans l'univers du cinéaste Ricardo Trogi.

*   *   *

Le mâle est resté un homme des cavernes, sous l'épais vernis que la civilisation a cherché à lui imposer. C'est l'image que véhicule la publicité du film coup-de-poing *Horloge biologique*[8]. Le film de Trogi, qui a remporté un grand succès populaire, saisit bien l'humeur du temps. Les angoisses du jeune adulte québécois y sont dépeintes avec humour et sensibilité. Le film met en scène les difficultés de trois amis au début de la trentaine, qui vivent différemment leur rapport à la paternité.

Le personnage de Frédéric Gagnon ne se sent pas du tout prêt à devenir père. Rien ne l'emballe vraiment dans l'idée de franchir cette étape. Il préfère courtiser les jeunes femmes à l'occasion de 5 à 7, fréquenter les bars de danseuses nues et disputer des parties de balle molle et de chasse avec « les *boys* ». Il confesse candidement à ses amis qu'il tente à tout prix d'éviter la paternité. Le film présente quelques scènes cocasses où il déploie des astuces pour

---

7. Daniel Bélanger, *Cruel*, dans *Quatre saisons dans le désordre*, Montréal, Audiogram, 1996.
8. Ricardo Trogi, *Horloge biologique*, Montréal, Alliance Vivafilm Atlantis, 2005.

empêcher sa blonde de tomber enceinte. Des trois larrons, Frédéric est le plus libidineux, le moins disposé à devenir père.

Le personnage de Paul Beauchamp attend un enfant. La grossesse de sa blonde arrive bientôt à terme. Avec un certain sens des responsabilités, il s'implique dans le processus, lisant des livres sur la maternité, participant même avec plus de sérieux qu'elle aux cours prénatals. Mais plus la grossesse avance, plus il est tenaillé par le doute, l'ambivalence. Sa liberté de mâle chasseur lui glisse tranquillement entre les doigts. Sur le point de quitter définitivement sa jeunesse, il est envahi par la nostalgie et les regrets. Il s'en veut de ne pas avoir « baisé suffisamment de filles ». Une occasion se présente toutefois : la monitrice des cours prénatals est une ancienne camarade de classe qu'il a toujours rêvé de séduire.

Le troisième larron, Sébastien Laporte, est déjà un jeune père. De façon responsable, il assume de nombreuses tâches. Durant tout le film, il est habité par la « fausse conscience », comme disaient jadis les marxistes. Il ne cesse de vanter son expérience de paternité à ses amis, bien que ceux-ci soient fort sceptiques. Il est fier d'être passé à une autre étape, de vivre des « choses fantastiques avec [sa] blonde ». Aux yeux de ses camarades, toutefois, il n'est plus le même. Il a été tellement domestiqué qu'il n'est même plus capable de frapper un coup sûr. Il sort abruptement de cette fausse conscience lors d'un 5 à 7 bien arrosé. Piqué au vif par un coéquipier, un coureur de jupons arrogant et méprisant, Sébastien veut prouver qu'il est encore un vrai chasseur, qu'il est capable d'amener une « proie » dans une chambre d'hôtel.

Les trois personnages du film montrent les dilemmes des hommes face à trois étapes de la paternité : avant la conception, durant la grossesse, après la grossesse. Des regrets se manifestent à l'égard d'un monde perdu : celui où l'homme avait le loisir de partir à la chasse, qu'il s'agisse de chasser le chevreuil ou de « traquer la femelle ». Ce monde perdu, dans *Horloge biologique,* est représenté dans quelques scènes où les trois personnages sont physiquement métamorphosés en hommes des cavernes. Ce monde perdu est aussi réactualisé, dans leur vie quotidienne, par la rencontre de la *gang* lors des 5 à 7. Le propos de Trogi suggère que, finalement, les hommes ont peu changé, même après un demi-siècle de féminisme. On peut bien sûr s'acharner à domestiquer le mâle, le naturel revient inévitablement au galop. La nature humaine est trop forte. L'homme est un chasseur. Son antique prédisposition à conquérir ne s'éteint pas. Certes, on peut lui apprendre à changer des couches, à exprimer ses émotions, à participer à des cours prénatals, à mimer un accouchement… Mais, pour Trogi, tout cela est accessoire et assez risible.

Horloge biologique dévoile l'écart entre les institutions et une nature humaine implacable, irréformable. À un moment durant le film, un bref tableau statistique apparaît qui illustre la fréquence des avortements dans le monde. Ce procédé semble vouloir rappeler que le malentendu entre les sexes n'a peut-être jamais été aussi grand et aussi désespérant qu'aujourd'hui. Si une pulsion forte pousse l'homme à conquérir des femmes, et donc à se reproduire, celui-ci cherche aussi désespérément à échapper aux conséquences de ses gestes.

Vers la fin du film, le plan des trois hommes est mis en péril : la blonde de Frédéric découvre que, de façon machiavélique, ce dernier mêle une pilule contraceptive au jus d'orange qu'il lui prépare chaque matin. La blonde de Paul, elle, trouve une liste des anciennes conquêtes de son chum. Cette liste maudite contient des informations qui sèment un doute quant à sa fidélité. Enfin, Sébastien s'est franchement mis les pieds dans les plats en amenant une fille à l'hôtel, puis en s'endormant jusqu'à sept heures du matin. Incapable d'inventer un mensonge crédible, il échoue à persuader sa blonde qu'il ne l'a pas trompée. Expulsés de leur domicile, les trois larrons se retrouvent le temps d'un week-end dans leur chalet, au fond du parc de la Mauricie. Les filles accepteront-elles de les pardonner ?

La scène finale donne une partie de la réponse. Elle se déroule à l'hôpital, suite à l'accouchement de la copine de Paul. Sébastien est présent dans la chambre avec sa blonde, qui semble avoir passé l'éponge. Paul arrive avec une peluche dans les mains, mais les infirmières l'empêchent de pénétrer dans la chambre : ordre de la nouvelle mère. Enfin, Frédéric arrive accompagné d'une nouvelle flamme. Enthousiaste, fier, il s'arrête un instant devant l'affiche d'une campagne de santé publique : *La vasectomie. Parlez-en à votre médecin.* C'est le mot final de cette saga comique et dramatique. Les questions soulevées par ce film en disent peut-être plus sur l'avenir du peuple québécois que la plupart de nos débats politiques.

10
Madame Don Juan

Avant la révolution sexuelle, l'institution du mariage assurait la monogamie. Elle garantissait au plus grand nombre l'idée qu'il n'y avait qu'un homme pour une femme. Le mariage obligeait les époux à ne pas abandonner l'autre. Une obligation réciproque et mutuelle les incitait à se soutenir, même dans les conflits, les crises, malgré les hauts et les bas de la passion amoureuse et de la pulsion sexuelle. La révolution sexuelle déclenche la fin de ce monde. Elle fait subtilement entrer le paradigme libéral dans le domaine de la vie intime. Désormais, l'union entre conjoints devra reposer sur un consentement renouvelable, négociable et parfois révocable. Le nouvel horizon sexuel et amoureux libère les individus des anciennes entraves. Il les place sous la pression de la concurrence, du début de l'âge adulte jusqu'au tombeau.

L'écrivain français Michel Houellebecq a illustré les conséquences liées à ce nouvel horizon dans son roman *Extension du domaine de la lutte*. Le personnage central, Raphaël Tisserand, prend conscience de sa misère sexuelle : il appartient aux masses « mal-baisées » de l'Occident post-68. Dans un moment de lucidité, il réalise qu'un second système de différenciation s'est mis en place dans la société, à côté de celui fondé sur l'argent. Ce second système, non moins cruel, hiérarchise les individus selon leur attrait sexuel. Tout comme le libéralisme économique sans frein, le libéralisme sexuel produit la paupérisation absolue de tout un groupe. Certains font l'amour tous les jours ; d'autres le font rarement, ou même jamais. C'est la « loi du marché ». Jadis, dans un système où l'adultère était prohibé, chacun réussissait à trouver son compagnon de lit. Ce n'est plus le cas aujourd'hui.

> En système économique parfaitement libéral, certains accumulent des fortunes considérables ; d'autres croupissent dans le chômage et la misère. En système sexuel parfaitement libéral, certains ont une vie érotique variée et excitante ; d'autres sont réduits à la masturbation et à la solitude. Le libéralisme économique, c'est l'extension du domaine de la lutte, son extension à tous les âges de la vie et à toutes les classes de la société. De même, le libéralisme sexuel, c'est l'extension du domaine de la lutte, son extension à tous les âges de la vie et à toutes les classes de la société[1].

Il est aisé de concevoir que ce système puisse être impitoyable pour certains individus. Ceux qui possèdent la beauté et l'argent tirent plus facilement parti des occasions sur le marché du sexe que ceux qui en sont dépourvus. Ce système de différenciation exerce une pression sur les deux sexes, pour les maintenir constamment dans un état de compétition. Égalité parfaite des deux sexes dans cette concurrence ? Non. Les données sur le célibat et la vie de couple révèlent des faits intéressants : jusqu'à la fin de la trentaine, les femmes ont la vie plus facile. Toutes proportions gardées, plus d'hommes que de femmes sont disponibles durant la vingtaine et la trentaine.

Le rapport de force s'inverse toutefois durant la quarantaine. La proportion des hommes en couple dépasse celle des femmes. Les hommes de cet âge regardent simplement les femmes plus jeunes. Plus elles vieillissent, plus la compétition entre les femmes est féroce. Elles doivent combattre une donnée implacable : la

---

1. Michel Houellebecq, *Extension du domaine de la lutte,* Paris, J'ai lu, 1994, p. 100.

dégénérescence du corps. Une inflation érotique se met à l'œuvre, chez les femmes, avant même le début de cette altération. Parce que le sacrement du mariage est désormais désacralisé, les individus sont libres de magasiner, de négocier et, parfois, de retourner la marchandise.

Une femme qui par exemple devient célibataire durant la cinquantaine, à cause d'un divorce ou d'un veuvage, risque de le rester jusqu'à la fin de sa vie. Une femme mûre devra développer une stratégie astucieuse pour ralentir l'usure du temps. C'est dans ce contexte qu'apparaît, à mon sens, le corollaire de monsieur Bovary : madame Don Juan. J'entends par cette expression une femme qui se place dans une situation de séduction permanente et qui mobilise des stratégies agressives pour déclasser ses rivales sur le marché du flirt.

La figure de madame Don Juan est en partie façonnée par l'imaginaire pornographique. La popularisation de la pornographie a en effet modifié la façon dont beaucoup de femmes établissent leur rapport aux hommes pour les séduire. Le modèle de la femme suggéré par les œuvres pornographiques ne s'impose pas seulement aux femmes mûres. Les cohortes plus jeunes, conscientes aussi du caractère implacable de l'horloge biologique, sont engagées dans un combat constant pour déclasser leurs rivales. Femmes et hommes sont ainsi conscients de l'extension croissante du domaine de la lutte. Évidemment, cela n'implique pas que les femmes soient d'aussi grandes consommatrices de pornographie que les hommes. Seulement, elles sont influencées par cet imaginaire. La tolérance croissante à l'égard de la pornographie a permis à cet imaginaire de circuler dans le domaine public et de baliser les attitudes d'un nombre croissant d'individus.

J'ai souligné plus tôt dans cet essai la convergence de la révolution sexuelle et de la révolution féministe. Cette convergence accélère le déclin des derniers vestiges de l'ordre patriarcal. Sur un autre plan, la révolution sexuelle s'est déniché un deuxième allié dans sa volonté de transformer l'espace de la vie intime. Cet allié est la révolution technique. L'œuvre la plus durable de cette intrigante alliance est la genèse et l'essor de l'industrie de la pornographie. Pendant des siècles, des représentations pornographiques ont circulé, mais leur diffusion était restreinte. Les découvertes qui se succèdent à l'âge moderne (photographie, imprimerie de masse, cinéma, vidéo, Internet, webcam) finissent toutefois par faire décoller une véritable industrie, accessible dès lors à toutes les classes de la société. En 1953, le premier grand magazine porno voit le jour. Il s'agit de *Playboy*. Puis naissent d'autres publications telles *Penthouse* (1965), *Hustler* (1974), etc.

Bien que *Playboy* ait été lancé au milieu des années 1950, ce n'est que durant les années 1960 que les produits de la pornographie deviennent facilement accessibles et consommés sans trop de culpabilité. La génération X est peut-être la première cohorte dont l'éducation sexuelle est fortement conditionnée par la porno. Durant les années 1970, afin de parfaire leur éducation sexuelle, et évidemment d'en tirer un certain plaisir, les adolescents et les jeunes hommes se procurent en cachette ces magazines. Des salles de cinéma se spécialisent aussi dans la projection de la pornographie produite à Hollywood ou, parfois, au Québec. D'ailleurs, un film québécois qui a longtemps détenu le record au box-office est un film érotique, *Deux femmes en or*, de Claude Fournier. Ce film, qui a remporté un grand succès populaire, suit la trame conventionnelle de la pornographie des années 1960 et 1970. Deux femmes de banlieue esseulées s'amusent à croquer des hommes qui se présentent à leur porte. La pornographie de cette époque a pour fonction de décoincer les couples, de leur faire abandonner la vieille pudibonderie chrétienne. Cette trame n'a rien à voir avec la pornographie contemporaine, nettement plus froide, moins soucieuse de régénérer l'idéal du couple. Les personnages y sont des machines lubriques et cyniques, détachées de toute sensibilité.

Avec les années 1980, les salles de cinéma pornographique dépérissent. Le magnétoscope introduit subtilement la porno dans les salons et les chambres à coucher, où elle acquiert bientôt un caractère banal et familier. Imperceptiblement, elle se met à teinter les rapports de séduction, la sexualité ainsi que l'esthétique des individus. L'influence de l'imaginaire pornographique se manifeste aussi à l'extérieur du foyer, à la discothèque comme au bureau.

La normalisation de la pornographie dans la vie quotidienne des années 1980 et 1990 ne s'est pas produite sans rencontrer d'obstacles. En Amérique du Nord, deux courants opposés ont mené une lutte contre cette industrie : à droite, les groupes conservateurs ; à gauche, les groupes féministes radicaux. Aux yeux de ces deux camps, la pornographie véhicule une image dégradante de la femme. Mais leur résistance semble avoir été vaine. La lutte à la censure de la pornographie, contre toute attente, a été beaucoup portée par des femmes, et a réussi. Ces dernières ont plaidé en faveur de la tolérance, soutenant l'idée que les femmes, maîtresses de leur corps, étaient libres de choisir. Qui plus est, les femmes ne devaient plus commettre l'erreur de laisser tout le terrain de la sexualité aux hommes. Ce mouvement hostile à la censure incluait des intellectuelles (Susie Bright, Camille Paglia), des journalistes, des artistes (Madonna, Annie Sprinkle), et des actrices et productrices de pornographie (Candide Royalle, Nina Hartley).

Au Québec, ce sont deux femmes de la génération X, journalistes à l'hebdomadaire *Voir,* qui ouvrent la voie à la normalisation de la pornographie. En 1996, Nathalie Collard et Pascale Navarro publient un essai sur les femmes et la pornographie intitulé *Interdit aux femmes.* Il vaut la peine de se pencher sur les arguments qu'elles avancent à la défense de la porno. Leur propos cherche surtout à démontrer que les partisans de la censure ont tort. La pornographie produit toutes sortes d'œuvres, de médiocres à bonnes. Les femmes n'ont pas à s'en priver et, surtout, n'ont pas à juger celles qui ont choisi d'en faire un métier. Lever la censure contre la pornographie, à leurs yeux, est une suite logique au combat pour affirmer la liberté individuelle des femmes. Le sexe, écrivent les auteures, est sans doute l'un des derniers domaines que les femmes n'avaient pas réussi à conquérir. L'émancipation féminine a été marquée par plusieurs victoires : pilule contraceptive, droit à l'avortement, affirmation des droits des lesbiennes. L'industrie du sexe restait toutefois encore la chasse gardée des hommes.

> Qu'on le veuille ou non, la porno rapporte tout de même des milliards de dollars, et constitue donc l'un des marchés les plus florissants. Bref, elle est incontournable. Malgré ce qu'en pensent plusieurs, la porno est une forme de discours sur la sexualité. Ce n'est pas nécessairement un discours savant, mais il mérite d'être considéré étant donné l'argent qu'il rapporte et la quantité de stéréotypes qu'il véhicule[2].

Les arguments des femmes qui défendent la pornographie s'appuient souvent sur l'idée que la sexualité est l'un des derniers terrains à conquérir dans l'émancipation des femmes. Ces dernières peuvent accéder à la réussite sociale en tenant un discours sur la sexualité. Le *success story* qui donne de l'élan à ces féministes pro-pornographie est celui de la chanteuse populaire Madonna. Nathalie Collard et Pascale Navarro rappellent que la chanteuse, avant de triompher, a été stigmatisée dans les médias. Lorsqu'elle a lancé son premier disque, elle a été couverte d'insultes, à cause de son image très sexuée.

> Madonna jouait avec des aspects de la sexualité carrément controversés, comme le sadomasochisme ou l'androgynie. La chanteuse projetait dans ses clips l'image d'une sexualité débridée. Les esprits conservateurs et certaines féministes lui ont reproché de présenter une vision dégradante de la sexualité féminine. Pourtant, Madonna a brisé des tabous et ouvert la voie par son autonomie et son indépendance d'esprit à d'autres chanteuses ou « performeuses[3] »…

---

2. Nathalie Collard et Pascale Navarro, *Interdit aux femmes. Le féminisme et la censure de la pornographie*, Montréal, Boréal, 2003, p. 107-108.
3. *Ibid.*, p. 93.

Madonna n'est pas la première femme célèbre à exploiter autant la sexualité dans le monde du divertissement. Mae West, Marlene Dietrich et Marilyn Monroe ont été les vraies pionnières. Madonna a néanmoins ouvert la voie à toute une collection d'artistes qui utilisent leur corps non seulement pour avancer dans leur carrière, mais aussi pour dévisser des tabous, métamorphoser l'idéal de la réussite dans la société contemporaine post-1968 : Britney Spears, Christina Aguilera, Shakira, Beyoncé... Ces vedettes féminines ont conquis rapidement un large public : un auditoire de jeunes filles, il importe de le préciser. Ces chanteuses façonnent la mode, la sexualité et les stratégies de séduction de toute une génération.

En tant qu'êtres humains, nous sommes peut-être tous égaux devant Dieu ou la Loi ; mais devant le miroir ou sur le pèse-personne, d'évidentes disparités se manifestent. Ici, le marché vient à la rescousse. Il y a vingt ans, une femme pouvait se faire refaire le nez, faire augmenter le volume de sa poitrine ou se faire retendre la peau du visage. Aujourd'hui, chacune peut se faire gonfler les lèvres, enlever les bourrelets ou même redessiner la vulve ; la chirurgie plastique n'a quasiment plus de limite. La nature féminine évolue grâce au génie des grands créateurs de mode. L'industrie de la publicité fait s'emballer l'imagination des femmes, qui finissent par accepter de rêver et de changer leur vie, « parce que je le vaux bien », disent-elles. À la condition qu'elles y mettent le temps et l'argent, beaucoup de femmes peuvent maintenant se présenter au bureau, le lundi matin, avec une allure n'ayant rien à envier à celles des stars porno.

On pourrait prétendre que l'essor du modèle de madame Don Juan est une réponse directe à l'instinct de domination masculin. Mais les choses ne sont pas si simples. La nouvelle révolution de l'intimité émane aussi de l'imaginaire des femmes. Les magazines féminins, depuis les années 1980, suggèrent aux femmes de prendre le contrôle de leur sexualité. Elles ont le droit de jouir, de rompre la monotonie, de se laisser aller aux fantasmes les plus fous et, pourquoi pas, de s'approprier ce qui était jadis le territoire exclusif du mâle. Depuis une génération, les magazines féminins rivalisent d'audace et de grivoiserie : « Larguer son homme en cinq leçons », « L'échangisme a sauvé mon couple », « La polygamie, c'est cool », « J'ai envoyé une copine draguer mon mec », « La sodomie sans douleur », « Une nouvelle vulve pour 5 000 $ », « Dix trucs pour l'envoyer au septième ciel », « La fellation comme vous ne l'avez jamais osée », etc.

L'influence des normes de l'imaginaire pornographique se fait aussi sentir dans l'évolution des codes de séduction. Premièrement, l'idée qu'il existe des étapes et des balises à respecter entre la première rencontre et la première relation sexuelle est en déclin. Dans une société fondée sur la vitesse et l'immédiateté, suivre des étapes s'avère irritant pour beaucoup d'individus. L'idée qu'il subsiste des règles, des conventions et des coutumes, fixées par la civilisation, est aussi rejetée par bien des gens. Comme dans la pornographie, le magnétisme sexuel entre deux êtres justifie la liquidation des étapes et des codes. Deuxièmement, l'initiative n'est plus la responsabilité des hommes. D'un côté, les hommes ne veulent plus risquer de subir l'affront d'un refus. Flirter étant devenu une affaire compliquée, certains préfèrent se satisfaire sur Internet ou avoir recours à la prostitution. De l'autre côté, en vertu du principe de l'égalité des sexes, les femmes cherchent à prendre le contrôle, même dans les premiers moments, et refusent ainsi à l'autre la possibilité d'assumer l'initiative. Madame Don Juan est un calque des personnages féminins dans la pornographie, qui savent ce qu'ils veulent et prennent les moyens nécessaires pour l'obtenir.

Dans son roman *Putain*, Nelly Arcan a montré les paradoxes et les contradictions auxquels sont confrontées les femmes dans une société structurée par l'image. Le roman peut être lu, certes, comme un témoignage bouleversant sur la condition des escortes dans notre société. À un autre niveau, il peut aussi être interprété comme une réflexion sur la prostitution comme principe d'organisation de la société. Dans un monde où il faut apprendre à se vendre, indépendamment de tout principe moral, les limites et les repères finissent par disparaître au profit d'un libéralisme débridé. Dans les années 1980, ces repères se sont effectivement effacés, sous le poids des révolutions économique et culturelle. Dans *Putain*, le personnage de Cynthia, en débarquant à Montréal pour entamer ses études à l'UQAM, découvre un curieux univers. Elle relate notamment la surprise de son père lorsqu'il voit pour la première fois la rue Sainte-Catherine : il trouve inconcevable qu'une façade d'église soit située à quelques pâtés de maisons d'un bar de danseuses nues.

> Comment est-il possible qu'une façade d'église puisse tenir lieu d'entrée d'une université, s'indignait-il comme si j'avais quelque chose à faire là-dedans, une église tronquée comme les crucifix non bénis, vidée de Dieu, et comment se fait-il que les pavillons de l'université débouchent sur des peep shows, où s'en va-t-on s'il n'y a qu'un pas à faire entre l'éducation et la prostitution ? Et c'est vrai… une façade d'église donne accès à un pavillon où j'avais la plupart de mes cours, une façade conservée et restaurée pour le patrimoine, parce que ça fait joli, et bien des fenêtres des salles de cours donnent sur des bars de danseuses nues, sur les néons roses de la féminité[4].

Pendant des siècles, des repères stricts balisaient tout le champ de la vie intime. Leur dissolution a amené d'évidents progrès. Mais elle a produit, en retour, un immense brouillage qui est source de désarroi et, parfois, de désespoir. En pratique, ce brouillage nous rend plus vulnérables à la marchandisation accentuée des rapports humains. Dans un monde sans repères stables, c'est la loi de la jungle. Les faibles sont de moins en moins en mesure de faire le poids face aux puissants. Dans la prochaine section du livre, je vais présenter des biographies de X qui cherchent à s'adapter à ce brouillage.

---

4. Nelly Arcan, *Putain*, Paris, Éditions du Seuil, 2001, p. 14.

III
La traversée du désert

11

La pyramide sociale et les trajectoires biographiques

Il n'est pas nécessaire d'être marxiste pour partager la conviction que les tensions entre les classes sociales sont au cœur de la vie des sociétés. Jusqu'ici, j'ai cherché à montrer que l'espoir de voir disparaître les classes sociales ne s'est pas matérialisé. Au contraire, depuis les années 1980, l'écart de revenu entre les classes a recommencé à se creuser. Pour illustrer cette idée, j'utilise l'image de la pyramide sociale. Elle est composée de trois classes distinctes : la classe supérieure, la classe moyenne et la classe inférieure. En avançant dans les années 1980, les membres de la génération X s'insèrent tranquillement dans l'une de ces trois classes, sans le savoir. Ils ne s'en doutent pas, et c'est normal. Sur les bancs d'école, durant leur jeunesse, on leur a répété cette fable naïve : la Grande Noirceur étant un souvenir lointain, la société québécoise est devenue une grande démocratie moderne. Nous sommes enfin entrés, en bref, dans l'âge de l'Égalité.

En vieillissant, toutefois, les X prennent conscience que les sermons optimistes servis par leurs aînés ont peu de liens avec la réalité. Plus les années 1980 avancent, plus les X sont nombreux à frapper le Mur. Le grand rêve démocratique qui a façonné leur enfance finit par leur apparaître comme une véritable chimère. Sur le coup, ils ne réalisent pas précisément ce qui leur arrive. Ils ne sont pas conscients qu'ils vivent un drame collectif. La plupart d'entre eux pensent, à tort, qu'ils ne sont tout simplement pas à la hauteur comme individus. Durant les premières années de l'âge adulte, les X ont l'impression vague que leur quotidien est fait d'épreuves et de pièges. Ils acquièrent avec le temps la conviction que ces épreuves sont presque insurmontables.

Les X sentent les premiers qu'un monde est en train de disparaître. Le nouveau monde qui se met en place est moins hospitalier que celui dans lequel ils ont grandi. Ils sont envahis d'un sentiment d'impuissance face aux mauvaises nouvelles qui leur parviennent régulièrement : les fermetures d'usines, les compressions budgétaires dans les services publics, l'inflation galopante et le chômage endémique, l'éclatement des familles, la menace du sida et, finalement, les dépressions qui guettent leurs proches. Beaucoup de X ne voient pas très clairement ce qui lie leurs épreuves personnelles aux bouleversements de l'Occident. C'est afin de bien faire voir comment les X traversent ces épreuves, en ayant l'impression de se buter à un gigantesque Mur, que j'ai rédigé des portraits. Ils permettent de voir les stratégies de survie inventées par cette génération pour éviter le déclassement social[1]. Les quatre prochains chapitres proposent donc une visite guidée, par le biais de portraits, des nouvelles divisions de la pyramide sociale québécoise.

Différents X fictifs se relayeront dans les prochaines pages pour accompagner le lecteur dans les différents recoins de la pyramide sociale, pour visiter ses différents étages. Le premier chapitre est consacré au sommet. On y voit que la classe supérieure trône désormais avec une assurance qui n'était pas commune durant les Trente Glorieuses. Les X appartenant à cette classe ont habilement réussi à contourner le Mur. Ils sont parvenus au sommet en décodant bien ce que l'élite économique attendait d'eux.

---

1. Sur le destin de déclassés qui est celui de beaucoup de X, consulter l'article de Mircea Vultur, « Le diplôme et le marché du travail. La dynamique de l'éducation et le déclassement au Québec », *Recherches sociographiques,* vol. 47, n° 1, 2006, p. 41-68.

Dans les deux chapitres suivants, on descend d'un étage pour examiner l'état de la classe moyenne. De toutes les classes, c'est la plus déroutée par l'évolution sociale. Au début des années 1960, elle était imposante et triomphante. Aujourd'hui, elle est décimée, fragmentée et inquiète. La jeune classe moyenne qui se reconstruit dans les années 1980 et 1990 est traversée par une nette division. Le premier groupe, composé des tôt-installés, connaît un destin local dans le grand jeu de la mondialisation ; le second groupe, constitué de tard-installés, cherche à se donner un destin qui s'accorde aux exigences de l'élite mondiale.

Enfin, dans le quatrième chapitre de cette section, je dresse le portrait de X qui appartiennent à la classe inférieure. Cette dernière est victime de l'évolution rapide de la société, du rouleau compresseur du mouvement. Les X qui appartiennent à cette classe sociale sont invisibles sur la scène publique, offrant des images de victimes qui ne sont pas assez exotiques et divertissantes pour susciter l'intérêt des faiseurs d'opinion. Ils apparaissent rarement aux nouvelles télévisées, dans les romans, au cinéma ou dans les téléséries.

L'intérêt de proposer des portraits est de montrer l'hétérogénéité des expériences vécues par les X. Ces descriptions révèlent comment l'individu peut donner un sens à sa trajectoire, revenir sur ses échecs, expliquer ses réussites et affirmer sa détermination pour affronter les épreuves futures[2]. Cette variété des trajectoires permet de faire connaître un point de vue différent de celui qu'on retrouve dans les reportages journalistiques, les monographies, les manifestes et les essais publiés régulièrement sur le sujet.

J'ai ainsi esquissé des biographies fictives pour faire comprendre au lecteur le rapport des X à leur propre passé[3]. Rédiger

---

2. Peter Berger et Brigitte Berger, *Sociology: A Biographical Approach*, New York, Basic Books, 1972.

3. Sur la complémentarité de la fiction et de l'analyse sociologique pour décrire le monde social, consulter Antonio Candido, *L'Envers et l'Endroit. Essais de littérature et de sociologie*, Paris, Métailié, 1995. Aussi Pierre Saint-

une biographie consiste à relater la succession des événements qui donnent un sens à une vie. La difficulté réside en bonne partie dans le choix des événements clés, étant donné qu'il est impossible de restituer la trajectoire complète d'une vie humaine. Le choix des événements est crucial, mais leur hiérarchisation l'est aussi. Pour de nombreux X, les événements privilégiés sont ceux qui leur ont permis de s'affranchir des illusions de leur époque et, ce faisant, d'acquérir un peu de maturité et de développer un sens des limites. Avec les années, ils ont fini par valoriser le caractère qu'ils ont affiché durant toutes ces années pour contourner le Mur dressé devant eux.

La présentation de portraits fictifs a en outre été motivée par le fait que les X ont connu de multiples bifurcations durant leur vie. En entrant dans une société qui sacralise la mobilité et le mouvement, les X ont dû apprendre à naviguer dans des univers sociaux totalement incompréhensibles pour les générations antérieures. Certes, leurs aînés vivaient parfois l'expérience de se trouver à un carrefour, de devoir changer de voie ou se recycler. Ce qui distingue les X, toutefois, c'est la rapidité avec laquelle ces révisions de trajectoire se sont présentées. Ils sont entrés dans la vie adulte à un moment de l'histoire nationale où les anciens repères s'effondraient. Leur vie intime et professionnelle est marquée par de fréquents virages.

Le fait de connaître de multiples virages amène les X à revenir souvent sur leur propre trajectoire biographique. La façon dont ils relisent leur passé est pourtant bien différente de celle des cohortes précédentes. Durant les Trente Glorieuses, la prospérité poussait progressivement les individus vers le haut de la pyramide sociale. Cette mobilité ascendante des jeunes adultes leur faisait adopter une image moderne et néophile d'eux-mêmes. L'arrivée des X à l'âge adulte se caractérise par une tout autre expérience. La plupart

---

Arnaud, *Park — Dos Passos. Métropolis. Regards croisés sur la modernité urbaine aux États-Unis,* Québec, Presses de l'Université Laval, 1997.

sont entraînés vers un déclassement social. Ils développent par conséquent une image d'eux-mêmes plus sombre. L'univers de leur enfance, rétrospectivement, leur apparaît non pas comme un monde étroit, fermé, petit et dont il faut s'échapper, mais comme un monde juste, rempli de promesses, mais qui a volé en éclats. Contrairement aux premiers boomers, ils ne cherchent pas à s'affranchir de leur passé. Dans un univers marqué par l'insécurité et l'éclatement des repères, ils cherchent à retrouver un fil susceptible de donner une cohérence à leur place dans le monde.

En vieillissant, les X tentent de redonner un sens à leur destinée en revenant sur leur propre histoire. La plupart ne le fait pas de façon systématique, en procédant à des autocritiques élaborées. Dans le tableau que chacun peint de son passé, certains souvenirs sont modestement retouchés et ajustés ; des événements ou des faits sont réévalués à partir d'un nouvel angle ; les torts et les mérites sont redistribués, mais à partir d'une nouvelle compréhension du présent. Si l'on voulait trouver une image pour saisir l'entreprise autobiographique que les X ont menée, on prendrait celle de l'artiste qui décide de retoucher un vieux tableau. En solitaire, chacun a sorti l'ancienne toile du fond de l'atelier et s'est engagé à la retravailler avec soin, subtilement, à coups de pinceau incertains et hésitants, mais déterminé par l'impératif de procéder à des corrections.

12
Au sommet : la classe supérieure

Depuis les années 1980, la vie politique et sociale au Canada est dominée par les actions de la classe supérieure, laquelle se compose de capitalistes et de professionnels qui possèdent des diplômes universitaires associés à une filière payante. En incluant les membres de leur famille, ils représentent environ un cinquième de la population. Ce sont les individus en position de responsabilité dans les institutions gouvernementales, les grandes entreprises, les médias, la philanthropie et l'éducation supérieure qui forment cette élite. Certains emplois, cependant, sont parfois attribués à quelques « parvenus », pour maintenir l'illusion que l'idéal démocratique est bien vivant.

Les membres de cette classe exercent en pratique un monopole quasi complet sur le financement des campagnes électorales, et sur les postes d'élus et de salariés permanents dans les principaux partis politiques. Pour comprendre la société d'aujourd'hui, il faut tenir compte du fossé qui se crée entre cette classe sociale et le reste de la population. Ce fossé est nettement plus significatif que les divisions qui séparent les différentes communautés (linguistiques ou ethniques) qui composent la société. Comment certains X parviennent-ils à se maintenir, ou parfois à se hisser au sein de la classe supérieure ? Voici trois portraits qui suggèrent des éléments de réponse.

Frédéric

Frédéric naît en 1961 à Ville Mont-Royal, dans une famille bourgeoise. Il ne descend pas d'une riche lignée, mais son père est un professionnel très estimé dans la haute société canadienne-française. Dernier d'une famille de quatre enfants, Frédéric fréquente les écoles d'élite. Les mœurs de la bourgeoisie, auxquelles il est exposé quotidiennement, l'irritent beaucoup. Ces mœurs sont fermées, étroites, hautaines. C'est ce qui le pousse vers les arts et la culture, domaine où il peut jeter un regard irrévérencieux et critique sur sa société.

Durant sa jeunesse, Frédéric touche un peu à tout, en dilettante. Il a du talent dans tous les domaines, d'ailleurs, mais il n'excelle dans aucun. Il sait pourtant que le succès, dans les arts ou la culture, n'est réservé qu'aux premiers de classe. Pour protéger ses arrières et rassurer sa famille, il entreprend des études en administration des affaires. Ses études ne l'emballent pas, c'est le moins qu'on puisse dire. Pour se changer les idées, il tâte du journalisme à l'université. Écrire dans le journal étudiant de l'Université McGill lui permet de donner libre cours à son espièglerie tout en poursuivant une vocation.

Cette filière, le journalisme, le mène paisiblement sur le marché du travail. En quelques années, il s'y taille une place de choix, comme chroniqueur au quotidien *The Gazette*. Ce n'est pas qu'il est un grand travailleur. En grandissant dans la bourgeoisie, Frédéric a intériorisé les règles du succès dans le monde du capitalisme avancé. Ce n'est pas l'ardeur au travail qui assure la réussite sociale, mais la capacité à séduire son entourage. Et, de fait, le jeune homme possède un charme fou. Il n'est pas économe en matière de séduction. Son charme, il ne le réserve pas qu'à quelques élus qui seraient dignes d'amour, d'attention et de considération. Il possède des réserves infinies de sourires, de bonnes paroles, de gags pour émerveiller son entourage. Frédéric aime se vanter tout bas de n'avoir que des amis. Ceux-ci, en retour, sont flattés de le côtoyer au quotidien.

Il se sait privilégié de travailler pour un grand quotidien montréalais. Lorsqu'il y fait son entrée, on n'y compte pratiquement que des premiers boomers dans la quarantaine avancée. Spontanément, il ne partage pas leur humeur politique. Ceux-ci sont restés d'indécrottables progressistes, en paroles à tout le moins. Leur progressisme, note amèrement Frédéric, n'exige aucun effort particulier ni restriction salariale. Mais ses agacements et ses divergences, il sait les taire. Après tout, il est un héritier, poli et courtois, capable d'ironie et d'autocensure. Il juge en avoir assez bavé durant sa jeunesse, allant de boulot d'été en boulot d'été. « Ces maudits boomers ! » s'entend-il parfois proférer à voix basse. Il prend garde, cependant, de ne pas manifester ouvertement son ressentiment. Il n'a peut-être pas les mêmes origines que ces scribes, mais au moins ils fréquentent les mêmes restos. Cela aide à meubler les conversations.

En attendant la permanence, il se fait à l'idée de demeurer discret. Son travail consiste à rapporter sobrement les faits divers, à couvrir le dernier incendie criminel, les meurtres passionnels, les catastrophes naturelles dans des villages reculés du Québec profond, par exemple. Avec le temps, il finit par faire sa niche, s'appropriant et raffinant avec patience le style de son maître, Pierre Foglia. Ce dernier, on le sait, révolutionne depuis vingt ans la prose journalistique québécoise en s'inspirant des grands reporters américains, qui entremêlent subtilement la critique culturelle, le reportage et les confessions. Frédéric dépouille ce style de ses accents subversifs pour inventer une façon d'écrire susceptible d'émouvoir le lecteur. Comme son maître, il disserte avec abondance sur des thèmes apolitiques : sa fiancée, ses chats, ses enfants, sa belle-mère, un voisin pittoresque. Et bien sûr, à l'occasion, il sort un papier dithyrambique sur un resto obscur, un village reculé du Vermont ou du New Hampshire qui n'est pas encore tombé sous le radar de la faune médiatique.

Frédéric imite astucieusement le style du maître, en lui donnant une touche personnelle, « moins baby-boomer », comme il se plaît à le dire. Le temps des utopies est terminé, et c'est tant mieux. Lorsque l'ennui du quotidien est pimenté par des événements, des psychodrames, des secousses sociales, Frédéric sait trouver le ton juste. Au lieu de proposer une analyse objective et structurée des enjeux, il livre un article modeste, en demi-teintes, pour surprendre et attendrir le lecteur. Il y parvient en parlant de la réaction de son fils, de sa femme, de sa belle-mère ou encore du sans-abri qu'il a croisé à tel ou tel événement.

En lisant Frédéric et maints auteurs de la génération X, on peut noter que la confession n'est plus aujourd'hui un genre distinct des autres genres littéraires. Dans la hiérarchie de la prose, elle s'est hissée au sommet, devenant le mode dominant de la conversation et de l'expression des idées. Dans une ère marquée par le narcissisme, la société n'est plus le lieu d'enjeux ou de conflits graves entre des groupes, des classes sociales ou des rivaux politiques, mais une agglomération d'individus qui cherchent à exposer publiquement leurs souffrances, leurs souvenirs, leurs émotions. La confession garantit le succès dans la société, en particulier dans le milieu des grandes bureaucraties. En l'utilisant, les individus créent une forte proximité, qui permet d'enjôler leurs collègues, leurs patrons, leurs clients ou encore leurs propres employés.

En raffinant l'art d'écrire la chronique, Frédéric s'insère avec brio dans la société des boomers, tout en leur rendant un bel hommage. Durant les années 1980, il réussit adroitement à contourner le Mur, en marchant délicatement dans les traces de ses aînés. En privilégiant une grande souplesse dans ses relations sociales, Frédéric fait montre d'une indéniable lucidité. Car se tailler une place parmi les vieux rebelles, à cette époque-là, demande à un X la maîtrise de certaines qualités : la modestie, le tact et l'obéissance. Frédéric devine cela rapidement. Il connaît une installation dans la vie rapide, facile, en somme : exceptionnelle.

Naïma

Naïma naît en 1965, dans ce pays qu'on nomme alors la Rhodésie (devenu par après le Zimbabwe). Elle est la troisième fille d'une riche famille de l'élite indigène. Son père occupe des fonctions prestigieuses au sein de l'administration publique. Lorsque Naïma atteint l'âge de dix ans, la carrière de son père bifurque vers la diplomatie. Ce choix professionnel mène la petite famille dans des pays reculés, aux quatre coins du monde. Naïma s'habitue rapidement au dépaysement et au déracinement. Les amitiés sont brèves, les changements d'école sont fréquents. Mais la petite famille mène un mode de vie princier, ce qui dissuade les enfants de sombrer dans la nostalgie de la mère patrie. Dès le début de l'adolescence, Naïma a le sentiment d'être une apatride, et par le fait même d'avoir un regard particulier sur le monde, un regard distinct de celui des nationaux dont elle partage le destin lors de ses différents séjours dans les ambassades. Ce regard singulier tient au fait qu'elle n'est pas en contact avec les populations locales. Elle fréquente en effet les écoles où seule l'élite envoie ses enfants. Naïma côtoie la « crème de la crème », c'est-à-dire des êtres d'exception, comme elle. Elle en vient à partager la vision du monde de cette petite aristocratie.

À l'adolescence, Naïma voit son destin se préciser. Son père joint les rangs de la bureaucratie onusienne à New York. Il juge toutefois plus prudent d'installer les siens dans une ville canadienne. C'est un milieu plus doux, moins violent, moins raciste. Qui plus est, Montréal a un cachet britannique, qui rappelle un peu la Rhodésie. Le père se déniche un pied-à-terre à New York, revenant les week-ends pour assumer ses responsabilités familiales. Naïma et ses sœurs fréquentent les meilleures écoles montréalaises. Le fractionnement linguistique de la ville ne les effraie pas. Ayant habité des villes plurilinguistiques, elles savent naviguer en eaux politiques troubles.

Naïma choisit d'étudier l'anthropologie à l'Université McGill. Elle se passionne pour le choc des cultures. Intellectuellement, elle ne possède pas un potentiel si élevé. Elle a toujours réussi ses études, même en compétition avec les enfants de la bourgeoisie montréalaise, mais elle ne se hisse jamais au sommet dans ses classes. Elle se situe dans la moyenne, avec un peu de difficulté selon les matières. Elle n'est pas très motivée sur le plan scolaire ; elle est même plutôt oisive. Elle lit peu, se contentant pour l'essentiel de parcourir des best-sellers. Elle dévore par contre les brefs articles de *Paris Match* ou du *Nouvel Observateur.*

En avançant dans les études universitaires, elle développe une passion pour l'action humanitaire, militant dans l'organisation Amnistie internationale. Elle s'intègre rapidement à l'équipe, possédant une bonne connaissance de l'actualité internationale. Ses avis sont recherchés, même s'ils ne paraissent pas particulièrement originaux ni audacieux aux yeux de ses collègues. Les membres de l'équipe apprécient la compagnie de Naïma. C'est une jeune femme qui, bien qu'elle ne soit pas particulièrement jolie, possède un charme certain. L'époque est à l'exotisme. Les militants d'Amnistie se piquent d'être des individus cosmopolites peu portés sur la ceinture fléchée.

Naïma s'active à se créer un petit cercle d'esprits raffinés. Ce cercle comprend autant d'anglophones que de francophones. Pour intégrer le club, il faut être trilingue et nourrir une méfiance pour le nationalisme. Les membres fréquentent le Lux, ce bistro branché du boulevard Saint-Laurent où la bohème postmoderne s'amuse à imaginer un monde où les droits de la personne et la mondialisation lamineraient les conflits politiques. Les amis de Naïma sont peu intellectuels, mais savent néanmoins disserter en émaillant leurs arguments de références littéraires. Ils se passent sous le manteau *L'Idéologie française* de Bernard-Henri Lévy ou *L'Impureté* de Guy Scarpetta. Quelques-uns bavardent plus sérieusement de littérature, exposant les grandes lignes d'un projet d'article qu'ils soumettront bientôt à la revue *Viceversa*.

Naïma ne s'éternise pas sur les bancs d'école. Après son baccalauréat, la fonction publique québécoise lui ouvre ses portes, déroulant presque le tapis rouge. Elle devient conseillère au ministère de la Culture. C'est la grande période des programmes de discrimination positive. On lui fait certes passer les examens d'usage, mais le comité sur les droits humains l'envoie sur la *fast track* de l'embauche. Naïma possède le profil parfait. C'est une femme, elle est noire, immigrante. En outre, elle a la passion humanitaire, l'éthos de l'élite, et elle critique les querelles qui opposent les souverainistes aux fédéralistes québécois. En quelques années, elle grimpe rapidement les échelons au sein de ce ministère. Puis, un jour, elle bifurque vers les relations publiques, devenant attachée culturelle pour l'Unesco à Montréal.

Le destin de Naïma n'est pas si exceptionnel qu'il en a l'air. Plusieurs X membres d'une minorité brûlent les étapes dans la voie vers le succès social. Ils sont les bénéficiaires du progressisme à la mode dans les années 1980, un progressisme qui profite aux quelques membres de l'élite possédant le profil de victimes. De façon paradoxale, ce progressisme transforme les contours de l'élite de la société ainsi que les voies de la promotion sociale.

L'installation dans la vie de Naïma est rapide et facile. Elle naît héritière dans son pays d'origine, mais devient une parvenue dans un pays étranger, le Canada. Comme dans toute époque, la condition de parvenu est plus précaire et plus incertaine que celle d'héritier. La liberté d'expression du parvenu est par exemple plus limitée. L'élite attend de lui, périodiquement, qu'il livre un vibrant hommage à la splendeur de l'époque.

Charles

Né en 1966, Charles est le dernier rejeton d'une famille bourgeoise comptant six enfants, installée à Saint-Lambert, en banlieue de Montréal. Le père est un homme de la Crise, qui a trimé dur pour amasser une belle fortune. C'est un marchand prospère qui est parvenu, au fil des ans, à implanter de vastes supermarchés dans une dizaine de villes voisines. Durant sa jeunesse, Charles côtoie d'ailleurs son paternel de près, travaillant les soirs et les week-ends dans l'un de ses commerces. Il garde toutefois peu de liens avec sa mère, une femme alcoolique, instable et névrotique.

Dès la jeune adolescence, Charles développe une grande sociabilité, un charme dévastateur. Il aime travailler avec le public, vendre sa salade aux clients, les flatter. Son boulot lui permet d'avoir de l'argent de poche, qu'il utilise pour boire après les heures de travail. Les longues soirées arrosées sont agrémentées de nuages de cannabis et, à l'occasion, de quelques lignes de cocaïne, gracieuseté d'un frère aîné qui en fait un commerce lucratif.

Toutefois, Charles s'imagine mal en homme d'affaires. Il manie bien le verbe, jongle avec les théories audacieuses qui circulent dans les mouvements radicaux, multiplie les références culturelles. Épris de poésie dès l'école secondaire, il s'essaie même à l'occasion à rédiger des vers provocateurs. Il s'imagine devenir un artiste célèbre, vivant en bohème. Au cégep, il s'invente un personnage, un esthète mystérieux, politiquement courageux et porté sur l'expérimentation. Comme les autres habitués du café étudiant, il se complaît dans le *name dropping*. En réalité, Charles lit peu. Il connaît en revanche par cœur les chansons de Jacques Brel. Il en cite quelques-unes à profusion, lors de virées mémorables. Invariablement, il termine ses soirées en baissant son pantalon, montrant son derrière aux passantes interloquées. Ou encore il entame le refrain de sa chanson favorite, *Les Bourgeois* :

> Les bourgeois, c'est comme les cochons
> Plus ça devient vieux, plus ça devient bête
> Les bourgeois, c'est comme les cochons
> Plus ça devient vieux, plus ça devient…

Avec moins de succès, Charles tente aussi d'enrôler ses amis dans de subversifs complots anarchistes. Il imagine des coups d'éclat pour choquer les bien-pensants et ainsi faire sortir ses acolytes de l'anonymat. Les autres membres de la bande sont cependant méfiants face à ses velléités, sachant bien que Charles est le moins susceptible de passer à l'action. Le slogan anarchiste « la propriété, c'est le vol » lui permet de temps en temps d'emprunter 20 $ aux amis pour prolonger la fête. Mais il est terrorisé à l'idée d'avoir un casier judiciaire.

Au collège, il s'attarde plus longtemps que nécessaire. Il étire son DEC en arts et lettres sur trois ans plutôt que deux. L'installation à Montréal est tout aussi laborieuse. N'étant pas admissible au régime de prêts et bourses, il retarde l'inscription à l'université de plusieurs années. Volonté défaillante, penchant pour la vie *underground*, hésitation face aux engagements durables : un ensemble de facteurs favorisent une longue période d'errance sociale.

Au milieu de la vingtaine, il retourne à l'école, après avoir été admis à la Faculté de droit de l'UQAM. Il se faufile parmi les élus en falsifiant ses bulletins et, aussi, en déployant son irrésistible charme auprès des membres du comité de sélection. Il réussit péniblement à obtenir son diplôme de premier cycle, en s'intégrant à un groupe de malins qui, comme lui, multiplient les stratagèmes pour accéder à la profession. Avant la trentaine, il devient un membre du Barreau. Il reste que ses premières incursions dans le milieu du droit sont éprouvantes. Il perd la plupart des causes des clients qu'il a dénichés. Il obtient par contre un certain succès à défendre de jeunes ivrognes qui ont échoué à l'alcootest. Il réussit à tirer son épingle du jeu avec ce type de clientèle.

Un événement en apparence anodin fait basculer sa carrière. Il renoue avec une ancienne flamme, Line, fraîchement diplômée en médecine. Ils se marient assez rapidement. Le jeune couple quitte la métropole pour être reçu comme des rois en Abitibi, une région désespérément en manque de médecins. Il se joint d'abord à un cabinet privé. En moins d'un an, il connaît de nouveaux déboires professionnels, qui l'obligent à abandonner sa jeune carrière. Mais grâce aux contacts de son épouse avec les notables de la région, il trouve finalement un emploi au palais de justice. De fil en aiguille, la sociabilité, le charme et l'entregent aidant, il se hisse à la direction. Lui qui rêvait de devenir un défenseur des droits des Amérindiens, il dirige maintenant l'institution qui, au Canada, détient le record des taux d'incarcération de la population amérindienne.

Il voit maintenant le système judiciaire de l'intérieur, et ce nouveau point de vue l'ébranle. Il se rend compte qu'il y a deux systèmes de droit : le grand droit, celui qui protège les multinationales, dont les privilèges ont été figés dans le béton par la Charte ; et, en dessous, le petit droit, celui qui protège les victimes (les handicapés, les minorités culturelles et linguistiques, les femmes, les homosexuels, etc.). Désenchanté face aux nobles idéaux de ses lointaines années à la Faculté de droit, il survit « au palais de l'injustice » en s'accrochant à la bouteille.

Charles et son épouse deviennent ainsi des notables en vue dans la région. Ils sont parfois approchés par des chasseurs de têtes qui veulent les attirer dans la métropole. Ils songent à accepter, mais repoussent toujours à plus tard le retour d'exil. Après avoir été des stars dans le Québec profond, ils deviendraient des quidams dans le Québec branché. Charles craint aussi d'être rattrapé par son passé. Un jour, sans doute, il croisera un vieil ami qui lui rafraîchira la mémoire en entonnant la chanson de ses années anarchistes, *Les Bourgeois*.

La trajectoire de Charles est instructive à plusieurs égards. Même s'ils grandissent dans un milieu privilégié, plusieurs enfants de la classe supérieure connaissent l'expérience du Mur durant les années 1980. Leur installation est difficile et laborieuse. Beaucoup finissent par survivre en recourant habilement à des ruses illicites ou en acceptant un déracinement prolongé. Charles et Line ont compris que la valeur cardinale de l'époque est la mobilité. En s'y pliant, ils se hissent au faîte de la pyramide sociale.

13

La classe moyenne I : les X tard-installés

Après avoir suivi la trajectoire de X appartenant à la classe supérieure, je propose de descendre quelques échelons de la pyramide sociale pour observer ceux qui se situent au sein de la classe moyenne. Les deux prochains chapitres s'intéressent chacun à un groupe précis : les tard-installés, qui empruntent la filière universitaire au tournant de la vingtaine, et les tôt-installés, qui quittent les bancs d'école avant la vingtaine. Je propose une distinction entre ces deux groupes, car ils connaissent des destins différents. Les premiers reportent à plus tard leur installation ; elle survient finalement au tournant de la trentaine, et même parfois plus tard. Les seconds cherchent à s'installer dès le début de la vingtaine, mais le processus est lent, laborieux, complexe.

Quoiqu'il advienne, qu'ils s'installent précocement ou tardivement, une bonne majorité des X deviennent des déclassés. Si on les compare à leurs parents, ils connaissent une régression sociale et économique. Je me pencherai ici sur le parcours typique de quatre X tard-installés.

François

François naît en 1962 dans une famille de la classe moyenne supérieure de Victoriaville. Évoluant dans le domaine de la restauration, cette famille fait partie des notables de la ville. Des événements dramatiques font basculer le destin familial lorsque François entre dans l'adolescence. Des décisions audacieuses du père mènent la famille à la ruine. Voilà l'héritage que le jeune homme doit assumer dès l'âge de seize ans, au lieu de recevoir du paternel, comme promis, une belle voiture sport. À l'aube de la vie adulte, il comprend qu'il doit voler de ses propres ailes. Brillant et travailleur à l'école, il ne renonce pas à ses ambitions. Après le cégep, il entreprend un baccalauréat en science politique, rêvant de devenir ambassadeur du Canada à Moscou. Il aime s'imaginer prendre un bon repas avec son idole de jeunesse, le gardien de but Vladimir Tretiak. Pour financer ses études universitaires, François déploie une bonne dose d'imagination. Une partie de ses revenus vient de son travail de portier à la discothèque Eugène Patin. L'autre partie vient d'un commerce illicite. Il sert de relais à son cousin amérindien, qui vit dans la réserve de Kahnawake et est actif dans la contrebande de cigarettes et d'alcool. Les contacts nombreux de François dans les réseaux de la vie nocturne montréalaise finissent par devenir rentables.

Au terme du baccalauréat, François cherche à mettre en valeur son diplôme. Il expédie alors son curriculum vitae dans une centaine d'entreprises. Quelques jours plus tard, il prend le téléphone afin de connaître l'état du marché. « Avez-vous reçu mon CV, madame ? » demande-t-il. « Oui, je l'ai, monsieur. J'en ai 200, sur mon bureau, pour combler ce poste à temps partiel. Nous garderons votre CV six mois… » Dépité, François se laisse parfois tenter par l'offre d'un boulot plus modeste mais régulier, qui n'a pas de lien avec ses compétences. Cela lui permettrait, après tout, de commencer modestement son installation dans la vie. Bientôt, ses oncles, du haut de leur vaste expérience, font entendre une désapprobation morale sans appel : « Voyons ! N'accepte pas un tel emploi ! » Ils jugent l'offre dégradante, indigne de son talent, de son intelligence. « Tu te fermes des portes ! » Pour ces premiers boomers, le ralentissement de l'économie n'est qu'un phénomène temporaire, en voie de se résorber rapidement. Le retour au bon vieux temps, celui des Trente Glorieuses, n'est qu'une question de mois. « Pourquoi abandonner alors que tu es si près du but ? » En attente de l'Eldorado, il y a une solution : « Pourquoi ne pas aller chercher un autre diplôme ? Le temps que l'économie redémarre... »

François accepte finalement de prolonger ses études au prix d'une sérieuse augmentation de sa dette étudiante. Il décide alors de faire une maîtrise en économie internationale. C'est un choix sûr, pense-t-il. Un jour, sûrement, cet atout l'enverra dans une lointaine ambassade, en Inde, en Thaïlande ou au Brésil. Beaucoup de jeunes chômeurs diplômés dans une discipline sûre, jadis payante, se rabattent sur une telle voie après avoir frappé aux portes de dizaines d'entreprises en finance, en informatique ou en génie.

Lorsque sa maîtrise est terminée, François échoue à se trouver un emploi lié à sa filière professionnelle. Il se laisse alors tenter par un poste qui demande peu de qualifications et qui est sans lien avec sa formation. Les remontrances des oncles recommencent : « Tu ne devrais pas accepter ce poste. Ce n'est pas à la hauteur de ton talent ! Tu vaux plus que cela ! » Après beaucoup de détours, afin de garder un minimum de dignité, François finit par accepter un petit boulot : un contrat précaire, lui rapportant un salaire de misère, mais en lien avec ses compétences. C'est mieux, se dit-il, que d'accepter un vrai boulot « de 9 à 5 » où ses connaissances resteraient inutilisées. Ce choix est accompagné d'applaudissements bien nourris. « Voilà, tu as le pied dans la porte ! » « Tu sais, j'ai commencé comme ça, moi aussi, en 1966... » L'enthousiasme contagieux des aînés finit par emporter l'adhésion de François. « J'ai le pied dans la porte », refrain ressassé *ad nauseam* par des milliers de chômeurs diplômés. Ce que François ignore à l'époque, c'est que la porte peut rester longtemps entrouverte. Parfois aussi, plutôt que de s'ouvrir pour de bon, la porte se referme violemment, sans avertissement, écrasant des orteils fatigués.

Les études prolongées ne facilitent pas la stabilité conjugale. L'incertitude par rapport à l'avenir crée un flou dans les aspirations amoureuses. Un garçon qui aborde sans le sou la seconde tranche de la vingtaine n'est pas le meilleur parti. Comme beaucoup de célibataires de son âge, François noie sa déprime amoureuse dans les eaux de la vie nocturne. Son célibat prolongé a peut-être aussi d'autres causes. Élevé dans une famille où règnent les valeurs traditionnelles, il n'est pas à l'aise avec la culture féministe des femmes de sa génération. Il se détourne progressivement des Québécoises francophones, qui rêvent de créer un « grand matriarcat castrateur », selon son analyse. Certes, il s'amourache encore de Québécoises, mais jamais sérieusement. Les liaisons sont aussi brèves qu'orageuses.

Une tendance se manifeste cependant, de façon spontanée d'abord, puis de plus en plus consciente : François cherche à jeter son dévolu sur une femme d'une autre culture. C'est le fantasme plus ou moins avoué de plusieurs hommes de la génération X. Ces hommes rêvent d'épouser une femme moins « contaminée » par la modernité québécoise, une femme qui accepte son destin et ne cherche pas à ressembler à un homme. Suivant ce fantasme, la femme d'une autre culture n'a pas les mêmes aspirations sur les plans professionnel et financier.

François se taille finalement une place au soleil au milieu de la trentaine. Après quelques années à bosser dans des bars montréalais, il se déniche, par l'intermédiaire d'un ami bien placé dans le monde politique, un emploi à la Délégation du Québec à Toronto. Il se rend alors compte qu'il n'est pas plus facile de trouver l'âme sœur dans la Ville Reine. À ses yeux, les Anglaises sont ennuyeuses à mourir ; les femmes des autres cultures, elles, ne sont guère attirées par les Québécois ; et il n'est pas question de faire la cour aux Franco-Ontariennes, dont il déteste l'accent. Il trouve finalement l'âme sœur à Cuba, au détour d'une balade sur les plages de Varadero. Quelques brefs périples dans cette contrée finissent par sceller l'union. La chaleureuse Latine immigre. Et bientôt, c'est la famille élargie qui s'installe au Canada.

L'exotisme permet d'étirer la lune de miel. Avec les années, toutefois, François découvre avec effroi les tyrannies d'un matriarcat d'un autre type, plus traditionnel. Il en vient même à regretter la modernité des femmes québécoises. Sa vie intime frappe à nouveau un mur, qui prend la forme d'un divorce. Déprimé, il reprend le bâton du pèlerin. Il revit une longue période de célibat, mais cette fois il entretient moins d'illusions. Il comprend maintenant qu'il est vain de faire marche arrière. Les fantasmes d'un retour à un âge d'or révolu représentent un piège aussi séduisant que dangereux. Durant la quarantaine, il se fait une nouvelle compagne, une Américaine travaillant dans la finance sur Bay Street. Il s'installe définitivement avec elle, et ils ont deux enfants.

L'exemple de François illustre la trajectoire erratique d'un héritier. Dès l'adolescence, c'est un destin de déclassé qui l'attend. Résignation et patience reportent l'installation dans la trentaine. Recommencée à plusieurs reprises, cette installation dans la vie est longue, laborieuse et discontinue. Le parcours de François montre la difficulté pour beaucoup de X tard-installés à être admis dans la « société des mondiaux ». Pour garder leur valeur sur le marché du travail et celui de l'amour, ils doivent subtilement user des moyens qui sont à leur portée.

Johanne

Johanne naît à Chicoutimi en 1970, dans une famille de classe moyenne comptant déjà deux garçons. Après des études collégiales en sciences de la santé, elle atterrit à Montréal. Elle veut devenir professeure d'éducation physique. Sa vision du monde tourne autour de ce qu'elle appelle « sa philosophie de la santé ». Elle dénonce la société industrielle, qui menace le bien-être de l'humanité, et préconise un mélange de spiritualité et d'ésotérisme. Les lectures qu'elle doit faire à l'université ne répondent pas à ses goûts, elle préfère méditer *L'Alchimiste* et *Le Matin des magiciens*. Elle persévère néanmoins dans ses études afin d'obtenir un baccalauréat et de finalement s'exiler. Rêvant d'aller aider les enfants du tiers-monde, elle se voit comme une missionnaire du bien-être. Elle déteste le matérialisme de l'Occident. Une fois le bac terminé, elle multiplie les démarches pour s'enrôler dans une organisation humanitaire. À son grand dam, elle découvre que ces organisations ont plus besoin de compétences pointues que de compassion.

Pendant quelques années, Johanne s'adonne à de petits boulots au service d'organisations communautaires sur le plateau Mont-Royal. Elle considère ce quartier comme un petit village convivial et indocile, une enclave protégée des vieilles vertus québécoises. Elle vit son existence à la façon bohème, meublant son appartement d'objets exotiques qui manifestent son attrait pour les cultures étrangères. Johanne finit par obtenir un poste permanent dans un organisme qui soutient les femmes immigrantes. Elle se voit enfin comme une missionnaire, mais dans son propre pays. Elle guide et réconforte « l'étranger en nous ».

Au début de la trentaine, Johanne trouve enfin un homme à son goût, après des années d'errance sentimentale. C'est Paul, un consultant en gestion plutôt excentrique, mais ambitieux et prospère. Paul vend ses conseils, ses formules magiques à des PME, et parfois même à de grandes entreprises employant une main-d'œuvre léthargique et déprimée. Paul possède une intelligence débridée, inventant trucs, astuces, proverbes, maximes positives qui font de l'effet, pendant quelques semaines à tout le moins. C'est du Prozac en mots. Il est un artiste de la bonne humeur et un apôtre de la foi en l'homme. Nulle limite ne peut dégonfler les rêves que chacun de ses clients caresse.

À mesure que la liaison amoureuse progresse entre Johanne et Paul, un obstacle à leur bonheur se dresse. Paul vend ses élixirs spirituels aux quatre coins du monde. Il part souvent et pendant de longues périodes. Durant ses années de célibat, Paul en retirait un vif plaisir, c'était une évasion excitante. Maintenant, c'est un plaisir coupable, qui introduit de la tension au sein du couple. Voir partir Paul ne fait que rappeler à Johanne son propre échec, son incapacité à fuir l'Occident barbare.

La grossesse de Johanne fournit l'alibi parfait pour interrompre les déplacements de Paul. Dorénavant, ils seront limités aux frontières de la Belle Province. Le couple est résolument moins prospère, mais il apporte la paix d'esprit à Johanne. La sérénité est de courte durée. L'arrivée de l'enfant constitue une sérieuse épreuve pour le couple. À l'instar de plusieurs jeunes mères, Johanne se voit transformée par l'expérience de la maternité. Son nouvel état active des pulsions maternelles. Sa nervosité chronique ne se concentre pas uniquement sur l'enfant. Elle veut établir un contrôle sur tout, incluant son conjoint. Sans l'avoir sollicité, il se voit confier un statut de mère suppléante, qui assume la moitié des corvées sans toutefois bénéficier d'une quelconque autorité. La « douce moitié » assume 50 % des tâches, « rien de moins », selon la bienveillante injonction de Johanne.

    Les liens avec l'entourage passent au peigne fin. Il faut éviter les mauvaises fréquentations, les gens qui, par exemple, n'ont pas à cœur le bien-être des enfants. En pratique, Paul ne voit plus ses amis, et de moins en moins sa propre famille. Ses sacrifices et ses compromis n'arrivent pas à satisfaire Johanne, dont le besoin de contrôle et la furie s'intensifient. Le mode de vie de Paul change. Il ne fait plus de sport, il ne sort plus, il ne boit plus d'alcool. Il ne mange plus de viande. Il maigrit, devient nerveux, anxieux, légèrement paranoïaque. Les crises d'anxiété de Johanne, loin de s'apaiser, finissent par venir à bout de son attachement pour son milieu de vie. À ses yeux, le Plateau est devenu un lieu inhospitalier, bruyant, apeurant et hostile pour une petite famille.

    Johanne rêve de la terre promise. De la verdure, un grand terrain, une maison spacieuse, des voisins rassurants et tranquilles, beaucoup d'enfants dans le quartier, des « mamies » et des « papis » qui surveillent attentivement, et, surtout, des papas serviables, altruistes et désexualisés, comme dans les épisodes de *Caillou*. Paul prête l'oreille aux rêves de sa conjointe, mais il demeure sur la défensive. Ces terres promises dépeintes par Johanne, elles se trouvent en banlieue, à des heures de route du travail. Paul questionne, met en doute, pare les arguments du mieux qu'il le peut, en restant toutefois dans les limites de la bonne foi. Ses esquives sont sans succès. Johanne ressasse un monologue désespéré. Vient un jour où le pauvre n'a plus le choix. Il baisse la garde et perd le combat. Il accepte de faire le grand saut, sans soupçonner qu'il ne s'agit en fait que d'un simple séjour en banlieue, puisque c'est le début de la fin.

La terre promise se transforme, en moins de trois ans, en un sinistre cauchemar climatisé. La belle maison champêtre devient le cercueil du couple. Un jour de juillet, Johanne abandonne. Paul trouve ses valises devant la porte. Il devient un père de fin de semaine. Un autre. Aux yeux de Johanne, il ne faut pas chercher loin la source du problème. Paul ne s'est pas engagé véritablement dans le projet familial. Il n'a pas été à l'écoute de ses besoins. Libéré, Paul se jure en ricanant qu'on ne l'y reprendra plus.

Pendant une bonne partie de sa vie de jeune adulte, Johanne cherche à incarner la figure de la rebelle, maudissant les valeurs et les normes de l'Occident. Dans les faits, elle pose peu de gestes concrets pour changer la société. Elle rêve d'avoir une famille, une maison, d'habiter un quartier paisible. La difficulté à atteindre cet idéal de vie rend sa quête obsessionnelle. Et, curieusement, à l'instar de beaucoup d'autres X, au moment de l'atteindre, elle voit cet idéal fondre comme neige au soleil, parce que la quête s'est avérée trop épuisante ou parce que la destination ressemble trop peu au rêve longtemps caressé.

Alain

Alain naît en 1960 à Granby, dans une famille prospère évoluant dans le monde des affaires. C'est un héritier. C'est un héritier rebelle, qui méprise le matérialisme crasse et l'indécrottable pharisaïsme de son milieu. Les parents d'Alain appartiennent à la génération de la Grande Crise. Ils ont sept enfants : trois filles et quatre garçons. Cadet de la famille, Alain vit une adolescence marquée par la trinité *sex, drugs and rock'n'roll*. Il est en rupture avec son entourage à partir du milieu des années 1970. Il développe tôt un intérêt pour la culture, la littérature, la philosophie et la politique. À son arrivée à Montréal, il s'inscrit en sciences humaines au cégep du Vieux-Montréal et s'engage rapidement dans une cellule du mouvement marxiste-léniniste En lutte.

Alain caresse le rêve de devenir un acteur. Après le cégep, il entre à l'École nationale de théâtre pour apprendre ce métier. Sensible à la critique, moins talentueux que ses camarades, il est démoli par les commentaires dévastateurs de ses professeurs, qui lui font savoir qu'il n'est pas à sa place. Après quelques mois d'apprentissage laborieux, il part en claquant la porte. Pendant deux ans, il cumule les petits boulots : plongeur dans un restaurant de la rue Bernard, libraire dans une librairie du Plateau, concierge dans un camping naturiste des Laurentides. Il mène une vie sans direction claire, faite d'expériences éphémères, une vie de luxure et d'expérimentation. C'est à cette époque qu'il réalise qu'il est homosexuel.

Un jour, Alain croit avoir trouvé sa vocation : la prêtrise. Projet inusité, mais qui traduit, encore ici, un pied de nez à l'utilitarisme de sa famille. Les études en théologie ne font qu'accroître sa colère contre le monde. À ses yeux, les courants théologiques qu'on enseigne sont mous, relativistes, complaisants, rampants. Au lieu de chercher à élever le chrétien, à lui offrir un idéal exigeant, ils l'abaissent et le diminuent. Il décide finalement de bifurquer vers la philosophie.

Alain s'émerveille du retour des penseurs conservateurs en Occident. Ceux-ci seraient de véritables rebelles face à la laideur et à la légèreté du monde moderne. Il se met à dévorer les livres d'Allan Bloom, de Leo Strauss et de Martin Heidegger. Au terme de sa maîtrise, il décide de poursuivre ses études à l'Université de Chicago. Il veut se mesurer aux grands esprits de ce prestigieux établissement. Il quitte le Québec sans hésitation, soulagé de laisser une société bloquée, devenue à ses yeux le paradis d'un progressisme niveleur.

D'autres raisons encouragent Alain à étudier à l'étranger. Ses amis sont dispersés ; les liens familiaux sont rompus. Plus rien ne l'attache à la Belle Province. Depuis plusieurs années, il est un célibataire endurci, multipliant les aventures. En fait, ses expériences sexuelles se diversifient à mesure que s'éveille sa passion pour le conservatisme. Il fréquente les saunas, les parcs, entretient des liaisons dangereuses et atypiques. Et il devient un adepte des *raves*. Ces longues nuits à danser, dopé, à demi conscient, sont une exploration des pulsions, des instincts, du côté souterrain de la psyché humaine. La refondation morale à laquelle il s'adonne le jour, avec patience, travail et discipline, trouve sa contrepartie la nuit, alors que, aux côtés des demi-civilisés, il s'élance de façon effrénée et animale dans les discothèques de Paris, de Berlin, de New York, lors de différents séjours d'études.

L'intérêt d'Alain pour la religion ne s'éteint pas. Au contraire. Il peut s'y livrer avec une plus grande liberté, dans les cercles philosophiques. Il rêve d'une religion nouvelle, exigeante et spartiate, qui réinventerait les normes chrétiennes pour le nouveau millénaire. Ce serait la seule façon, à son avis, de réparer les torts que les boomers ont fait subir à la culture ; la seule façon de recoudre le fil rompu de la continuité historique et de fonder une Nouvelle-France missionnaire, évangélisatrice ; la seule façon de cristalliser une nouvelle synthèse du corps et de l'âme.

La trajectoire sinueuse d'Alain retarde certes son intégration au marché du travail, mais il finit par s'y faire une place, au milieu de la quarantaine. Il devient un philosophe respecté, enseignant à l'Université Laval et menant une fructueuse carrière internationale. Bien que sa réussite professionnelle soit assurée, il ne cherche pas pour autant à s'installer avec un conjoint. Son combat pour une « nouvelle moralité » laisse peu de place à un investissement durable dans la vie de couple.

La trajectoire d'Alain est représentative de celle de plusieurs X qui rejettent le progressisme des générations qui ont profité des Trente Glorieuses. Ce rejet est plus marqué chez les garçons que chez les filles. Pour ces X pessimistes, l'idée d'un progrès continu, génération après génération, n'apparaît plus crédible. Ils ne cherchent pourtant pas à embrasser une vision de rechange. Ils se contentent d'improviser au quotidien une conduite pragmatique et terre à terre face aux obstacles qui se dressent sur leur chemin.

En un sens, Alain est un rebelle, mais un rebelle d'un type bien différent de celui qui existait une génération plus tôt. Le type de chrétienneté qu'il prône ne l'oblige pas à entrer en conflit direct avec sa société. Il cherche à changer les esprits, pas les institutions ou les politiques. Il reste tiède face à l'idéal de vie prôné par sa société. Il a tendance à fuir tout type d'engagement durable. Sans trop l'avoir cherché, il finit par trouver une forme de reconnaissance, en tant que professeur respecté au sein d'une communauté intellectuelle. Il devient tranquillement un nomade, parcourant la planète pour répandre ses idées.

Julie

Arrivés à l'âge adulte, certains X s'aperçoivent rapidement que l'idéal de vie prôné par la société est irréaliste. Les aléas de l'enfance ou de l'adolescence ont semé un doute quant à la possibilité d'avoir les mêmes chances que la génération de leurs parents. C'est le cas pour Julie, qui naît à Morin Heights en 1962, au sein d'une famille comptant trois autres filles. La mère de Julie est infirmière, son père travaille dans l'industrie du tourisme. Le village, situé au bas d'une magnifique montagne, représente un havre de paix pour une faune colorée de touristes montréalais qui viennent s'y ressourcer les week-ends. Ces touristes, étourdis durant la semaine par un rythme de vie trépidant, y viennent pour relaxer, décompresser et oublier les soucis du quotidien.

Les parents de Julie sont des premiers boomers. Durant la majeure partie de l'enfance de Julie, ils entretiennent une relation orageuse. Un matin, ils annoncent à leurs filles, toutes plus ou moins engagées dans l'adolescence, la triste nouvelle : ils se séparent. Au milieu des années 1970, le divorce n'est pas encore une réalité courante. Certes, plus de couples se séparent, mais les divorcés représentent une faible minorité de la population adulte.

Les parents de Julie sont hédonistes, épris d'art, et ils mènent une vie nocturne animée. Ils sont exposés à la contre-culture, au culte de la révolte, à la critique du conformisme bourgeois. Beaucoup d'artistes établissent d'ailleurs leur atelier dans le village. Les élites respectables qui viennent y passer les week-ends sont amusées par les refrains du *flower power*, qui donnent une allure de fête au village. Ces lieux de la bohème offrent aussi des moments de loisir et d'évasion aux épouses déprimées d'hommes absorbés par leur travail. Julie et ses sœurs sont exposées à un âge précoce aux plaisirs interdits chéris par les couche-tard de l'endroit.

Dès le début de l'adolescence, de leur chambre à coucher, elles tendent l'oreille à cet univers où les interdits sont subtilement défiés. Chacune à son tour, vers l'âge de seize ans, elles travaillent dans les cafés et s'intègrent discrètement à la petite société locale, s'intéressant à ses potins, ses amourettes, ses aventures, ses vices et ses plaisirs. Les quatre sœurs rêvent d'une vie hors des sentiers battus, d'une vie d'éclat, au bras d'un fils rebelle de la grande bourgeoisie montréalaise ou, mieux, d'un jeune héritier de l'élite de la Nouvelle-Angleterre.

Le divorce de ses parents incite Julie à quitter le village avant sa majorité. Elle s'inscrit au cégep de Saint-Jérôme et loge à proximité du campus, chez une vieille tante. Elle choisit le programme d'arts et lettres, espérant devenir une artiste reconnue et mener une vie excitante. Ses études collégiales, qui se déroulent à la fin des années 1970, sont difficiles. Ses parents sont peu sensibles aux aspirations de leur progéniture, plus intéressés à revivre pleinement une seconde jeunesse. Les années au cégep s'étirent un peu, mais Julie parvient finalement à se hisser jusqu'à l'université. Elle est admise en littérature comparée à l'UQAM.

L'arrivée à Montréal représente un choc, même si Julie est depuis longtemps une fêtarde, initiée aux plaisirs de l'*underground*. Avec son copain du moment, Richard, elle emménage dans un appartement au style rustique. Elle s'active à le meubler et à le décorer avec goût, entre deux virées dans les bistros enfumés du Quartier latin.

L'adaptation à la vie montréalaise est néanmoins éprouvante. Les études, notamment, sont laborieuses. Julie se sent perdue dans ce vaste champ que sont les lettres. L'objet lui semble immense, complexe, insaisissable, et les repères disparaissent au fur et à mesure que sa culture s'enrichit. L'établissement qu'elle fréquente, l'UQAM, n'est pas le milieu le plus intégrateur. À ses yeux, c'est un sombre supermarché relié à une station de métro. Les professeurs, loin d'être des modèles, sont absents ou fuyants. De leur propre aveu, plusieurs vivent une déprime post-référendaire.

Les problèmes de Julie sont aussi en partie d'ordre financier. Comme plusieurs étudiants dans le besoin, elle envisage de se marier avec Richard pour avoir droit aux bénéfices offerts par le gouvernement. En désespoir de cause, beaucoup d'étudiants universitaires font ce geste durant les années 1980. Ainsi, les jeunes mariés touchent des milliers de dollars supplémentaires, nécessaires pour terminer leurs études. À l'époque, on appelle cette ruse le « mariage prêts et bourses ». Un bref passage au palais de justice permet à ces aspirants bacheliers d'étudier en paix pendant quelques années. Ils peuvent se concentrer sur leurs études, sans être obligés de cumuler les boulots et, par le fait même, de composer avec un horaire serré.

Ainsi, Julie et Richard viennent s'ajouter à l'impressionnante armée des étudiants « mariés pour les prêts et bourses ». Ils décident de célébrer la chose avec panache et organisent une fête mêlant savamment l'atmosphère psychédélique à l'éthos punk, question de souligner le passage à la nouvelle ère. Durant toute la soirée, la mariée stimule les neurones de ses invités en distribuant champignons magiques, joints au *sensimelia* et, gracieuseté d'un ami pusher, quelques grammes de cocaïne.

Le mariage n'est qu'un bref sursaut dans une trajectoire pointant vers l'abîme de la dépression. Comme pour beaucoup de X, il est difficile de situer où commence la dépression de Julie et où elle se termine. L'entourage est dépressif, l'époque l'est ; l'humeur de Julie s'assombrit en dépit de ses nombreux loisirs, qui font de moins en moins écran à la nature glauque et lugubre du quotidien.

Julie termine néanmoins ses études. Elle décroche même une maîtrise, qui est remarquée par les professeurs de son département. Ce diplôme n'offrira, en pratique, rien de plus que le papier sur lequel il est imprimé. Vingt ans plus tôt, elle aurait été embauchée dans un cégep, une université ou même un ministère. Elle devient plutôt une chômeuse chronique.

Après quelques années, un grand changement survient. La fatigue, le stress, la précarité et le bruit envahissant de voisins tapageurs font déguerpir Julie de la grande ville. Elle retourne vivre dans son village natal. Elle y vit modestement, mais son existence se déroule dans un cadre moins hostile et moins stressant. Et elle n'a pas à supporter le regard méprisant de ses anciens collègues de classe qui ont réussi grâce aux contacts de leurs parents.

Dans son patelin, elle essaie une grande variété de métiers : vendeuse de drogues douces, cuisinière dans un spa, charpentière sur un chantier de construction, serveuse dans de petits cafés bobos. Elle mène une vie au jour le jour. Elle vieillit sans trop penser à l'avenir, puisque celui-ci n'a rien de prometteur à offrir. Elle supporte les modestes déboires d'une trajectoire indéterminée et hasardeuse. Menée à l'ombre des gagnants, de ceux qui ont emprunté les filières payantes, sa vie oscille entre la mélancolie et les plaisirs fugaces.

14

La classe moyenne II : les X tôt-installés

Ce chapitre présente la trajectoire de quatre X tôt-installés. Ceux-ci quittent l'école à la fin du secondaire ou du cégep. S'ils sont peu scolarisés, plusieurs réussissent aussi bien que les X qui sont allés à l'université. Le fait de ne pas avoir contracté une grosse dette étudiante et de travailler à temps plein dès la sortie de l'école représente pour eux un atout considérable. Ces X commencent ainsi à s'installer vers le milieu de la vingtaine, le plus souvent. L'atteinte de la sécurité et de la stabilité se fait quand même plus lentement que pour les individus qui deviennent adultes durant les Trente Glorieuses. Une certaine léthargie économique empêche les X d'envisager concrètement l'installation dans la vie. Par mesure de prudence, ils en repoussent le moment.

Bernard

Bernard naît en 1965 dans une famille de classe moyenne établie à Sainte-Thérèse. C'est une famille de cinq enfants menée par des parents appartenant à la génération de la Grande Crise. Bernard est le seul garçon. Il grandit donc entouré de filles. Il connaît une enfance heureuse, sans histoire. À l'école, il est plutôt talentueux, mais il n'est pas intéressé à se lancer dans de longues études. Il aime cependant ses années à la polyvalente. Véritable animal social, il s'implique dans des équipes sportives, la radio étudiante et le club de cinéma. Il navigue dans ces différents milieux comme un poisson dans l'eau. Après la polyvalente, Bernard explore différents domaines d'études. Un peu de sciences humaines, d'électronique et de sciences de la santé. Au terme d'un huitième trimestre, il finit par décrocher un DEC sans trop de conviction. Ce parcours scolaire pour le moins sinueux ne le mène vers aucun métier.

Il réussit néanmoins à se tailler une place sur le marché du travail par d'autres voies. Avant même la fin de ses études, il accepte des petits boulots dans l'industrie de la construction. Il a un réel talent manuel. Les contrats sont brefs, mais souvent renouvelés. Il devient avec le temps un véritable col bleu, d'un type rare, car il est cultivé. Branché sur Radio-Canada, il est au fait des nouveautés musicales et lit quelques romans par année, ce qui est quand même plus que la majorité des étudiants universitaires. Bernard est aussi un passionné de cinéma.

La stratégie de Bernard pour contourner le Mur consiste à se réfugier dans le monde de la contre-culture. En avançant dans la vingtaine, il envisage de moins en moins de s'installer sérieusement. Il se crée un mode de vie qui lui convient et se moque un peu des gens casés. Il travaille beaucoup et fait du sport. Un large réseau de copains se crée autour de lui. Ses soirées sont meublées d'activités sportives et éthyliques. Il est toujours en mouvement. Même en prenant de l'âge, il continue à fréquenter de jeunes gens. Il se retrouve au lit avec toutes les femmes qui gravitent autour de son réseau. Sa vie amoureuse ressemble à la tâche de Sisyphe, mais il est un Sisyphe joyeux, qui transporte sa pierre gaiement. Il fréquente des filles audacieuses, effrontées, aventureuses et délurées. Elles sont le plus souvent issues des classes populaires et envient son argent, son anticonformisme, sa liberté. Le schéma pour les séduire n'est pas compliqué : il commence par les taquiner, puis leur offre quelques soirées au restaurant et dans les bars. Ça suffit généralement pour les entraîner dans son univers pour quelque temps.

Puis, un jour, l'une d'elles emménage. Cette décision de la part de Bernard, c'est une faveur quasi machiavélique, qu'il a accordée afin de profiter du corps de sa copine encore quelques mois sans que cela porte trop à conséquence. Bernard invente ce rapport aux femmes dans les conditions particulières d'une vingtaine incertaine et précaire, inscrite dans l'absence d'un horizon clairement défini. Mais, avec le temps, il en vient à comprendre qu'il n'a aucune raison d'abandonner son mode de vie. Après tout, il ne regrette pas sa situation, dans une société où les hommes installés finissent souvent par mourir à petit feu.

La vingtaine et la trentaine de Bernard sont faites de cycles amoureux, durant entre trois et quatre ans. À la fin de chaque cycle, les divergences apparaissent. Sa compagne cherche à s'installer solidement, poussée par l'horloge biologique. Lui repousse la chose, inventant des prétextes. La lassitude s'installe, les petites trahisons se préparent calmement. Le magasinage sexuel recommence. Bernard sent que la relation touche à sa fin, ayant l'impression de ne plus avoir grand-chose à apprendre ni de tabous à briser. Sa compagne est désenchantée, désorientée. Le dénigrement mutuel s'installe, de façon explicite, cynique. Ce qui est d'abord une innocente stratégie de survie devient, pour Bernard, une façon excitante et peu engageante de composer avec le deuxième sexe.

Le profil de Bernard correspond à celui d'un grand nombre d'hommes de la génération X, des individus qui évitent volontairement l'installation dans la vie. Ces hommes travaillent, respectent la loi, sont de bons citoyens, mais ils refusent de faire leur nid comme le faisaient les hommes des précédentes générations. Ils acceptent par contre souvent l'expérience de la vie commune, à intervalles plus ou moins réguliers, question de partager le plaisir, le loyer, la lessive et la facture de téléphone. Ces hommes se sont seulement adaptés à un nouveau type de société, la société thérapeutique, qui tolère mal les engagements durables, valorise le bien-être personnel et préfère de loin les accommodements pratiques aux affrontements moraux quotidiens.

On pourrait penser que ce mode de vie n'est guère plus qu'un rituel marquant la vie de beaucoup de jeunes hommes retardant de quelques années la fondation d'un foyer. Mais il se pourrait qu'il devienne permanent pour plusieurs. Les Bernard du Québec, avec les années, finissent par être financièrement à l'aise. Outre l'argent, ils ont du temps, de l'énergie pour se maintenir jeunes et fréquentables. Leur prédisposition au plaisir, aux expériences nouvelles et à la liberté en fait des figures particulièrement attrayantes aux yeux des jeunes femmes qui cherchent à reporter la maternité, ou même à ceux de femmes moins jeunes qui reviennent sur le marché de l'amour ou du sexe dans le courant de la trentaine ou de la quarantaine.

Claire

Claire naît en 1961 dans une famille de classe moyenne, à Shawinigan. Elle a deux sœurs plus âgées qu'elle. Un drame survient alors qu'elle est âgée de six ans : son père, contremaître dans une manufacture américaine, est foudroyé par une crise cardiaque. Cette tragédie laisse de sérieuses marques. Parce que les parents seuls ne sont pas légion dans les années 1960, les possibilités de remariage sont limitées. La mère de Claire entreprend donc un long veuvage au cours indéterminé, parsemé d'embûches et d'inconnues.

Les secousses familiales ne prennent guère de temps à venir. Les deux sœurs de Claire, nées au milieu des années 1950, entrent dans une adolescence turbulente. Le deuil du père se fait difficilement et les pousse vers des sentiers dangereux. Un foyer déstabilisé comme celui-là constitue un terrain fertile pour faire germer un désir d'expérimentation. Un jour, les deux sœurs de Claire partent vivre en commune sur une ferme à la campagne. Après une brève lune de miel, elles déchantent. La vie en commune fait naître beaucoup de déceptions. Les discours angéliques du gourou dissimulent mal la persistance d'une vieille logique de domination masculine. Cette logique est seulement plus insidieuse que dans les vieilles familles autoritaires du Canada français. En l'absence de normes stables et solides, c'est la loi de la jungle, au nom de l'émancipation. L'intimidation et le harcèlement se vivent sous le signe du *peace and love* bienveillant.

À distance, Claire est témoin des imprudentes expérimentations de ses sœurs aînées. De sa chambre, elle entend souvent les sanglots de sa mère, désemparée et paniquée. Du mieux qu'elle le peut, Claire cherche à se construire une carapace, s'inventant des mécanismes de défense pour rester forte et repousser la tentation de tomber dans les pièges qui lui ont volé ses sœurs. La souffrance de la jeune fille est peu apparente. De fait, son adolescence semble se dérouler sans histoire. À seize ans, elle décide d'aller étudier dans un collège de Québec. Il s'agit d'une stratégie visant à s'éloigner d'un nid familial marqué par des traumatismes.

Les études à Québec ne sont pas concluantes. Claire ne termine pas le DEC entrepris en techniques infirmières. Elle cherche dès lors à s'installer, ne serait-ce que modestement, et à mener une vie calme et paisible. Elle se met à travailler, mais c'est pénible. Elle survit difficilement, enchaînant les petits emplois peu satisfaisants. Pour trouver un minimum de stabilité, elle décroche un poste humble, mais qui fournit un salaire régulier : aide-cuisinière dans un centre pour personnes âgées. Elle développe aussi une relation solide avec un garçon nommé Martin, avec qui elle emménage. Les deux jeunes adultes n'ont rien du profil du décrocheur. À la polyvalente, ils travaillaient fort. Mais les circonstances de la vie en font au tournant de la vingtaine des vagabonds de l'âme, mélancoliques et paumés. Pendant une longue décennie, ils pataugent dans une époque grise, maussade et inhospitalière.

Pour affronter l'ennui du quotidien, pour accepter les espoirs déçus, pour tolérer une vie morne, Claire se réfugie dans la consommation de cannabis et de cocaïne. Les paradis artificiels deviennent une solution facile, efficace à court terme, pour redonner du piquant à cette existence sans éclat. Mais, avec le modeste budget de Claire, cette vie est de plus en plus difficile à satisfaire et à financer. Plus sa consommation augmente, plus son cercle d'amis change. Elle fréquente maintenant une faune de paumés délinquants, de petits salariés sans avenir, abonnés au mode de vie *sex, drugs and rock'n'roll*. Parmi ses nouvelles amies, quelques-unes travaillent dans des bars de danseuses nues. Invitée à entrer dans ce milieu, Claire commence par décliner l'offre. Mais le temps fait son œuvre : elle aboutit derrière le bar, au poste de barmaid, puis sur la scène, comme danseuse, à temps partiel d'abord, puis plus régulièrement par la suite. Elle aussi devient une star de la piste de danse. Faire un show à ces hommes, c'est comme arracher chaque soir l'attention paternelle dont elle a été privée dans sa jeune enfance.

Elle mène cette vie pendant quelques années. Ce travail l'aide à boucler son budget. Puis, la lassitude, l'envie de faire autre chose, un corps qui vieillit et l'aide d'un bon thérapeute la remettent sur la bonne voie. Elle retourne sur les bancs d'école et se surprend à être la meilleure, à avoir gardé la vivacité d'esprit qui faisait d'elle, à douze ans, une première de classe. À quarante ans, elle devient hygiéniste dentaire. Elle s'avère une professionnelle dévouée et intègre, appréciée par ses collègues. Mais, contrairement à eux, elle porte un bagage particulier.

Marc

Marc naît en 1968 à Saint-Rémi-de-Napierville, au sud de Montréal. Sa mère s'occupe de la maison, et de son frère et lui ; son père travaille comme policier municipal. Le salaire de ce dernier permet de faire vivre confortablement la petite famille. Mais l'homme est ambitieux, un véritable *self-made man*. Avec les années, il développe un travail secondaire qui s'avère assez lucratif : il exploite une petite terre agricole. L'entreprise a commencé par être une modeste serre. Puis, avec le temps et le recours à une main-d'œuvre féminine immigrée à bon marché, elle a acquis une taille appréciable. Le père de Marc a tissé des liens serrés avec ses employées. Paternaliste, il les mène d'une main de fer. Policier le jour, il se mue le soir ou les week-ends en entrepreneur aguerri et prospère.

Marc a une jeunesse dorée. Il n'excelle en rien, mais il se débrouille bien dans tous les domaines. Avec du travail, de la persévérance et un père autoritaire, qui le surveille à distance, il réussit à faire son chemin. Au fil du temps, il développe deux passions : le sport et la politique. Il se joint à l'équipe de hockey de la polyvalente, puis à celle du collège. Le club de hockey est le milieu où il se sent le mieux. Les liens avec les autres garçons sont fraternels, virils, parfois brutaux, et cette énergie recrée en quelque sorte la relation qu'il avait avec son père dans sa tendre enfance. En effet, cette relation se rompt lentement maintenant que Marc a entamé ses études. Des professeurs marxisants au collège lui font découvrir une face cachée de son père, qu'ils décrivent comme un entrepreneur radin, capable d'exploiter son personnel.

À mesure que les études collégiales de Marc avancent, son attrait pour la politique prend le dessus. C'est une tradition familiale. Il descend d'une lignée de partisans bleus. Ses ancêtres ont admiré les Cartier, Houde, Duplessis. Il garde même précieusement chez lui un vieil habit de zouave pontifical hérité d'un arrière-grand-père. Intrigué par les secrets du passé, Marc dévore les biographies des grands hommes : Churchill, De Gaulle, Napoléon. Ce qu'il aime par-dessus tout, c'est la grandeur. Il voue même une certaine admiration à Mussolini. À ses dires, ce leader avait le mérite de savoir ranimer la flamme du monde latin. Au collège, le jeune homme s'emploie aussi à polir sa rhétorique.

Bien qu'il nourrisse une passion pour les idées, Marc interrompt ses études à la fin du collège. Avare, son père refuse de financer des études universitaires. Marc est de toute façon possédé par le démon de l'action. Il quitte l'école avec en poche un DEC technique en communications. Ce diplôme lui permet de dénicher un emploi dans une petite radio locale. Rapidement, son militantisme lui permet de décrocher des emplois au sein du Bloc québécois : attaché politique pour tel député, relationniste pour tel ministre, etc.

Homme d'action, Marc s'engage dans toutes sortes de cercles politiques et, rapidement, finit par occuper des fonctions officielles. À la fin de la vingtaine, il est déjà un meneur, à sa façon. Habile courtisan, il manie le verbe avec dextérité. Son ambition dévorante plaît à ses collègues, mais aussi aux femmes. Il n'est pas particulièrement beau, mais il parvient souvent à séduire celles qu'il a dans sa mire. Depuis le collège, il faut le dire, il consacre ses week-ends à la drague dans les discothèques de la Montérégie. Avec ses amis, il rivalise d'exploits et de prouesses. Et il développe un art particulier, qui consiste à en faire le récit. Lors de soirées entre copains animées par l'alcool et la camaraderie, ces récits deviennent des légendes grivoises.

Imperceptiblement, en vieillissant, Marc finit par reproduire le rapport qu'avait son père avec les femmes. Ce père qu'il en est venu à détester, il lui ressemble de plus en plus. D'ailleurs, malgré ses succès avec la gent féminine, Marc peine à trouver l'âme sœur. Plus il réfléchit au profil de celle avec qui il voudrait faire sa vie, plus il développe la conviction qu'elle ne peut pas être québécoise. C'est à la faveur d'un séjour en Europe, pour le parti, qu'il trouve enfin la perle rare. Il la déniche dans une région reculée de la Belgique, une région réputée pour son conservatisme, comme le Québec de ses ancêtres.

Sur le plan professionnel, il monte dans les instances du parti d'élection en élection. Il devient un membre éminent de la relève politique. Son ambition le pousse parfois, maladroitement, à vouloir brûler des étapes. Il se fait ainsi rabrouer de façon récurrente par les vétérans, et son ascension est ralentie par ces incidents. Les autorités du parti en viennent à se méfier de lui. Marc nourrit le sentiment d'avoir frappé un mur, d'être bloqué par la génération au pouvoir. Son ressentiment à l'égard des premiers boomers devient plus manifeste. Il doute de plus en plus de la lecture de l'histoire véhiculée par cette génération. Son aversion croît avec les années et, bien sûr, avec les nombreux obstacles qu'il affronte pour se faire une place au soleil. Ses stratégies pour les contourner sont toutefois redoutablement ingénieuses. Il cumule les interventions dans les secteurs de la politique, des communications et de la publicité.

Dans ces différents milieux, il plaide pour que le Québec retrouve une voie intermédiaire entre le conservatisme du passé et la fièvre moderniste de ses aînés. Mais le juste milieu est une position difficile à tenir dans le Québec des années 1990, où chacun est sommé de choisir son camp, celui de l'État-providence ou du néolibéralisme. Les efforts de Marc pour trouver un compromis sont vains. Il perd de précieuses années à prêcher dans le désert, un long retard qu'il ne rattrapera jamais, en fait, à l'instar de nombreux X qui ne réussissent pas à s'installer avant le milieu de la trentaine.

Manon

Manon naît à Mont-Laurier en 1969, dans une famille typique de la classe moyenne. Son père est comptable dans une usine de transformation du bois ; sa mère travaille comme secrétaire dans un cabinet d'avocats. Les deux parents sont des premiers boomers. Leur famille compte trois enfants : deux filles et un garçon. Manon est la cadette. Peu douée sur le plan scolaire, elle décroche de peine et de misère un DEC en techniques administratives. Elle cherche à s'installer dès la fin des études, étant pressée de faire son nid. À vingt-cinq ans, elle possède déjà un trousseau complet. La vie étant courte, elle juge n'avoir pas de temps à perdre.

Dès le début de la vingtaine, elle est déroutée par le peu d'empressement des hommes à s'installer. Ils ne veulent pas s'engager, note-t-elle avec exaspération. Finalement, elle finit par trouver « son homme ». Il s'agit de Sylvain, un homme qui aime la chasse, la pêche et les virées avec sa bande. Assez prospère, il dirige avec poigne l'entreprise familiale, une carrière qui fournit les minéraux aux marchands d'asphalte de la région. Après quelques semaines de concubinage, Manon emménage chez lui. Les événements déboulent à un rythme d'enfer : la bague de fiançailles, le mariage à l'ancienne (300 invités), le bungalow et, bien sûr, le bébé.

À peine le premier enfant est-il arrivé que Manon tombe à

nouveau enceinte. Le couple se retrouve rapidement absorbé par les corvées. Les deux jeunes parents travaillent beaucoup. Il n'est pas question, avertit Manon, de renoncer à sa carrière. Elle accepte certes le congé de maternité offert par le gouvernement, mais elle s'empresse de retourner au travail dès qu'elle le peut. Selon elle, c'est une question de réalisation personnelle. Les deux enfants fréquentent donc la garderie dès un âge précoce, autour de huit mois. Il faut bien qu'ils s'habituent. Mais les services de garde ne suffisent pas à soutenir les deux parents. Sylvain affuble bientôt son épouse du sobriquet de « femme-araignée », pour la taquiner. En effet, dès la naissance du premier poupon, elle commence à se tisser une impressionnante toile lui permettant de l'épauler dans son rôle de mère.

Elle mène ainsi une campagne de charme auprès de celles qui sont susceptibles de l'aider : sa mère, sa belle-mère, ses deux voisines. La première voisine est une quinquagénaire célibataire qui n'a jamais eu d'enfants. La seconde est une jeune mère au foyer élevant un enfant du même âge que son plus vieux. Mine de rien, Manon a multiplié les haltes-garderies. En plus de compter sur l'appui de Sylvain, elle compte sur tout le monde dans son entourage pour s'occuper de ses petits et les couvrir d'amour. Sylvain est inquiet du peu de temps que sa femme accorde aux enfants, mais le sujet est tabou. Pour Manon, passer une demi-journée avec ses rejetons représente une épreuve insoutenable. Lorsque la vapeur monte, le téléviseur prend le relais. *Caillou*, *Annie Brocoli*, *Bébé Einstein* et *Cornemuse* viennent à la rescousse.

La maternité génère chez Manon un insaisissable malaise. Elle cherche un remède dans une religiosité hétéroclite, dévorant des thrillers ésotériques : *La Prophétie des Andes* ou *Le Code Da Vinci*. Ces livres, qu'elle échange avec ses cousines et ses tantes, épicent son quotidien. Cependant, le malaise persiste. À son avis, la source de son anxiété vient de l'attitude de son mari. Sylvain se défend du mieux qu'il peut. Il a beau en faire plus que la majorité des pères, rien ne convainc Manon de sa bonne foi. Avec le temps, le dialogue devient impossible, et les conversations se terminent souvent par des larmes. Bientôt, c'est un autre conflit qui s'ouvre : Sylvain n'est plus seulement un mauvais père, selon Manon, mais aussi un mauvais époux. Il ne la cajole pas suffisamment. Les marques d'attention sont moins fréquentes qu'avant. Elle l'accuse en outre d'être radin. Les activités de couple, sans les enfants, sont de plus en plus rares. Pourquoi ne partent-ils pas pour un long week-end ? Pourquoi ne vont-ils pas une semaine dans le Sud, loin des enfants ? Sylvain se mure de plus en plus dans le silence devant les arguments imparables de Manon, qui, rongée par le ressentiment, sombre dans la dépression. Bientôt se clôt un autre chapitre de sa vie. C'est la séparation.

Avant de congédier Sylvain, Manon avait fait la rencontre d'un autre homme, Denis. C'est un jeune célibataire plein d'innocence, d'énergie et d'espoirs. Financièrement moins à l'aise que Sylvain, Denis appartient toutefois à une famille bien en vue dans la région, possédant des pourvoiries. L'admission de Manon dans cette nouvelle famille lui offre des occasions insoupçonnées. Les lieux de garde se multiplient à nouveau. Les enfants peuvent maintenant être confiés tantôt aux soins des parents de Sylvain, tantôt à ses propres parents, tantôt aux parents de Denis (heureux d'avoir maintenant des petits-enfants), tantôt aux voisines. Le divorce de Manon procure une valeur ajoutée à son capital gardiennage. La toile s'est élargie.

Comme pour beaucoup d'autres X, les difficultés d'installation de Manon tiennent à d'autres facteurs que l'argent. L'héritage culturel légué à cette génération n'a pas suffi à préparer les futurs parents aux responsabilités qu'implique ce rôle. Ainsi, beaucoup de ces jeunes parents ont sous-estimé la nécessité d'établir un foyer sur des piliers stables. Élever des enfants n'a jamais été une tâche facile. Mais la société se chargeait jadis d'envoyer le message aux jeunes adultes que mettre des enfants au monde n'est pas qu'une partie de plaisir. À partir des années 1970, le message envoyé par la société aux jeunes adultes a changé. Et cela pèse sans doute dans les difficultés qu'ils vivent depuis une génération.

15

Vivre au bas de l'échelle : la classe inférieure

Lorsque le soleil se montre chaque lundi matin à Outremont ou à Ville Mont-Royal, les parents pressés et affairés se dépêchent de sortir de la maison pour se rendre au bureau. À l'autre bout de la ville, à Hochelaga-Maisonneuve ou à Montréal-Nord, c'est une tout autre histoire. Dans beaucoup de familles pauvres, dans les quartiers populaires, aucun des parents ne travaille, ou si peu. La société semble aujourd'hui fractionnée en deux univers. D'un côté, les gens riches, actifs, pressés ; de l'autre, les gens pauvres, les chômeurs, condamnés à la lenteur. Faute d'accorder une place dans la société à ces individus qui semblent être de trop, l'élite cherche à leur apporter du réconfort en utilisant un vocabulaire empreint de compassion : on déplorera alors le fait qu'ils sont « exclus » plutôt que de les reléguer à la « couche inférieure » de la société, comme on la désigne aux États-Unis. Dans ce chapitre, je dresserai quatre portraits de X qui peinent à survivre.

Jean

Jean naît à Bedford, dans les Cantons-de-l'Est, en 1964, dans une famille ouvrière typique. Il est enfant unique. Ses deux parents travaillent, son père comme ouvrier, sa mère comme employée dans un grand magasin. C'est une famille peu unie, dirigée par une femme amère et un père absent et effacé. Jean ne possède pas de talent exceptionnel, mais il réussit à l'école. Un sport, le football, lui permet d'intégrer un groupe tissé serré. Son équipe devient sa véritable famille, pour quelques années à tout le moins. C'est d'ailleurs le sport qui l'anime et le tient en vie, avec le cannabis... Ces deux formes d'évasion l'aident à traverser les difficultés de l'adolescence, exacerbées par le divorce de ses parents.

Jean est toutefois peu encouragé à persévérer à l'école. Il quitte la polyvalente à la fin de la cinquième année du secondaire, avec en poche un diplôme en soudure. Il entre à l'usine à l'âge de dix-huit ans. Les premiers contrats sont peu payants et de courte durée. Au début des années 1980, le secteur manufacturier est léthargique. Les usines n'embauchent pas. Elles ont plutôt tendance à mettre à pied une partie de leur personnel : les plus jeunes, ainsi que les plus vieux qui approchent de la retraite. Ainsi, dans les usines, les jeunes travailleurs n'ont aucune sécurité d'emploi. Ils travaillent souvent par intermittence. Les syndicats ne sont d'aucun recours pour eux : ils protègent d'abord les anciens, majoritaires, lors des assemblées syndicales.

Les jeunes sont fréquemment victimes des clauses de disparité (que l'on connaît sous le nom de « clauses orphelin »), introduites en douce dans les conventions collectives à partir de la crise de 1981. Fruit d'un accord entre patrons et syndicats, ces clauses permettent aux entreprises de payer les nouveaux travailleurs nettement moins cher que ceux qui entraient à l'usine dans les années 1970. Ce double standard est toléré par les plus jeunes, déjà inquiets à l'idée de perdre leur emploi. Les travailleurs plus âgés, eux, font mine de ne pas être conscients de cette justice à deux vitesses.

Jean ne s'intègre pas bien à l'équipe, dont il est le cadet. Il ne partage pas les idées ni les préoccupations de ses collègues aînés. Bien installés, ceux-ci bavardent à propos de leurs chalets, de leurs voyages en Floride et, bien sûr, de leurs REER. Dans ses temps libres, Jean fait de la planche à voile sur les lacs. Il parvient par ailleurs à économiser assez d'argent pour se payer un court séjour annuel en République dominicaine, en hiver, pour pratiquer son sport.

Dès le début de la vingtaine, Jean s'installe avec sa copine, Maryse, qu'il fréquente depuis la polyvalente. Elle travaille comme préposée aux bénéficiaires dans un centre d'accueil pour personnes âgées. Tous deux s'évadent de plus en plus dans des activités de plein air. Ils partent souvent de la ville, les fins de semaine, pour échapper à la morosité du quotidien. Un pacte secret les lie : ils ne veulent pas d'enfants. Ils sont incapables de se projeter dans l'avenir. Le seul rêve qu'ils caressent est de quitter la Belle Province le plus vite possible. À la fin de la vingtaine, le projet se réalise. Ils ont assez d'argent pour partir au moins une année.

La destination retenue est l'Australie, pays de plages, de mers, de farniente. Jean et Maryse mènent une vie d'excentriques sportifs. Peu à peu, ils se tissent un réseau d'amis. Avec le temps, des occasions d'emploi se présentent, ce qui permet d'étirer le séjour et le plaisir du déracinement.

Jean gagne sa vie dans la rénovation, Maryse dans la restauration. Ils travaillent au noir, juste assez d'heures pour survivre, ne pas se tuer à l'ouvrage et profiter de la vie, à quelques mètres de l'océan. Ils se mêlent petit à petit à la population locale, en dépit de leur statut d'illégaux. Ils vivent dans une joyeuse insouciance, sans filet de sécurité sociale. La petite communauté les tolère, et même les apprécie.

L'installation provisoire finit par devenir quasi permanente. Ils deviennent indispensables aux personnes qu'ils aident et, de leur côté, vivent en se contentant de peu. Le fait d'être intégrés à une communauté, sans s'inquiéter d'un avenir vague et abstrait, les stimule. Ils travaillent, boivent, jouent et font la fête. Ils sont dans un état de jeunesse non pas éternelle, mais à tout le moins prolongée.

Bien qu'ils n'aient pas d'enfants, leur union est solide. Leur projet conjugal est peu ambitieux, mais cela contribue à son succès. La plupart des couples que Jean et Maryse ont fréquentés à la polyvalente ont éclaté au début de la vingtaine. Mais eux tiennent le coup.

Finalement, après une décennie d'exil, ils effectuent le grand retour. Le Québec a changé. Leurs vieux amis aussi : ils sont dispersés et usés par la vie. Eux, pourtant, ne semblent pas avoir vieilli. Ils sont comme ils étaient avant leur départ, la déprime en moins. Ils semblent avoir été congelés pendant ce long exil.

À leur retour, les premiers boomers sont moins visibles, sauf si on fréquente les pistes cyclables, les stations de ski, les spas ou les couette et café. Ils sont maintenant une minorité sur les lieux de travail. Une nouvelle société se prépare. Jean et Maryse ont le sentiment d'avoir gagné dix ans.

Incontestablement, la trajectoire de Jean est singulière. Dès le début de la vingtaine, il a fait une croix sur l'idéal de vie embrassé par les générations antérieures. Cette posture lui permet de survivre sans trop de difficultés. En renonçant à nourrir des espérances élevées, il réussit à trouver des moments de bonheur et beaucoup de sensations fortes. Il est difficile de dire si ce mode de vie peut se perpétuer au-delà de la quarantaine, mais il lui a permis de franchir avec bonheur la première tranche de sa vie adulte.

Valérie

Valérie naît en 1966 à Rosemère, dans une famille privilégiée de la classe moyenne supérieure. Son père est médecin, et sa mère s'occupe des enfants à la maison. Valérie vit une enfance dorée. La famille dispose d'un excellent revenu, habite une maison spacieuse, au cœur d'un quartier aisé. Elle ne compte que deux enfants, deux filles nées à un an d'intervalle. Valérie est belle, sportive et cultivée. Elle fait naître l'admiration et l'envie à son école.

Son père est un médecin spécialiste fort occupé. Il travaille de longues heures à l'hôpital. Ses relations avec sa femme sont tendues et réduites au minimum. Les deux parents mènent des vies parallèles. Le père boit de plus en plus. En vieillissant, Valérie et sa sœur aînée désertent de plus en plus souvent le foyer familial, les fins de semaine notamment.

Jeune adolescente, Valérie fréquente les pistes de patin à roulettes, où elle démène au rythme du disco : *I Will Survive, Born to Be Alive, Disco Queen*. Toujours élégamment vêtue, elle se procure rapidement les derniers morceaux à la mode. Elle obtient un succès fou auprès des garçons de son âge. Elle est riche, craquante, espiègle, et possède un talent inégalé pour taquiner. Durant sa jeunesse, les plaisirs de la vie nocturne sont sa principale occupation. Les jeux de l'amour deviennent de plus en plus absorbants, au point de nuire à ses études. Elle réussit néanmoins à terminer son cégep. Elle n'ira pas plus loin. Elle se retrouve sur le marché du travail sans qualifications précises, ce qui ne l'inquiète pas. Elle se promet d'envoûter un jeune richard, qui s'occupera d'elle et financera sa vie de princesse.

Pour ce faire, elle continue à magasiner les hommes. Elle joue avec eux, les tient en haleine. Son agenda est bien rempli. Il ne s'agit pas pour elle de multiplier les expériences sexuelles. Cet aspect, à vrai dire, l'indiffère plutôt. Ce qui la stimule, c'est de mesurer son pouvoir, sa capacité à produire un effet sur les autres. En somme, elle est passée maître dans l'art de la séduction.

Sur son chemin, elle rencontre un garçon encore plus malicieux qu'elle : une vedette de l'équipe de football du collège, et s'en amourache. C'est le capitaine de l'équipe. Un garçon populaire, beau, riche. Bien qu'il ait une apparence de grand sensible, il est en fait une vraie brute. Peu de temps après le début de leur fréquentation, Valérie tombe enceinte. Son copain lui signifie sans détour qu'il n'est pas question de mener à terme cette grossesse. Follement amoureuse, elle accepte de se faire avorter. Quelques mois plus tard, il l'abandonne au profit d'une autre princesse, plus jeune, plus brillante, moins déprimée et fanée.

Le traumatisme de l'avortement fait basculer Valérie dans une longue dépression, marquée par la déception amoureuse et l'errance sociale. Elle en vient à perdre le contrôle de ses relations, domaine dans lequel elle excellait pourtant.

C'est aussi l'époque où ses parents divorcent et vendent la maison familiale. Valérie se retrouve sans diplôme, sans travail, sans copain, vivant dans un modeste appartement financé par un père rongé par la culpabilité. Une longue traversée du désert commence. Elle accumule les petits boulots, sans avenir ni cohérence. Souvent, elle tire des prestations de chômage ou d'aide sociale.

Quelques années plus tard, elle rencontre un garçon nommé Jocelyn, qu'elle juge attachant. Un être paumé, cassé par la vie et les échecs familiaux. Il s'agit d'un être affectueux mais vulnérable, fils de bonne famille qui a pris le mauvais chemin, comme elle. Assez rapidement, ils emménagent ensemble et conçoivent deux enfants. Ils tirent le diable par la queue, multipliant les stratégies de survie pour payer le loyer et s'offrir, quand c'est possible, un peu de bon temps.

À l'occasion, réfugiée dans sa chambre, elle aime se consoler en se remémorant de bons souvenirs, écoutant un vieux microsillon de Donna Summer, qui lui rappelle qu'elle a été jadis, sans conteste, une reine, une *disco queen*.

Comme de nombreux X, Valérie a trébuché au début de l'âge adulte. Elle comprendra progressivement qu'il est impossible de reproduire la vie idéalisée de ses parents. Elle renoncera peu à peu à réaliser de grandes choses. Elle cherchera simplement à survivre, à se faire une petite place au soleil, en utilisant les modestes moyens qui sont à sa portée.

Serge

Serge naît dans une famille monoparentale, dans un quartier de l'est de Montréal. Il n'a pas connu son père, ne l'a même jamais vu. Durant les années 1960, les familles monoparentales sont rares et généralement pauvres. Les chefs de ces familles sont des femmes. Ce sont des mères qui ont enfanté sans la protection des liens du mariage. Les enfants de ces familles sont regardés avec méfiance et souvent condamnés à la marginalité.

Serge est un rejeton de la contre-culture. Le modeste appartement où il habite avec sa mère ressemble à un bistro malfamé au lendemain d'une soirée animée. Plusieurs hommes se succèdent dans ce foyer au fil des ans. Leur séjour est cependant trop bref pour qu'ils s'inscrivent réellement comme figure paternelle.

Le garçon grandit dans un milieu où règnent l'insécurité et l'instabilité. Sa mère travaille peu. Ses emplois sont éphémères et mal rémunérés. Elle n'a rien du profil de la travailleuse acharnée et disciplinée. Elle aime faire la fête. Le revenu familial est souvent consacré à de longues beuveries qui se déroulent sur plusieurs jours. Avec les années, elle devient une abonnée de l'aide sociale. Une travailleuse sociale vient périodiquement s'assurer que son enfant n'est pas négligé. La mère de Serge pratique ainsi la *bureaugamie*, un mode de survie fondé sur le curieux triangle bureaucrate-mère-enfant.

Dans cette famille, Mick Jagger a remplacé Jésus. La mère de Serge est une véritable groupie des Rolling Stones. L'éducation de Serge se fait à l'écoute des grands hymnes du groupe : *Sympathy for the Devil, I Can't Get No (Satisfaction), You Can't Always Get What You Want*. Très jeune, il développe un vif intérêt pour la musique. L'année où sa mère reçoit un petit héritage, elle lui offre une guitare en cadeau. Il en fait l'apprentissage rapidement, à l'oreille. À la préadolescence, il joue un répertoire varié, allant des Stones à Led Zeppelin, en passant par Pink Floyd.

Il n'est pas mauvais à l'école, possédant une vivacité d'esprit certaine, une imagination débridée et une créativité redoutable. Mais il est agité, turbulent, indiscipliné. On dirait aujourd'hui « hyperactif », et il serait un candidat parfait pour une ration quotidienne de Ritalin. Mais son talent musical le rend plus acceptable et plus normal aux yeux de ses camarades de classe.

Il s'intègre rapidement aux réseaux festifs à la polyvalente. Il est le troubadour de service, jouant quelques chansons entre deux danses, ou encore improvisant des hymnes hallucinés, question de pimenter les fêtes. En dépit de l'abondance des drogues ou de l'alcool, il consomme peu. C'est qu'il n'en a pas besoin. Il est tout simplement ivre au naturel. Il est tombé dans la marmite hippie à la naissance, un peu à la façon d'Obélix dans la potion magique.

Malgré ses performances scolaires décevantes, il réussit à se rendre jusqu'au cégep. Grâce au régime des prêts et bourses, il peut reporter son entrée sur le marché du travail. Il joint les deux bouts en dénichant astucieusement différentes sources de revenu. Il vole beaucoup — c'est une seconde nature —, mais il sait aussi emprunter vingt dollars à gauche et à droite. Il accepte de petits boulots de temps à autre. Au cégep, par exemple, il monnaie ses services comme modèle, au Département des arts plastiques, pour le cours de dessin de modèle vivant.

Ses études en lettres sont interminables. Elles s'étalent sur quatre longues années, et il n'obtient jamais son DEC. Il devient par contre un personnage dans le milieu étudiant. Il est l'un des membres les plus pittoresques de la faune colorée du collège. On entend souvent sa voix au loin. Elle résonne dans le labyrinthe des couloirs de l'établissement : ses cris stridents, ses ricanements, et parfois des airs qui percent au-dessus de la cohue étudiante. Certaines de ses interprétations sont franchement saisissantes et bouleversantes : sa version d'*As Tears Go by*, par exemple, est plus émouvante que la version originale de Jagger.

On peut penser que le destin de Serge reproduit simplement celui de sa pauvre mère. Mais, comparativement à elle, il est un vrai déclassé. Dans les années 1960 et 1970, il y avait moins d'assistés sociaux ; le soutien gouvernemental s'était amélioré sur plusieurs plans. Avec la fin des Trente Glorieuses, la dynamique change. Étant donné que le marché de l'emploi est anémique, les assistés sociaux deviennent une masse en constante augmentation. Le « BS » devient un symbole dans l'opinion publique, qui est influencée par le virage américain des élites québécoises.

Comme de nombreux X, Serge devient à son tour un assisté social. Il est surveillé, traqué par les fonctionnaires du gouvernement. Ses droits sont progressivement rognés. Comme beaucoup de jeunes de l'époque, Serge aboutit au centre-ville de Montréal, dans un taudis. Il mène une vie d'errance, fréquente les bars, occupe parfois de petits emplois, qu'il perd parce qu'il est indiscipliné ou parce que ses patrons n'apprécient pas ses habitudes de marginal. Il commet aussi des larcins, pour boucler ses fins de mois ou simplement payer les mois de loyer en retard. À quelques reprises, il aboutit dans des clubs de danseurs nus, moins prestigieux toutefois que le chic 281. Dans ses moments les plus sombres, il cède à la prostitution. Il survit parfois aussi grâce à l'aide d'amis paumés qui partagent sa condition de misérable. Serge est un fardeau pour la société, un raté aux yeux de la génération de gagnants que sont les premiers boomers. Mais il est aussi, d'un autre point de vue, le produit inévitable de la révolution culturelle et économique, enfant dépourvu de la protection des adultes.

Au début de la trentaine, l'état de santé de Serge se détériore. La dégradation progressive de ses conditions de vie et la déprime le mènent sur la voie des drogues dures. Un matin, il met à exécution le plan qu'il tramait depuis des semaines. Il s'injecte dans les veines une dose létale d'héroïne et succombe à une overdose. Il vient s'ajouter aux nombreux autres X qui décident de quitter un monde rongé par l'anomie.

Carole

Les premiers boomers ont vécu une enfance à l'eau bénite. Ils ont été éduqués à la dure, dans la crainte de la règle sur les doigts à l'école, de la fessée à la maison. L'enseignement religieux servait à rappeler le destin de ceux qui commettaient des péchés capitaux : aller en enfer était sans contredit le châtiment suprême. La plupart des membres de cette génération ont cru à cette idée et ont fini par s'en affranchir quelque part durant la révolution culturelle.

La peur de l'enfer remonte à plusieurs siècles. Elle joue un rôle clé dans l'histoire de la civilisation en Occident. Le déclin du christianisme, dans la seconde moitié du XXe siècle, ne fait pas disparaître cette idée. La peur a faibli, mais l'enfer continue à hanter l'imaginaire des sociétés façonnées par cette religion. L'enfer est en effet un thème clé de la culture contemporaine des années 1980 :

au cinéma, dans les jeux vidéo, dans une certaine littérature et surtout dans la musique populaire. Il est omniprésent dans les chansons de *death metal*, très populaire dans la jeunesse de la classe inférieure. Ce n'est pas surprenant. La société n'a plus rien à offrir à cette dernière : ni emplois, ni idéal politique, ni valeurs transcendantes. Depuis vingt ans, beaucoup de jeunes des quartiers ouvriers ont simplement le sentiment que l'horizon qui s'offre à eux, et à leurs enfants, est un véritable enfer sur terre. L'élite n'en a plus que pour la nouvelle économie. Les usines d'autrefois, qui offraient aux familles ouvrières un salaire modeste mais aussi une dignité, disparaissent dans l'indifférence générale. Les enfants d'origine ouvrière se trouvent souvent, au tournant des années 1980, sans horizon défini, sans sécurité, sans certitudes.

Carole est assez représentative de cette jeunesse. Elle naît en 1970 dans une famille pauvre habitant la ville de Huntingdon, près de la frontière américaine. Elle a peu connu sa mère, une hippie qui a quitté le Québec pour Katmandou (au Népal) lorsque Carole avait six ans. Elle ne l'a jamais revue. Elle vit seule avec son père, qui est souvent absent de la maison. En fait, elle a surtout été élevée par sa grand-mère paternelle, une femme très religieuse, introspective, portée au mysticisme. Le père est camionneur, toujours sur la route ; il consacre ses rares moments à la maison à boire. Lors de ses périodes d'ivrognerie, il perd parfois le contrôle et frappe sa fille violemment, pour lui rappeler ses prérogatives paternelles.

Carole est une marginale. Elle s'intègre peu aux différents groupes à l'école primaire ; ce n'est guère mieux à l'école secondaire. Elle n'est jamais très loin de sa grand-mère, avec qui elle partage une certaine mélancolie, un goût pour le mystère et la solitude. Cette vieille femme exerce ainsi sur elle une forte influence.

Un jour, devinant son goût pour la musique, sa grand-mère lui achète un tourne-disque. Dès ce moment, Carole écoute des disques de longues heures dans sa chambre. Sans le sou, elle se rabat sur la vieille collection de 33 tours que sa mère possédait avant de partir au Népal. Elle se prend d'affection pour les albums de Led Zeppelin. Elle apprécie plus particulièrement le quatrième album, qui contient le classique *Stairway to Heaven*. Avec les années, elle développe un vif intérêt pour ce groupe ainsi que pour le personnage qui inspire son univers, l'occultiste Aleister Crowley. Libertin et pionnier dans l'expérimentation des drogues, Crowley s'est rendu célèbre par ses écrits sur la magie, les rituels sataniques et les orgies.

Carole s'invente un monde imaginaire pour supporter sa morne vie. Elle en vient à détester les adultes qui ont veillé à son éducation : son père, ses professeurs, les travailleurs sociaux qui ont défilé devant elle durant son enfance, les jeunes femmes que le paternel ramène parfois à la maison… Et aussi les hommes du voisinage, qui la reluquent avec concupiscence. Elle s'imagine vivre en enfer, et être la proie de personnages sataniques qui la torturent et cherchent à la faire souffrir. En vieillissant, elle développe un intérêt pour le morbide, s'inventant une vie secrète, mystérieuse, ponctuée de cérémonies ordaliques. Elle se couche parfois l'après-midi, pour la sieste, dans un curieux cercueil qu'elle a fabriqué de ses propres mains. C'est qu'elle est habile dans les travaux manuels. Elle obtient de petits contrats pour des gens du quartier. Elle fait des ménages, des travaux de peinture, et même un peu de rénovation. Si le client lui plaît le moindrement, elle offre aussi des services supplémentaires. Elle joint l'utile à l'agréable, aime-t-elle se dire, éclatant intérieurement d'un rire sardonique.

Un jour, elle quitte le domicile familial. Elle s'installe dans un appartement du quartier avec son meilleur ami, le seul qu'elle a, en réalité. C'est un ex qu'elle a connu à la polyvalente et qui est devenu homosexuel. André, que Carole nomme Lucifer, a contracté le VIH. Les deux mènent une vie commune près d'une dizaine d'années, et partagent une amitié sincère et platonique. À la fin de la trentaine, toutefois, leurs chemins se séparent. Ayant développé le sida, Lucifer atteint le stade terminal. Ses jours sont comptés.

Dans les semaines qui précèdent sa mort, ils planifient dans le menu détail et dans le plus grand secret le rituel de la cérémonie ultime. Le dernier hommage ressemble plus à une messe noire qu'à un rituel funéraire. Mais qu'importe. Lucifer est un original comme Carole. Lorsqu'il décède, Carole respecte à la lettre le plan de la cérémonie, à laquelle assistent une trentaine de personnes. Parmi celles-ci, une douzaine d'anciens de la radio étudiante de la polyvalente.

L'adieu final est fidèle à l'esprit du poète Crowley. Il se déroule sans surprise au son de la musique de Led Zeppelin, la préférée du défunt. Après avoir fait jouer trois des meilleures pièces du groupe, elle fait entendre la dernière, *Stairway to Heaven,* avant de fermer le cercueil. Plus tard dans la soirée, Carole se rend au bistro du quartier rejoindre les amis de Lucifer, qui sont allés prendre un verre. Au fil des conversations, les amis évoquent de nombreux souvenirs. Les pitreries du camarade, les malheurs, les délires, les exploits, les coups qu'ils aimaient commettre. Ces coups n'étaient pas idiots. Ils démontraient toujours de l'esprit, de l'intelligence, et portaient parfois un sens qui n'était pas simple à saisir. Les amis de Lucifer félicitent Carole pour la beauté de la cérémonie et, en particulier, pour le choix de la chanson finale. Lucifer avait souvent parlé de cette chanson. *Stairway to Heaven* est une étrange déclinaison de thèmes païens : les cérémonies secrètes, la magie blanche, les forêts mystérieuses. De multiples façons, elle suggère une spiritualité envoûtante et intrigante.

À la fin de sa vie, Lucifer prétendait avoir trouvé le sens caché de la chanson : c'est un subtil avertissement lancé à ceux qui, dans la vie, pensent avoir pris le mauvais chemin, une métaphore sur les illusions procurées par l'usage intensif d'une drogue ou d'un autre expédient. La chanson suggère qu'il faut savoir lire entre les lignes pour saisir le sens caché des choses.

There's a sign on the wall, but she wants to be sure
'Cause you know sometimes words have two meanings.
In a tree, by the brook, there's a songbird who sings.
Sometimes all of our thoughts are misgiven.

Au fur et à mesure que l'alcool délie la langue des amis de Lucifer, qu'ils oublient leur tristesse, ils décident d'analyser le message laissé par le défunt. Ils le connaissaient assez pour savoir que le choix de cette pièce musicale était conscient et délibéré. Le rituel qu'il avait si malicieusement préparé hante Carole pendant plusieurs semaines. Un matin, elle épingle sur son frigo un couplet dont la signification l'inspire :

Yes there are two paths you can go by, but in the long run,
There's still time to change the road you're on.

Six mois après le décès de son ami, Carole communique avec l'une des connaissances de Lucifer. Ils se revoient et commencent à se fréquenter sérieusement. Puis, un jour, ils s'établissent ensemble et se marient, même, lors d'une cérémonie aussi insolite que le service funèbre de leur ami.

IV

Les filières payantes

16

La lutte pour les places des mondiaux

Lorsque les premiers boomers entrent dans la vie adulte, au milieu des années 1960, ils rêvent d'une société sans classes sociales. Fidel Castro, Ernesto « Che » Guevara et John Lennon sont leurs idoles. Trente ans plus tard, à l'approche de leur retraite, ils s'éloignent de cet idéal, qui a graduellement été relégué au musée des idées généreuses. L'amnésie collective est telle que l'expression « classe sociale » a disparu des livres, des revues, des journaux, des colloques universitaires et des débats politiques. Pourtant, les écarts de revenu entre les classes sociales en Occident se sont accentués depuis vingt ans[1]. Le Canada n'échappe pas à cette tendance. Selon une étude réalisée par Statistique Canada, l'écart entre les riches et les pauvres se creuse. Les salaires de la classe supérieure ont augmenté plus vite que ceux de la classe moyenne et de la classe inférieure. Mais ce n'est pas seulement une question de salaires : les héritages et le boom immobilier sont aussi responsables de cet écart.

La portion de la richesse nationale détenue par les 10 % les plus riches de la population est passée de 56 % à 58 % entre 1999 et 2005. En 1984, cette part s'établissait à 52 %. Auparavant,

---

1. Louis Chauvel, *Les Classes moyennes à la dérive*, Paris, Éditions du Seuil, 2006.

entre 1970 et 1984, l'écart entre les riches et les pauvres s'était rétréci. Mais depuis, les ménages faisant partie des 50 % les moins riches n'ont pas amélioré leur sort, au contraire. Ils possédaient 5 % de la richesse en 1984. En 1999, ils n'en détenaient plus que 3,9 % et, en 2005, 3,2 %. Entre 1984 et 2005, l'avoir moyen des plus riches, lui, a plus que doublé, passant de 534 000 $ en 1984 à 723 000 $ par personne en 1999, et à 1,2 million $ en 2005[2].

L'analyse de classes a longtemps été associée à la tradition marxiste et, pour cette raison, est aujourd'hui discréditée. Ce fait est déplorable, d'autant plus que l'analyse de classes est beaucoup plus vieille que le marxisme. Elle n'est pas liée en soi au socialisme, au libéralisme ni à une autre tradition intellectuelle. Les idées relatives aux intérêts et aux conflits de classes sont au cœur des théories politiques d'Aristote et de Montesquieu, pour ne nommer que ceux-là. Aux États-Unis, les auteurs des *Federalist Papers* fondaient leur défense de la Constitution de 1787 sur une analyse de classes. La société, à leurs yeux, était traversée par un conflit permanent entre la classe des propriétaires d'un côté et, de l'autre, celle des non-propriétaires.

Le débat sur la génération X doit tenir compte du fait que la société est encore aujourd'hui divisée en classes sociales. Plusieurs membres de cette génération n'ont toutefois pas connu un destin de déclassés. Dans bien des domaines, ces X ont fait leur marque, et parfois assez rapidement. Dans les prochaines pages, je décrirai les filières qui se sont révélées les plus payantes durant les années 1980 et 1990. Celles-ci assurent aux individus une place de choix au sein de la classe supérieure. Les X qui réussissent à s'y insérer connaissent un meilleur destin que les autres membres de leur génération. Beaucoup des X qui œuvrent dans les filières prestigieuses appartiennent au groupe des tard-installés. Pour accéder aux professions payantes, ils doivent étudier et avoir la patience

---

2. Charles Côté, « Depuis 1999, les riches continuent à s'enrichir », *La Presse*, 14 décembre 2006.

nécessaire pour saisir au bon moment l'occasion de se faire une place au soleil. Ils doivent aussi faire la preuve qu'ils sont mobiles, polyglottes, ouverts sur le monde.

Les filières qui mènent à la classe supérieure ne sont pas les mêmes que jadis. L'ancienne classe supérieure tirait sa richesse de la propriété, qu'elle veillait à transmettre à sa progéniture. La nouvelle classe supérieure, elle, s'appuie beaucoup plus sur les diplômes pour se maintenir au faîte de la pyramide. C'est ce que démontre Robert Reich dans son célèbre livre *The Work of Nations*[3]. Cette classe, selon l'économiste, est composée d'« analystes symboliques ». C'est une classe nomade, loyale au marché mondial, et dont le succès repose sur la capacité de manipuler des concepts abstraits : ses membres sont agents de change, savants, publicitaires, médecins, chercheurs, consultants, journalistes, avocats, ingénieurs, informaticiens.

La possession d'un diplôme ne permet pas à elle seule de se hisser au faîte de la pyramide sociale. Beaucoup de X ayant terminé des études universitaires échouent à s'insérer dans la classe supérieure, et même parfois dans la classe moyenne. L'accès aux filières professionnelles payantes est nettement plus difficile que dans les décennies précédentes[4]. Ceux qui persistent à vouloir s'y insérer, au prix de mille sacrifices, doivent être patients. L'embauche se fait au compte-gouttes, les salaires sont peu intéressants, et les possibilités de promotion sont limitées. D'un côté, le secteur public étant en crise, il n'y a pratiquement plus d'embauche. De l'autre, le secteur privé connaît un ralentissement. Les périodes de

---

3. Robert B. Reich, *The Work of Nations*, New York, A. A. Knopf, 1991.
4. Consulter à ce sujet les deux études suivantes : Mircea Vultur, « La suréducation des jeunes au Québec », dans Miriam Fahmy et Antoine Robitaille, *Jeunes et engagés,* Institut du Nouveau Monde, Montréal, Fides, 2005, p. 86-93. Claude Montmarquette et Laure Thomas, « Surqualification et sous-qualification des travailleurs sur le marché du travail : le cas du Québec et de l'Ontario en 1991 et 1996 », Rapport de projet, CIRANO, Montréal, 2003.

reprise économique sont plus brèves et moins dynamiques. La grande entreprise, publique ou privée, n'est plus comme avant la voie d'accès à la sécurité économique. Il reste que certaines professions se hissent, durant les années 1980, au statut de véritables guildes : les thérapeutes, les vedettes, les juristes, les managers. Ce sont des forteresses, qui assurent la position des familles de la classe supérieure au sein de la pyramide sociale. Dans le domaine des professions, ces quatre guildes réussissent mieux à tirer leur épingle du grand jeu de la libéralisation des marchés.

17

Les thérapeutes

Au début des années 1960, le sociologue Philip Rieff avait fait l'observation suivante : « L'hôpital succède au parlement et à l'église comme archétype de la culture occidentale[1]. » Cette phrase était prophétique. Un demi-siècle plus tard, il est difficile de nier que les sociétés avancées sont obsédées par la santé et la recherche du bien-être. À écouter les discours qui circulent dans la sphère publique, on pourrait penser que la société est devenue un vaste hôpital. Le budget de l'État québécois traduit cette obsession pour la santé : aujourd'hui, 45 % de ses dépenses y sont consacrées. Dans la société thérapeutique, l'individu est moins un citoyen qu'un malade potentiel.

Il va donc de soi que, parmi les guildes prestigieuses, il y en a une qui œuvre dans l'industrie de la santé. Cette guilde, c'est celle qui rassemble les thérapeutes. Elle regroupe évidemment les médecins, mais aussi d'autres professions liées aux sciences de la santé : les pédiatres, les psychiatres, les dentistes, etc. Pour parvenir au sommet de la pyramide sociale, les thérapeutes ont effectué une longue ascension durant tout le xxe siècle. Pendant les années 1980, le secteur de la santé se spécialise fortement. Beaucoup de nou-

---

1. Philip Rieff, *The Feeling Intellect*, Chicago, Chicago University Press, 1990, p. 8.

velles professions voient le jour. Pour les X qui étudient dans les sciences de la santé, de belles occasions se présentent, en dépit de la crise financière qui sévit.

Nous avons tendance à oublier que la profession médicale était peu prestigieuse à la fin du XIXe siècle. Les progrès rapides de la science moderne, des conditions sanitaires et de la santé des populations ont cependant fini par lui donner du lustre. Avec le temps, le regard médical s'impose non seulement dans le traitement de la maladie, mais dans la façon dont l'ensemble de la société perçoit les choses[2]. Pendant que ce regard s'impose partout, les thérapeutes se hissent au sommet de la pyramide sociale, pour mieux sermonner le peuple et lui rappeler sans cesse les risques que comporte le moindre de ses gestes.

La société que les thérapeutes cherchent à mettre en place repose sur un mouvement de médicalisation des activités humaines. Cette médicalisation pointe dans deux sens[3]. Le premier est celui des processus naturels de la vie. Avec les Trente Glorieuses, les familles acceptent de plus en plus l'ingérence des médecins dans la vie intime. Les thérapeutes médicalisent la grossesse, l'accouchement, la petite enfance, la sexualité, la vieillesse… Le second est celui de la déviance. Les thérapeutes acquièrent des pouvoirs croissants pour réhabiliter les individus en marge : les suicidaires, les hyperactifs, les obèses, les alcooliques, les drogués, les fumeurs, les dépressifs, les criminels, les joueurs compulsifs…

Il ne faut pas voir l'ascension sociale des thérapeutes comme un complot. Comme tout groupe professionnel, ils cherchent simplement à faire reconnaître leur expertise et à augmenter leurs pouvoirs. Mais la médicalisation est un mouvement très large soutenu par d'autres forces sociales : les compagnies pharmaceutiques, bien sûr, mais aussi les parents débordés et exténués, les

---

2. Philip Rieff, *The Triumph of the Therapeutic*, New York, Harper, 1966.
3. Jörg Blech, *Les Inventeurs de maladies*, Paris, Actes Sud, 2005 ; Ray Moynihan et Alan Cassels, *Selling Sickness*, Toronto, Greystone Books, 2005.

professeurs impuissants, les juges et les autorités en général, qui ne savent plus comment affronter la demande croissante de services pour remédier aux problèmes sociaux.

Bien que plusieurs associations féministes aient été critiques envers la médicalisation depuis les années 1960, il importe de comprendre que le mouvement féministe en a longtemps été un indéfectible allié. Les premiers mouvements de médicalisation de la famille étaient souhaités par les premières féministes, car ils allaient permettre de miner les fondements du système patriarcal[4]. L'autorité des thérapeutes s'appuie aussi progressivement sur la transformation de l'éthique sociale au XXe siècle. En quelques décennies, l'ancienne éthique bourgeoise liée aux valeurs chrétiennes s'est effondrée. Sur les ruines de cette vieille éthique est née l'éthique thérapeutique, portée par les professionnels et les managers[5].

Revenons un instant sur l'ancienne éthique bourgeoise, celle qui règne sans partage avant la montée du capitalisme managérial. Notons d'abord qu'elle comporte des idées bien arrêtées sur la façon d'élever les enfants. Les familles ne reculent devant rien pour cultiver les vertus qui forment le caractère. Elles inculquent le sens des responsabilités, encouragent une certaine dureté dans les rapports humains, préparent les enfants à affronter sans rouspéter les épreuves de la vie et à accepter le caractère contraignant des traditions, des normes et des conventions sociales. Les premiers boomers font l'apprentissage de la vie en société dans le cadre de cette éthique durant les années 1940. La génération X, elle aussi, a une petite idée de ce type d'encadrement. Les parents des X qui favorisent cette vieille éthique sont toutefois bien seuls dans les années 1960, pendant lesquelles le mouvement thérapeutique est triomphant.

---

4. Jacques Donzelot, *La Police des familles*, Paris, Éditions de Minuit, 1977.
5. Richard W. Fox et T. J. Jackson Lears, *The Culture of Consumption*, New York, Pantheon Books, 1983.

L'ancienne éthique a un côté dur et implacable. Elle ne sombre pas dans la sentimentalité devant les abus de la hiérarchisation sociale, les inégalités ou le caractère étouffant des traditions. Elle éduque à la dure : il faut accepter la société comme elle est et s'y conformer sans négocier. Les jeunes ne doivent surtout pas se laisser aller à rêver, mais plutôt se concentrer sur les choses sérieuses : les études, la préparation à l'exercice d'un métier ou d'une profession, la fréquentation sérieuse et assidue d'une personne de l'autre sexe en vue d'un mariage. Avant les années 1960, la grande majorité des parents adhèrent à cette vieille éthique avec confiance et assurance, sans se poser de questions, ou à tout le moins sans se remettre en question eux-mêmes. S'ils traitent avec des experts, ce sont eux qui sont aux commandes. Cette assurance s'appuie sur l'autorité du passé et des traditions.

Après la Seconde Guerre mondiale, la montée du capitalisme managérial affaiblit ce sens d'une continuité historique et finit par miner la vieille éthique bourgeoise. À partir des années 1950 et 1960, les parents adoptent une pédagogie mixte, légèrement influencée par un nouveau courant de pensée plus libéral. C'est en quelque sorte la philosophie de la carotte et du bâton. Mais, plus on avance dans le temps, plus l'ancienne éthique recule. Ce sont les autres institutions — le gouvernement, l'école, les médias — qui sapent ce qui en reste. Même le marché veut libérer les individus des anciennes entraves : la publicité les incite à consommer aujourd'hui et à payer plus tard, à jouir sans culpabilité et à prôner l'« interdit d'interdire ».

Sans être l'unique facteur en cause, le capitalisme managérial accélère le triomphe de l'éthique thérapeutique[6]. Moins obsédée par l'argent que l'austère éthique bourgeoise, la nouvelle éthique valorise l'expression personnelle, l'hédonisme et le bien-être. En dépit de son antimatérialisme de principe, cette éthique travaille

---

6. James Nolan a montré que l'éthique thérapeutique a pénétré autant le monde du grand capitalisme privé que celui du secteur public. Voir son essai *The Therapeutic State*, New York, New York University Press, 1998.

à créer, en fin de compte, une société où l'argent pénètre des domaines de la vie jadis préservés de son influence. Les conséquences du passage de l'ancienne éthique à la nouvelle ne sont pas vécues de la même façon par les différentes générations. Les premiers boomers naissent dans un contexte chrétien traditionnel où la vieille éthique bourgeoise reste assez forte. Durant les années 1960, ils la rejettent avec fracas, affrontent les autorités cléricales et liquident une bonne partie de l'héritage religieux qui leur avait été inculqué durant l'enfance. Ils sautent à pieds joints dans le monde enivrant et grisant de l'éthique thérapeutique. Beaucoup transposent avec enthousiasme leurs attentes religieuses dans les valeurs et les normes de cette éthique.

Au tournant des années 1980, s'approchant de la quarantaine, les premiers boomers réalisent que leurs grands rêves messianiques se sont envolés en fumée. Le souci de soi devient le programme de cette génération. Le développement du secteur tertiaire explose. Les premiers boomers, souvent à la tête d'un ménage à deux revenus, ont de l'argent à dépenser. Ils sont la clientèle cible d'un secteur en croissance : les soins aux personnes. Leur quête d'une libération thérapeutique devient inlassable : jogging, massothérapie, acupuncture, thérapie sexuelle, voyage initiatique en Inde ou à Compostelle, visualisation, autoguérison, biorythme, croissance personnelle, ressourcement, qualité totale, crème Budwig, régime Montignac, etc.

Durant les années 1970, le nombre de thérapeutes a explosé. Ces derniers réussissent à vendre leurs remèdes d'autant plus facilement que ceux-ci sont rapidement périmés et remplacés par de nouveaux, toujours plus prometteurs. Offertes d'abord exclusivement aux couches supérieures de la pyramide sociale, en proie à la déprime, ces expertises et ces thérapies se démocratisent. Avec le temps, les couches inférieures de la classe moyenne peuvent aussi en profiter. Les thérapeutes inventent et diffusent le vocabulaire de notre époque : « réformer les esprits », « gérer la mémoire », « guérir la société » et « cultiver l'estime de soi ». La société thérapeutique disqualifie, au profit du bien-être, toutes les autres fins de l'existence : le salut ou l'acquisition de la sagesse, la justice, la démonstration du courage, l'entraide, ou la transmission de la culture et des traditions. Lorsque la santé fout le camp, il ne reste plus qu'à organiser son dernier voyage, comme le fait le personnage de Rémy dans *Les Invasions barbares*[7]. Dans cette société, la santé devient une exigence omniprésente et envahissante, qui ne tolère pas la concurrence. En être privé enlève tout sens à la vie. Par cette sacralisation du bien-être, la société thérapeutique renverse la hiérarchie des valeurs qui tenait depuis des siècles.

La révolution culturelle des années 1960 et la révolution économique des années 1980 ont en commun d'avoir été forgées par le capitalisme managérial et son éthique thérapeutique. Si l'éthique traditionnelle était parfois sans pitié d'un point de vue économique, les nouvelles valeurs s'avèrent dans les années 1980 un piège plus impitoyable encore pour la génération X. En effet, le rapport de cette génération avec l'éthique thérapeutique est particulièrement problématique. En entrant dans la vie adulte, les X comprennent rapidement que cette éthique est d'un bien piètre secours pour qui veut survivre dans un marché du travail où la compétition entre petits salariés est féroce et où les règles du jeu avec les travailleurs aînés ne sont pas à l'avantage des plus jeunes. Plusieurs découvrent, amers, que l'éthique bourgeoise de leurs grands-parents n'avait pas que de mauvais côtés. Mais faire l'apprentissage de ces valeurs révolues par soi-même, à la fin de la vingtaine plutôt que durant son enfance, n'est pas la chose la plus évidente qui soit.

Les promesses de la société thérapeutique n'ont pas la même saveur pour les X que pour la génération précédente. L'accès même aux services de santé leur est beaucoup plus difficile, car les médecins de famille se font rares. En outre, en tant que petits salariés, les X ne possèdent souvent aucune couverture d'assurance

---

7. Denys Arcand, *Les Invasions barbares*, Montréal, Alliance Atlantis Vivafilm, 2003.

pour le nombre croissant de services offerts par les thérapeutes. Tant qu'un système fait de nous des gagnants ou des privilégiés, nous sommes peu portés à en voir les inconvénients et les ratés. Or, les X sont à même de constater beaucoup plus rapidement que les premiers boomers les limites de l'éthique thérapeutique.

L'un des problèmes de la société thérapeutique est qu'elle voit toujours l'individu comme un malade potentiel. Les professionnels de la santé sont portés par conséquent à nier toute responsabilité de l'individu quant aux difficultés qu'il traverse. S'il fait face à des épreuves, ce doit être la faute de la société. En d'autres termes, le malade est toujours victime des conditions sociales, et c'est pourquoi il a besoin d'une assistance professionnelle. Alors que l'ancienne éthique favorisait la formation du caractère et l'autonomie, l'éthique thérapeutique est plus permissive et favorise une attitude ouverte. Étant plus longtemps exposés à l'univers dur et sans concession des petits salariés, les X comprennent bien les limites de cette éthique, qui n'arrive malheureusement pas à les « guérir ».

18

Les vedettes

La deuxième guilde prestigieuse est celle qui encadre le monde du show-business et l'industrie culturelle au sens large. Elle est en essor durant les années 1970 et 1980 : la révolution technique, qui a pris son envol dans les années 1960, donne un solide élan aux médias de masse. La scolarisation plus grande de la société crée un vaste public, qui consomme avec avidité une gamme variée de produits culturels : émissions de radio et de télé, magazines, films, livres. La télévision est évidemment le média le plus favorisé par le mouvement. Avec l'arrivée du câble, les chaînes se multiplient. Le nombre d'emplois dans le domaine médiatique augmente de façon spectaculaire. La place grandissante des médias de masse dans la culture des Québécois donne du pouvoir à ceux qui reçoivent l'affection du public. Les Québécois n'idolâtrent plus des évêques, des politiciens ni des intellectuels. Les médias de masse inventent un nouveau type professionnel : la vedette. Ce qui caractérise cette nouvelle figure est moins la maîtrise d'un art ou d'une expertise que la télégénie et le charisme.

Beaucoup de ces vedettes sont des soixante-huitards, c'est-à-dire des anciens rebelles qui ont fait leurs premières armes durant la révolution culturelle québécoise. Leur ascension est favorisée par les médias de masse, car, comme ces derniers, les soixante-huitards nourrissent un culte du mouvement depuis leur adhésion à l'idéal de la révolution permanente. En s'emparant des principaux leviers du pouvoir durant les années 1980, ces vedettes cherchent à imposer une nouvelle lecture de l'histoire et du présent québécois. On en fait la promotion dans les collèges et les universités, mais elle est également vite relayée dans les médias de masse, qui ont pour but de bien asseoir l'hégémonie culturelle de cette génération. Ceux qui deviennent les artisans de cette tâche historique doivent cependant contourner un sérieux obstacle : la mise en place d'une société fortement inégalitaire, qui ressemble très peu aux rêves politiques des années 1960, ne passe pas inaperçue aux yeux du peuple. De plus en plus privilégiés au sein de cette société, ces anciens rebelles doivent s'excuser pour le radicalisme de leur jeunesse, tout en montrant qu'ils ont gardé le cœur à gauche. Dans un essai intéressant, Jean-Christophe Buisson décrit cette curieuse hégémonie des anciens rebelles dans les médias en France :

> Ils aboyaient « comme c'est triste d'aimer le fric ». Ils sont devenus les chiens de garde d'un capitalisme français dissous dans le mondialisme. Ils affirmaient « le civisme, c'est le fascisme ». Ils créent des journées citoyennes. Ils disaient « l'art, c'est de la merde ». Ils célèbrent bidets de plâtre et tableaux blancs sur fond blanc. Ils rêvaient d'une société où il serait interdit d'interdire, où l'on jouirait sans entraves. Ils nous obligent à boucler notre ceinture et à baiser avec des préservatifs. Ils vomissaient la société du spectacle. Ils sont la société du spectacle[1].

Comment s'y prennent-ils, les anciens rebelles québécois ? Quelques années après le référendum de 1980, inquiets de léguer un trop maigre héritage, ils se mettent au travail. Il s'agit de convaincre les Québécois qu'ils vivent une période formidable et qu'ils ont échappé à une tyrannie intolérable depuis les

---

1. Jean-Christophe Buisson, *Maos, trotskos, dodo*, Paris, Éditions du Rocher, 2001, p. 62-65.

années 1960. Selon cette interprétation de l'histoire récente, le Québec est devenu la plaque tournante de tous les mouvements de libération. Montréal, en particulier, est le lieu le plus ouvert en Occident, où peuvent être goûtées toutes les délices offertes par la nouvelle civilisation, festive, hédoniste, tolérante. Ce curieux récit est répété en boucle dans les bulletins d'information et les émissions culturelles et d'affaires publiques. C'est un nouveau genre de messianisme, libertarien et hédoniste.

Cette nouvelle façon de comprendre le Québec d'alors est l'œuvre d'à peine plus d'une centaine de Québécois. Pour imposer cette nouvelle interprétation, ils doivent s'arroger les places offertes par l'industrie culturelle, qui propose une culture de masse destinée au plus grand nombre. Tournée jadis en dérision par la gauche radicale, la culture de masse est réhabilitée. Elle devient l'outil par excellence du changement, du progrès et de la nécessaire modernisation de la société québécoise. Au Québec comme dans le reste de l'Occident, les anciens rebelles tiennent un discours qui sacralise le mouvement et le changement. En se faisant les chantres de la révolution technique, ils conservent l'aura révolutionnaire tout en gardant de bons rapports avec l'élite économique.

La nouvelle élite médiatique finit par comprendre qu'elle n'a pas à renoncer à sa rhétorique révolutionnaire, car le capitalisme n'est au fond ni conservateur ni autoritaire[2]. Son développement ne cherche pas à faire table rase du passé. Les soixante-huitards utilisent les médias pour défendre n'importe quelle posture modernisatrice, en matière d'économie et de technologie comme en matière de morale. Au pouvoir, ils prônent le *bougisme,* c'est-à-dire un idéal qui trouve son salut dans le mouvement perpétuel, dans l'évolution technique et marchande la plus rapide possible.

Ainsi, afin de justifier la montée fulgurante du capitalisme au

---

2. Jean-Claude Michéa, *L'Enseignement de l'ignorance*, Paris, Climats, 1999.

mépris des classes populaires, les médias de masse sont mobilisés pour modifier la perception du peuple. Jouant le jeu de l'élite, les médias s'emploient à souligner l'immobilisme, l'ignorance et le conservatisme des classes populaires. Le peuple est de plus en plus caricaturé : technologiquement dépassé, il est vu comme résistant par atavisme aux changements nécessaires pour moderniser le Québec.

Avant les années 1980, le mépris de l'élite est dirigé vers l'étranger, le fou, l'homosexuel ou le criminel. Obligée de battre sa coulpe pour son ancestrale étroitesse d'esprit, l'élite jette depuis son mépris sur une autre cible : le peuple. Celui-ci n'a plus la sympathie des censeurs qui sévissent dans les médias. Ses défenseurs, traqués, se font de plus en plus rares. Cela fait contraste avec les années 1960 et 1970. Les salles de rédaction des médias étaient alors noyautées par des gauchistes proches du monde ouvrier. Ces « vieux amis » semblent aujourd'hui avoir perdu la mémoire. Pourtant, le monde ouvrier de jadis n'a pas disparu. L'ensemble des petits salariés (les ouvriers et les employés peu qualifiés) compte près de 60 % de la main-d'œuvre active aujourd'hui.

Certaines vedettes ne maîtrisent cependant pas l'art de la caricature. La distance qui s'accroît entre l'élite et le peuple est donc aussi due en partie au fait que les médias font tranquillement disparaître celui-ci des écrans, des livres, des magazines ou de la musique populaire. Jusqu'à la fin des Trente Glorieuses, le cinéma, la chanson, le roman et le théâtre étaient des arts pratiqués par le peuple, où le peuple était représenté. Durant cette grande époque démocratique, le peuple était un acteur qui imposait le respect. On lui attribuait une certaine noblesse, du courage et des vertus importantes. Mais il disparaît de la culture avec l'arrivée des soixante-huitards dans les médias de masse, qui fournissent désormais d'autres personnages : la progéniture de la classe supérieure, les artistes angoissés, les rebelles, les désaxés, les drogués, les marginaux, les étrangers…

Pendant longtemps, la gauche a été attachée à la notion de culture populaire. Ses porte-parole plaidaient pour l'accession du plus grand nombre à l'éducation et aux arts. La culture était un bien universel et transmissible. Cette conception est rejetée dans les années 1970 parce qu'on la juge trop bourgeoise. L'éloignement du peuple tient aussi au fait que le milieu est de plus en plus fermé aux influences extérieures.

Le penchant aristocratique de l'élite québécoise est particulièrement évident dans le domaine culturel. Un principe réactionnaire y règne : l'hérédité. Cette nouvelle aristocratie sévit surtout dans certains secteurs où le manque de talent est plus facile à masquer : la télévision, le cinéma, la chanson populaire. (Au théâtre ou dans la musique classique, c'est autre chose : la rigueur et la virtuosité doivent être au rendez-vous. Les tricheurs peuvent moins recourir aux artifices de la technique pour camoufler leur médiocrité.) Les fils et filles à papa sont aussi légion dans le domaine du journalisme. Ils y sévissent d'ailleurs souvent dans la même publication que leurs parents. En politique, c'est différent, car il y a la sanction des électeurs, qui peuvent être intraitables.

C'est indéniablement dans le domaine du divertissement que les relations incestueuses sont les plus courantes. Une petite oligarchie a réussi, depuis les années 1980, à étendre ses tentacules. Devenus cadres ou producteurs, les anciens rebelles survalorisent les enfants de stars. Les critères de sélection changent. Qu'importe le talent ; ce qu'il faut, c'est un nom, un patronyme célèbre. Les productions québécoises, à la télé et au cinéma, sont ainsi encombrées de fils et filles de vedettes ou de semi-vedettes, bref, de gens qui ont un nom. Avec les années, le cercle des stars devient de plus en plus fermé[3].

Les membres de la génération X appartenant aux classes populaires sont lourdement défavorisés par cette évolution sociale durant les années 1980. Ils n'ont pas les contacts nécessaires pour se faire une niche dans cette filière professionnelle. Ils sont impuis-

---

3. En ce qui concerne les tendances aristocratiques de l'élite culturelle en France, elles sont analysées par Nathalie Heinich dans *L'Élite artiste*, Paris, Gallimard, 2006.

sants face à ce nouvel engouement à l'égard des héritiers. Les privilèges de ces derniers violent le principe de promotion méritocratique au fondement de la démocratie moderne. De nombreux jeunes acteurs sont écartés ou crèvent de faim, au profit des enfants de stars. Les diplômés des écoles d'art dramatique sont irrités par cette situation, mais préfèrent garder le silence, puisque critiquer serait suicidaire. En principe, il n'y a rien de condamnable à ce qu'un enfant emprunte la même carrière que son père ou sa mère. Comme dans tout, c'est l'ampleur du mouvement qui pose problème.

Cette fascination pour la descendance et la généalogie émane des pressions narcissiques de la société contemporaine. Dans son célèbre livre *La Culture du narcissisme*[4], Christopher Lasch distingue les trois forces qui travaillent la société dans le sens du narcissisme : la dépendance aux grandes organisations bureaucratiques ; l'omniprésence des experts et des thérapeutes dans la vie sociale ; le développement des médias de masse. Ce dernier facteur joue en faveur d'un effacement de la frontière entre le domaine privé et le domaine public. L'une des clés du succès des vedettes est précisément d'offrir aux médias de plus en plus de confessions, sur leurs parents, leurs enfants, leurs conjoints, leurs propriétés, leurs voyages, leurs fantasmes et leur vie quotidienne. Ainsi, le discours public est de plus en plus envahi par des propos qui relèvent normalement du domaine privé. Cette omniprésence des récits personnels finit par reléguer au second plan les débats de nature vraiment politique : la répartition de la richesse, les orientations de la politique nationale, les réformes touchant les institutions publiques, etc. En évacuant de plus en plus les enjeux collectifs, les médias finissent par cantonner l'individu dans le domaine privé, le dissuadant d'exercer ses fonctions civiques.

La grande différence entre les X et les premiers boomers, en ce qui concerne le narcissisme, est que les premiers ont fait face, au

---

4. Christopher Lasch, *La Culture du narcissisme*, Paris, Climats, 2000.

début de l'âge adulte, à des difficultés économiques et sociales qui ont lourdement affecté leurs fantasmes de prise de pouvoir. Collectivement, les X ont dû apprendre rapidement à cultiver le sens des limites. Ils ont dû admettre, parfois dans la douleur, l'idée que le monde n'existe pas seulement pour satisfaire les caprices de tout un chacun. En se penchant sur la production des X dans le domaine des arts, des sciences humaines et de la littérature, on note cette préoccupation par rapport au narcissisme. Dans leurs œuvres, plusieurs plaident pour l'établissement d'un sens des limites dans les différents domaines de la vie, l'économie comme la famille, la sexualité comme l'instruction.

À leur façon, avec les moyens dont elles disposent, les vedettes travaillent comme les thérapeutes à la dissolution de la vieille éthique bourgeoise. Elles discréditent sa gravité et sa lourdeur. Elles célèbrent la vie jour après jour comme étant une longue fête, compassionnelle et ludique. Elles aiment rappeler l'importance de la poursuite du bien-être et la primauté du corps sur l'esprit. Les X qui sont appelés à évoluer au sein de cette filière professionnelle doivent faire bien des efforts pour ne pas voir que leur propre vie et celle de la majorité du peuple ne ressemblent pas à une formidable fête.

19

Les juristes

Lorsqu'on observe la vie sociale sur une longue durée, au Canada, il est facile de déterminer la profession qui a acquis le plus grand prestige : c'est celle de juriste[1]. En effet, génération après génération, ce sont les juristes qui accaparent les meilleures places dans la pyramide sociale. Ce sont eux qui obtiennent l'influence, le prestige et la puissance dans la société canadienne. Lorsque les X viennent au monde, dans les années 1960, le droit ouvrier a la cote. Beaucoup de jeunes juristes de cette époque se lancent dans l'action sociale pour appuyer les combats de la classe ouvrière. Vingt ans plus tard, les débouchés ne sont plus les mêmes. En contexte de crise économique, les jeunes juristes peinent à exercer leur métier ; la concurrence est vive. Dans une société bureaucratisée, le droit se spécialise, se technocratise et finit par devenir assez souvent une technique au service des intérêts des plus puissants : les grandes corporations, les groupes de pression, les fondations et les syndicats.

Si le droit demeure une filière payante, s'y tailler une place n'est pas une mince affaire. La profession est encombrée durant les années 1980. Les jeunes diplômés de la génération X qui veulent se joindre à un cabinet et s'y bâtir une clientèle doivent trimer dur et

---

1. Les juristes représentent un groupe plus large que les simples avocats : ils comprennent tous les diplômés en droit. Cela inclut donc les notaires, mais aussi les bacheliers en droit qui n'ont pas fait les examens pour être admis au Barreau ou à la Chambre des notaires.

placer au second plan leur vie intime. La simple obtention d'un stage est souvent laborieuse. Posséder des contacts dans les milieux juridiques, grâce à un parent, est déterminant dans le démarrage d'une carrière. Une jeune femme ou un jeune homme qui désire percer dans le milieu du droit doit se plier aux diktats des maîtres qui dirigent les cabinets. Jouer au bon soldat est payant, mais aussi exigeant.

La Charte canadienne des droits et libertés donne cependant un nouvel élan à la profession, suite à la réforme constitutionnelle de 1982. Même si cette réforme est contestée dans plusieurs milieux, il reste que la Charte devient un objet de fascination pour le public. Cette popularité des droits de la personne consolide la mainmise des juristes sur la société canadienne. Après presque trente ans d'existence, on doit noter que le document couronne de façon symbolique et politique une société où les clivages identitaires sont de plus en plus affirmés. Avant d'analyser les contradictions entre le discours chartiste et certaines tendances inquiétantes de la société canadienne, je vais rappeler ici des faits historiques importants pour qu'on comprenne bien la domination des juristes sur la structure du pouvoir au Canada.

Depuis les débuts de la démocratie parlementaire au Canada, les juristes représentent la guilde maîtresse, formant le groupe professionnel le plus prestigieux et le plus influent. Ils ne sont pas vraiment en compétition avec d'autres professions (médecins, marchands, agriculteurs). Ils occupent simplement toute la place. Ce constat traverse la littérature de l'époque, du rapport Durham aux articles des journalistes et aux essais des écrivains. Certains s'en réjouissent, d'autres le déplorent, mais le fait est là, indéniable. La naissance de la Confédération, en 1867, ne change rien à l'affaire. La domination des juristes se poursuit. Dans sa grande étude *The Vertical Mosaic,* le sociologue John Porter démontre que l'élite politique se compose surtout de juristes[2]. Cette profes-

---

2. John Porter, *The Vertical Mosaic,* Toronto, University of Toronto Press, 1965.

sion fournit les principaux ministres et premiers ministres fédéraux, les membres de la magistrature, les premiers ministres provinciaux. Ainsi, entre 1940 et 1960, au sein de l'élite politique, 64 % sont juristes ; 60 % des ministres fédéraux sont avocats, comme 42 % des premiers ministres provinciaux.

Le même constat vaut pour la scène provinciale. Par exemple, dans l'arène politique québécoise, la mainmise des avocats est légèrement inférieure à ce qui prévaut au fédéral. Mais il y a mainmise quand même. La présence des avocats dans l'ensemble du corps parlementaire a légèrement diminué depuis les années 1970, mais le poids des juristes s'affirme fermement au sein du pouvoir exécutif, là où les vraies affaires se discutent et se décident. Que ce soit au Conseil des ministres du Québec ou à celui d'Ottawa, les juristes en mènent large[3]. Ainsi, entre 1867 et 1982, les conseils de ministres québécois sont composés en moyenne de 57 % d'avocats. L'omniprésence des avocats dans le personnel politique est double. D'un côté, ils sont surreprésentés à la Chambre basse par rapport aux autres métiers et professions. De l'autre, ils sont surreprésentés au Conseil exécutif par rapport à leur proportion au sein de la députation. En d'autres termes, si les juristes sont favorisés par rapport aux autres professions dans l'accès au Parlement, ils le sont encore plus par rapport aux autres parlementaires dans l'accès au pouvoir exécutif. Ils obtiennent plus facilement, et de loin, des postes ministériels, dont les plus importants. Ainsi, les juristes ont des possibilités de promotion accentuées, démesurées par rapport à celles des autres citoyens dans la société.

Ces données permettent de comprendre une logique centrale du pouvoir politique au Canada. Plus on s'approche du pouvoir réel (celui que détiennent les quelques proches du premier ministre), plus grande est la concentration de juristes. Cette domination entraîne de lourdes conséquences. En effet, si plus de la

---

3. Les données pour la période qui suit 1965 viennent de l'étude de Marc Chevrier, « Les juristes et la gouverne politique du Québec et du Canada », *Lex Electronica*, vol. 11, n° 3, 2007.

moitié des ministres qui composent le cabinet sont des juristes, au fédéral ou au provincial, comment pourrait-on espérer adopter des lois qui réduiraient le pouvoir et l'influence des avocats dans la société ?

D'autres indices donnent à penser que les juristes vampirisent le système politique. Premièrement, c'est le Parti libéral qui compte généralement le plus grand pourcentage de juristes dans ses rangs. La raison en est simple : c'est le parti qui a le plus longtemps formé le gouvernement au Canada depuis plus d'un siècle. Deuxièmement, lorsque ce parti perd le pouvoir, le pourcentage de juristes parmi la députation restante augmente, ce qui confirme le fait que les candidats juristes obtiennent en priorité les comtés sûrs. Troisièmement, les juristes sont moins dominants dans les autres partis, qui, on le sait, ont moins de chances de se faire élire. Pour faire une histoire courte, disons que plus on s'approche du pouvoir politique réel au Canada, plus on rencontre de juristes sur son chemin…

Le fait que la proportion de juristes à la Chambre basse a légèrement diminué depuis vingt ans est une tendance qu'il faut relativiser. Cette baisse traduit en fait un désintérêt pour une instance qui ne représente plus, comme avant, le vrai pouvoir. C'est un fait noté par à peu près tous les observateurs de la vie politique. Les députés ont perdu beaucoup de pouvoir et d'influence, au profit du Conseil des ministres, de la fonction publique, des tribunaux et des organisations politiques et économiques internationales.

* * *

Un jeune diplômé en droit qui sort de la Faculté à la fin des années 1980 doit savoir parler la novlangue de l'époque. C'est avec fierté que les jeunes juristes font la promotion dans la société d'un nouveau langage dont ils sont les gardiens : le langage des droits ou, pour le dire autrement, le chartisme. Ce dernier véhicule l'idée que le progrès social se fait par l'adoption de chartes des droits et, par conséquent, par le recours constant aux tribunaux. Le triomphe du langage des droits, depuis la fin des Trente Glorieuses, n'est pas sans conséquence sur l'évolution de la société. Il introduit une rupture radicale dans la façon dont on voit et comprend les rapports sociaux. Les X qui veulent réussir dans le domaine juridique ne peuvent rejeter cette nouvelle façon de comprendre la société. Le *droit-de-l'hommisme* fait faire à cette dernière de grands bonds en avant. Pourquoi se priverait-on de ce formidable instrument de progrès ?

Durant les Trente Glorieuses, la société se voyait avant tout comme une pyramide, chaque classe formant un étage. Suivant cette vision hiérarchique, le progrès résultait d'une réduction de l'écart entre chaque étage. Avec les avancées technologiques, on espérait qu'un jour les différences entre classes finiraient par s'effacer complètement. Le progrès social émanait donc d'un courageux combat, mené par le peuple au nom de la solidarité, pour obtenir des concessions de la classe supérieure. Avec la fin des Trente Glorieuses et la déconfiture du marxisme, l'analyse en termes de classes est abandonnée. La société n'est plus vue comme une pyramide où les membres des différents groupes cherchent à améliorer leur sort en passant aux étages supérieurs. Sous l'influence de la Charte, la société devient une agglomération de communautés qui vivent les unes à côté des autres. Les individus s'inscrivent, en d'autres termes, dans une communauté de communautés. Chacune possède sa propre culture et veille à la conserver. Aux États-Unis, par exemple, les politiques publiques sont structurées à partir de l'idée qu'il existe cinq grandes races officielles : blanche, noire, hispanique, asiatique et amérindienne[4]. Au Canada, en l'absence d'une tradition républicaine forte, les communautés reconnues sont plus nombreuses. Dans cette ancienne société coloniale, le mouvement du multicultura-

---

4. Michael Lind, *The Next American Nation*, New York, Free Press, 1995, p. 118.

lisme a trouvé un terrain encore plus accueillant. Non seulement la culture d'origine des communautés est tolérée, mais l'État fédéral veut la voir fleurir et l'encourage par de nombreuses et généreuses politiques.

Dans cette nouvelle vision de la société, chaque communauté est organique, dépourvue de clivages économiques. Lorsqu'on prend la peine de lire les écrits du mouvement multiculturel, les documents gouvernementaux, les thèses universitaires, la doctrine juridique ou les publicités des associations ethniques, on découvre avec étonnement que rien ne sépare vraiment le capitaliste noir du chômeur noir, le plombier gai de l'architecte gai. Les membres de ces communautés sont unis, solidaires, et partagent bien sûr le même imaginaire. Une fraternité culturelle soude les membres d'une communauté, indépendamment du statut social de chacun.

Après vingt-cinq ans de multiculturalisme appliqué, il n'est pas difficile de voir que le grand bénéficiaire de ce virage politique a été la classe supérieure. La conscience des classes, déjà faible au Canada, a été affaiblie davantage par la multiplication des communautés particularistes soutenues par le gouvernement fédéral. Les programmes de discrimination positive ne sont qu'une autre application de la règle classique des oligarchies : diviser pour mieux régner. En soutenant le clientélisme identitaire, la classe supérieure a réussi à acheter la paix sociale à un prix beaucoup plus avantageux que durant les Trente Glorieuses. La redistribution de la richesse pendant les années 1940, 1950 et 1960, des années de croissance économique, était en général favorable aux classes moyenne et inférieure. Le multiculturalisme a représenté une aubaine pour la classe supérieure. Au Canada comme aux États-Unis, cette dernière a adopté rapidement cette nouvelle forme de progressisme. C'est facile à comprendre : accorder quelques places dans les institutions publiques à des membres de minorités est résolument moins coûteux que poursuivre la politique inspirée du New Deal consistant à réduire les écarts de revenu entre les classes sociales. En cooptant subtilement les individus les plus talentueux et turbulents des minorités, la classe supérieure s'affranchit de l'obligation de protéger les petits salariés. Ce sont en effet les membres de la classe moyenne et de la classe inférieure de toutes origines qui ont perdu au change, sur pratiquement tous les plans : les salaires, les avantages sociaux, les droits syndicaux et, bien sûr, les heures hebdomadaires travaillées (puisqu'une famille de classe moyenne, aujourd'hui, doit travailler 50 % plus d'heures pour maintenir le niveau de vie d'il y a vingt-cinq ans). En arrivant sur le marché du travail au tournant des années 1980, la génération X fait les frais de cette tendance.

Pour opérer ce délicat virage politique, les juristes ont apporté une aide inestimable à la classe supérieure. Ils ont développé le langage des droits et présidé à son triomphe. Ce langage substitue astucieusement le souci pour les victimes de préjugés à l'ancien souci pour les petits salariés. Le langage de la solidarité ouvrière incitait jadis à se méfier de l'élite, par préoccupation pour les gens d'en bas et pour les besoins des familles. Le langage des droits, si cher aux juristes, effectue un renversement de perspective. Il condamne la discrimination exercée par le peuple contre les minorités. Dorénavant, l'oppression ne vient plus du haut de la pyramide sociale, mais des échelons inférieurs.

Le langage des droits, célébré au premier chef par les juristes, redéfinit le lien entre les citoyens et l'État. Il ne rend plus les individus responsables de leur destin. S'ils sont à plaindre, c'est qu'ils sont des victimes. Et s'ils sont des victimes, c'est à cause d'une oppression venant de la société tout entière, et non pas d'une classe dominante. S'ils veulent améliorer leur sort, c'est moins en agissant politiquement pour la solidarité qu'en revendiquant une réparation par la voie judiciaire qu'ils y parviendront. Le langage des droits finit ainsi par intimider le peuple comme acteur politique. Il finit également par affaiblir les individus qui, historiquement, étaient porteurs d'une autorité en vertu d'un statut reconnu socialement : le père, le professeur, le policier, l'élu.

Certes, les membres de la génération X qui ont accédé aux plus hautes fonctions politiques et économiques durant les années 1990 n'ont pas assumé le leadership dans ce virage de la société canadienne. Ils ont cependant compris qu'il fallait naviguer dans le sens du courant. Pour contourner le Mur avec succès, les jeunes juristes ont dû apprendre le langage des droits afin de profiter des occasions que fournissait le monde nouveau.

20

Les managers

Les managers, membres de la quatrième filière payante, se sont taillé une place de choix dans la société depuis un demi-siècle grâce au triomphe du capitalisme managérial. Durant les Trente Glorieuses, beaucoup d'entreprises conservaient une direction familiale. Avec l'accélération de la mondialisation, dans un très grand nombre de secteurs de l'économie, le capitalisme managérial a délogé le capitalisme familial. Qu'est-ce qui distingue ces deux courants ? Dans le vieux capitalisme familial, la propriété est entre les mains d'un entrepreneur et de sa famille. Cet entrepreneur contrôle le mode de financement et de propriété de l'entreprise, ainsi que l'organisation du travail. La bureaucratisation de l'économie, à mesure qu'elle s'intensifie, marginalise ce type de gestion et fait place au capitalisme managérial. Dans le cadre de celui-ci, les entreprises possèdent un statut juridique de sociétés par actions cotées en Bourse. Le divorce entre le droit de propriété et la gérance, caractéristique du capitalisme managérial, amène de grands changements. À la tête des entreprises, les propriétaires sont remplacés par les managers. En tant que directeurs salariés, ces derniers n'ont pas les mêmes intérêts ni la même vision que les entrepreneurs d'antan.

La révolution économique des années 1980 a accentué le renversement de la hiérarchie entre les managers et les propriétaires. Auparavant, les premiers restaient soumis aux seconds dans beaucoup d'entreprises. Avec cette révolution, ils deviennent le cœur de l'élite économique, qui se compose désormais de banquiers, de managers, de financiers et d'avocats. Tenant leur position de leurs titres scolaires et de leurs réalisations, ils reçoivent de bons salaires en plus de primes astronomiques. Cette nouvelle élite économique ne ressemble guère à la bourgeoisie qui régnait au XIXe siècle. Si elle partage son pouvoir au sommet de la pyramide sociale avec d'autres élites (culturelle, politique), c'est tout de même elle qui donne le ton. Parmi l'ensemble des professions, les plus lucratives et les plus prestigieuses sont celles qui se trouvent dans les grandes entreprises du secteur privé. Le prestige réel aujourd'hui, c'est d'être P.D.G. d'une entreprise qui figure au palmarès des 500 plus grandes sociétés du magazine *Fortune*, ou encore une star dans un grand cabinet juridique. Ainsi, le système capitaliste en Occident, à partir des années 1980, s'éloigne beaucoup des utopies libérales imaginées par John Locke et Adam Smith. Les positions stratégiques dans la grande entreprise ne sont pas détenues par des entrepreneurs ni des propriétaires, mais par des managers et des professionnels. Au Québec, dès les années 1960, les Guy Coulombe, Michel Bélanger, Claude Castonguay, Jean Campeau et Henri-Paul Rousseau se mettent à exercer plus d'influence sur l'évolution de l'économie que les Paul Desmarais, les Pierre Péladeau ou les Jean Coutu[1].

Les X qui aspirent à une carrière dans une grande entreprise privée doivent être à l'affût de ces tendances de l'économie nord-américaine. L'élite québécoise est tournée vers les États-Unis durant les années 1980. C'est l'âge d'or du « Québec inc. ». Les entrepreneurs et les managers québécois prétendent avoir perdu leur complexe d'infériorité face aux Anglais. Les jeunes Québécois adhèrent à ce discours et caressent l'ambition de réussir en affaires.

---

1. La montée des managers et plus largement des classes professionnelles au Québec est discutée par Jean Gould dans « La genèse catholique d'une modernisation bureaucratique », dans Stéphane Kelly (dir.), *Les idées mènent le Québec*, Québec, Presses de l'Université Laval, 2003, p. 145-174.

Ils se voient comme des coureurs des bois réincarnés. La meilleure voie pour devenir un manager redoutable, à cette époque, est de détenir un MBA[2]. En effet, les entreprises en Amérique du Nord s'emballent pour cette formation académique ; aujourd'hui, le P.D.G. typique l'a suivie. La direction des grandes entreprises a beaucoup changé depuis la Seconde Guerre mondiale. Pendant que le Japon, l'Allemagne, la Suède mènent la course à l'innovation technologique, les États-Unis et le Canada en mènent une tout autre : la course aux MBA.

Il vaut la peine de se pencher sur le cas des États-Unis, qui a servi de modèle pour l'élite économique québécoise. En effet, durant les années 1970 et 1980, les collèges et les universités de ce pays produisent un nombre prodigieux de MBA[3]. Ce mouvement coïncide avec l'érosion rapide de la base manufacturière de l'économie américaine. Dans les années 1950, période de grande prospérité pour la classe moyenne, on décernait 4 700 diplômes de génie avancé par année, contre 3 800 MBA. Dans les années 1970, les détenteurs d'un MBA déclassent les diplômés en génie avancé : 16 000 contre 3 600 par année. Dans les années 1980, cette tendance se confirme nettement. L'écart s'agrandit de façon exponentielle. Les écoles de gestion décernent 64 000 MBA par année, contre 20 000 diplômes en génie avancé.

Pour bien saisir ce qui stimule la productivité d'une nation, il faut comprendre ceci : les diplômés en génie avancé créent de nouvelles technologies et de nouveaux produits qui, en retour, mènent très souvent à la création de nouveaux emplois pour la classe moyenne. Les MBA, eux, font un travail qui mène surtout à la création de nouveaux produits financiers, lesquels, en retour,

---

2. La surestimation de la compétence des MBA est analysée par Henry Mintzberg dans *Des MBA, des vrais !*, Paris, Éditions de l'Organisation, 2005.

3. Donald L. Barlett & James B. Steele, *America: What Went Wrong ?*, Kansas City, Universal Press, 1992. Les statistiques sur les MBA aux États-Unis proviennent de cette étude.

mènent à la création d'un nombre très limité d'emplois qualifiés, à une grande quantité d'emplois de bureau peu rémunérés et, souvent, à une élimination d'emplois dans le secteur manufacturier. Au total, des années 1950 aux années 1980, le nombre de diplômés en génie avancé a augmenté de 326 %, soit une moyenne annuelle passant de 4 700 à 20 000. Durant la même période, le nombre de MBA a grimpé de 1 589 %, pour une moyenne annuelle passant de 3 800 à 64 000. Cette tendance américaine n'était pourtant pas inévitable. Le Japon a refusé de la suivre. En 1989, les universités japonaises ont diplômé 12 000 étudiants en génie avancé contre 1 000 MBA[4]. En somme, en Amérique du Nord, l'élite économique est devenue une petite oligarchie de MBA. Cette élite est passée maître dans les jeux d'argent, les astuces financières, les fusions et les acquisitions, au lieu de s'appliquer à créer et à produire des biens qui ont une valeur réelle et une utilité concrète[5].

Lorsqu'elle s'adresse aux gens ordinaires, par l'entremise des médias, cette élite aime bien vanter les vertus entrepreneuriales : l'audace, l'individualisme, le risque, la compétition. Dans les faits, le membre typique de l'establishment des affaires n'évolue pas dans un environnement où ces vertus sont nécessaires. Comme je l'ai dit plus haut, il n'est pas un entrepreneur, mais un manager à l'emploi d'une grande société. Cette dernière, il ne l'a pas créée et ne la possède pas. Le trait principal du capitalisme managérial en Amérique du Nord, aujourd'hui, est l'attribution de privilèges sans précédent aux managers professionnels, en

---

4. Le retard technologique et scientifique des États-Unis par rapport au Japon et à l'Allemagne est bien documenté dans deux livres d'Emmanuel Todd : *L'Illusion économique*, Paris, Gallimard, 1998 ; *Après l'empire*, Paris, Gallimard, 2002.

5. Dans plusieurs livres pénétrants, Kevin Philips a documenté le rôle néfaste joué par les managers et les financiers dans les déboires économiques des États-Unis depuis les années 1970. Voir *Bad Money, Reckless Finance, and the Global Crisis of American Capitalism*, New York, Viking, 2008.

particulier les P.D.G., qui possèdent la plupart des MBA. Comment les managers nord-américains obtiennent-ils leurs privilèges exorbitants ? Dans 80 % des entreprises américaines, le P.D.G. est aussi le président du conseil d'administration[6]. Par contraste, c'est le cas dans seulement 30 % des compagnies en Grande-Bretagne et 11 % des firmes au Japon. Et en Allemagne, cette pratique n'existe même pas. Dans la mesure où le conseil d'administration détermine le salaire du P.D.G., la proximité (ou l'amitié) avec le P.D.G. peut mener des directeurs à oublier leur allégeance aux actionnaires en lui accordant un salaire et des primes démesurés.

Dans la course aux brevets, les Américains font preuve d'une grande improductivité. En 1986, pour la première fois, une compagnie étrangère, Hitachi, obtient aux États-Unis plus de brevets que n'importe quelle autre compagnie américaine. Cette tendance s'accentue par la suite. En 1977, selon le United States Patent and Trademark Office, les dix compagnies qui reçoivent le plus grand nombre de brevets se partagent ainsi : sept sont américaines, trois sont étrangères. En 1989, les statistiques sont renversées : dans la course aux brevets, sur les dix meilleures, sept sont des compagnies étrangères, donc trois seulement sont américaines. En 1977, les deux tiers des brevets sont accordés à des compagnies américaines ; en 1989, ce n'est plus qu'un sur deux.

Dans les manuels de gestion, on écrit que le P.D.G. et ses directeurs doivent avoir à cœur les intérêts de leurs actionnaires. Ils sont leurs serviteurs. En réalité, les P.D.G. en Amérique du Nord représentent une oligarchie protégée. Cette dernière utilise son influence sur les gouvernants pour les faire réécrire les lois en sa faveur, et ainsi se protéger contre les dangers des marchés. Cette pratique est facilitée par la fragmentation légale des fédérations américaine et canadienne. Les entreprises américaines fonction-

---

6. Michael T. Jacobs, *Short-Term America: The Causes and Cures of Our Business Myopia*, Boston, Harvard Business School Press, 1991.

nent en Amérique du Nord sous les régimes juridiques de cinquante États et de dix provinces. Dans plusieurs d'entre eux, les managers ont obtenu des assouplissements à la loi sur la gouvernance, qui les protègent non seulement contre les prises de contrôle hostiles, mais aussi contre des poursuites qui seraient intentées par leurs propres actionnaires. En Amérique du Nord, une entreprise moyenne dépense entre un et deux millions de dollars par année en assurances, seulement pour protéger ses directeurs et ses gestionnaires contre des poursuites judiciaires engagées par ses actionnaires. Les P.D.G. bénéficient ainsi de privilèges qui sont indépendants de leur performance.

Depuis les années 1980, un grand fossé s'est créé entre, d'un côté, les petits salariés et, de l'autre, les professionnels[7]. Ce fossé apparaît encore plus large lorsqu'on observe l'évolution des revenus des P.D.G. Les États-Unis semblent être un paradis pour les cadres supérieurs. En effet, le P.D.G. moyen aux États-Unis fait quatre fois le revenu du P.D.G. allemand et huit fois le revenu de celui du Japon. Si on regarde maintenant l'écart avec les petits salariés, les données sont saisissantes : au Japon, le P.D.G. gagne 17 fois plus que le petit salarié; en Grande-Bretagne, il gagne 35 fois plus ; aux États-Unis, le P.D.G. fait 105 fois plus.

Ces renseignements donnent une petite idée des divisions qui sont en train de naître en Occident entre la classe des professionnels et celle des petits salariés. Cette division se manifeste avec plus de gravité aussi au sein de la génération X et des cohortes qui suivent. Avant les années 1980, l'État-providence réduisait avec un certain succès les disparités au sein d'une même génération. Ce n'est plus le cas aujourd'hui. Les mécanismes de l'État-providence peinent à diminuer les écarts de revenu entre ceux qui évoluent dans une filière payante et les autres, qui peinent laborieusement dans une filière de second ordre. Au Québec, à partir des

---

7. Sur le conflit grandissant entre les petits salariés et les professionnels, il faut consulter Michael Lind, *The Next American Nation*, New York, Free Press, 1995.

années 1980, les ratés de l'école publique viennent encourager les familles de la classe supérieure à envoyer leurs enfants dans le réseau des écoles privées, qui offre toutes sortes de formations enrichies et spéciales, comme l'école internationale. Ces formations facilitent encore plus l'accès de ces enfants privilégiés aux postes de managers et, plus largement, au monde des professionnels. Ces enfants apprennent dès l'école secondaire à devenir des mondiaux performants. Les contacts de ces familles avec le milieu des grandes entreprises finissent par leur assurer une place dans les filières payantes.

* * *

Le survol de ces quatre filières payantes appelle quelques remarques quant au destin des X et, plus largement, à celui de la société québécoise. Ces remarques doivent être lues surtout comme des hypothèses.

Premièrement, le survol des quatre guildes prestigieuses suggère un fait surprenant. L'histoire nationale québécoise a souvent été marquée par une méfiance face au modèle américain. Ce qui est étonnant, ce n'est pas que le Québec ait fini par abandonner cette méfiance, mais plutôt qu'il l'ait fait au moment où les États-Unis sont entrés en crise et ont glissé sur la pente de la régression sociale. Cette régression, qui touche des millions d'Américains, a effectivement commencé dans les années 1980.

Les premiers boomers ont sans doute une part de responsabilité dans ce tournant idéologique de la société québécoise[8]. Il se pourrait qu'ils aient été pris d'un certain sentiment de culpabilité face à ce qu'ils voyaient comme des erreurs de jeunesse (notam-

---

8. La montée d'un courant de sympathie face au modèle américain a été analysée par Joseph Yvon Thériault dans *Critique de l'américanité. Mémoire et démocratie au Québec,* Montréal, Québec/Amérique, 2002.

ment dans l'aventure felquiste ou marxiste[9]). Cette hypothèse a du sens, mais elle n'explique pas tout. Beaucoup de premiers boomers n'ont jamais cessé de critiquer le modèle américain. L'attrait pour ce modèle est probablement plus le fait des couches sociales supérieures de cette génération. Ce sont surtout les décideurs qui ont fait pencher la balance. Sur le plan fiscal, il était nettement avantageux pour eux que le Québec s'inspire des pratiques étatsuniennes.

L'ouverture du Québec au modèle américain représente aussi, plus largement, une adhésion au mouvement de mondialisation des marchés. Les quatre filières payantes décrites dans cette section ont montré un net enthousiasme face à ce mouvement. C'est logique, car, comme groupe, leurs membres étaient à l'abri de la concurrence de la main-d'œuvre des autres pays. Il est en effet très difficile pour un immigrant de se tailler une place dans l'une de ces quatre filières[10]. Si les thérapeutes, les vedettes, les juristes et les managers avaient été en concurrence avec les travailleurs des autres pays, il y a fort à parier que la mobilité de cette main-d'œuvre aurait été restreinte. Ce sont les petits salariés qui ont fait les frais de la mondialisation. Malheureusement, pour ces derniers, la mondialisation réduit le champ des occasions professionnelles et restreint ainsi l'espace nécessaire pour contourner le Mur. La mondialisation, dans les faits, ne leur ouvre pas le monde, mais les condamne à l'immobilité et à l'échec. En prenant le virage de la mondialisation, il y a vingt-cinq ans, le Québec a accentué le pouvoir des managers sur nos vies. Contrairement aux anciens entre-

---

9. C'est l'interprétation que fait Élisabeth Lévy de l'américanophilie et de la conversion au libéralisme des ex-soixante-huitards. *Les Maîtres Censeurs*, Paris, JC Lattès, 2004.

10. Les diplômes obtenus dans d'autres pays sont rarement reconnus par les ordres professionnels qui octroient les titres aux thérapeutes, aux juristes et aux managers québécois. Les vedettes, elles, n'ont pas besoin de telles clôtures. Les codes culturels qu'elles manipulent sont difficilement accessibles à un individu qui vient d'immigrer.

preneurs, ceux-ci ne prônent pas une obéissance aux valeurs anciennes. Ils ne sont ni conservateurs ni réactionnaires. Ils sont progressistes. Ils veulent repousser toutes les limites et toutes les frontières qui représentent des obstacles à la croissance et à l'exploitation du capital. En ce sens, leur vision du monde converge avec celle des thérapeutes, et même celle des vedettes : ils cherchent à créer un monde neuf, en rupture avec le passé, où aucun vestige de la civilisation prémoderne ne subsisterait.

V
La lutte pour la survie

21

La fin du monde : héros, victimes, survivants

Durant les années 1990, à une chaîne de télévision peu réputée pour son bon goût, une émission a marqué l'imaginaire québécois. Chaque soir de la semaine, à TQS, le comédien Marc Labrèche animait *La fin du monde est à sept heures*. L'émission s'ouvrait sur une chanson étonnante, écrite et chantée par Jean Leloup, racontant la recherche candide de dignité et de bonheur des gens ordinaires à l'approche de la fin de l'humanité. À cause de sa proximité avec l'humeur de la génération X, il vaut la peine de citer ici quelques vers de cette chanson : « La fin du monde est à sept heures / Annonçait le téléviseur [...] / On voit les signes avant-coureurs / Les voisins ne se parlent plus / On ne rigole plus dans la rue / Les gens ne font que travailler / Ils sont chanceux et occupés / Le samedi, ils magasinent / Avez-vous vu leur triste mine / Transportant leur progéniture / Dans un landau dans la voiture / Leur temps est désormais compté / Ils sont chanceux et occupés[1] ».

Lorsqu'ils se remémorent la sortie de leur adolescence et leur entrée dans la vie adulte, de nombreux X évoquent le thème de la survie. On qualifie également leur parcours de traversée du désert. Dans les années 1980 et 1990, il n'est pas rare d'entendre des X

---

1. Jean Leloup, *La fin du monde est à sept heures*, dans *Je joue de la guitare. 1985-2003*, Montréal, Audiogram, 2005.

s'adresser la parole de la façon suivante : « Hé, toi ! Comment tu survis ? » Résumer son existence à la simple survie physique ou financière réduit singulièrement la richesse de l'expérience humaine. Pourtant, le sens de la vie, pour les X, se décline largement en termes de survie. Ils sont nombreux à simplement chercher à satisfaire leurs besoins les plus élémentaires, en repoussant à plus tard la réalisation d'autres projets normaux pour un jeune adulte : s'établir avec l'élu de son cœur, avoir un enfant, acquérir une propriété, planifier une modeste semaine de vacances…

L'imaginaire de la survie, qui s'impose durant les années 1980, recèle cependant d'autres significations. Vague et polysémique, cette rhétorique apparaît subtilement dès la décennie précédente dans les débats sociaux. Une avalanche de livres décrivant la lutte pour la survie atterrit sur les rayons des bibliothèques : la crise écologique de la planète, l'imminence d'une guerre nucléaire, l'existence des camps de concentration, la survie en milieu de travail ou dans le couple, la crise de l'autorité à l'école ou dans la famille… La lutte pour la survie est aussi évoquée pour décrire le combat des malades aux prises avec le cancer, celui des alcooliques ou des drogués. Enfin, de façon plus générale, la lutte pour la survie est évoquée pour désigner le mal de vivre dans les sociétés de l'Occident avancé. La recherche laborieuse d'un équilibre psychique vital caractérise ainsi la montée de l'homme psychologique et du narcissisme contemporain.

Si la lutte des X pour la survie possède avant tout un sens étroitement darwiniste, il reste que les diverses significations associées à cette notion influencent la manière dont ils perçoivent les épreuves, les obstacles et les pressions de leur milieu. Revenons un instant sur la popularisation de cette notion, car elle a un impact sur la façon dont les X évaluent leurs forces durant les années 1980.

De façon surprenante, c'est la hantise du totalitarisme, des camps de concentration et des génocides qui joue le plus lourdement dans la popularisation d'un imaginaire de la survie. En 1973, le dissident russe Alexandre Soljenitsyne publie *L'Archipel du gou-*

lag. Ce livre envoie une onde de choc dans le monde entier en révélant l'horreur de l'univers concentrationnaire. Dans le monde intellectuel et politique, il réanime un questionnement sur les formes totalitaires de domination. Une fascination pour les victimes se développe et finit par gagner l'ensemble du monde politique. Une doctrine humanitaire prend naissance, avec pour thème central la lutte des victimes pour la survie[2].

De nouvelles métaphores de la vie moderne, suggestives et fortes, envahissent l'esprit du public : la terreur, les camps, les génocides. Dans des œuvres marquantes, des intellectuels montrent que l'Occident est aussi la proie de formes douces de totalitarisme, par le biais de ses grandes institutions : les prisons, les écoles, les asiles et les hôpitaux[3]. Suivant leurs analyses, ces institutions seraient des lieux de contrôle social et d'enfermement : des camps de concentration en miniature. Le sens de la vie prend donc, dans ce contexte, la forme d'une lutte pour la survie au quotidien face à des pressions et à des agressions subtilement exercées par le milieu. Tous les groupes qui vivent une discrimination ou qui ont subi une persécution par le passé sont invités à se définir comme des victimes et à lutter pour leur survie : les juifs, les femmes, les Amérindiens, les Noirs, les homosexuels, les immigrants, les prisonniers, etc.

Le thème de la survie sert aussi à rappeler que l'humanité a péniblement résisté à de sombres périodes, échappant *in extremis* à la folie meurtrière de Hitler, de Staline ou de Mao. Bien que marqué par un progrès fulgurant, le XXe siècle est témoin de catastrophes sans précédent. En tant qu'humains, nous serions tous des survivants. Différents courants de pensée en vogue dans les années 1970 accréditent ce sentiment : l'existentialisme, le

---

2. Pour une discussion nuancée sur la doctrine humanitaire, consulter David Rieff, *L'Humanitaire en crise*, Paris, La Plume d'argile, 2004.
3. Consulter Michel Foucault, *Surveiller et Punir*, Paris, Gallimard, 1975 ; et Erving Goffman, *Asiles. Études sur la condition sociale des malades mentaux et autres reclus*, Paris, Éditions de Minuit, 1979.

marxisme et la phénoménologie, notamment. Si la vie ne vaut pas la peine d'être vécue, il ne reste plus qu'à *persister*.

La lutte pour la survie devient un thème si puissant et fascinant qu'il persuade des millions d'humains qu'ils sont soit des survivants, soit des victimes, ou encore les deux. Ceux-là ont acquis l'intime conviction qu'ils sont quotidiennement exposés à une persécution réelle ou potentielle. Les médias alimentent chaque jour ce sentiment en faisant état d'un lot d'événements qui sont définis comme des catastrophes et des crises. Cet imaginaire de la survie donne à la victime une supériorité morale dans la société, puisqu'elle possède une connaissance intime de la persécution. Conscients que les larmes vendent plus que les exercices cérébraux, les médias entretiennent cet imaginaire.

Lorsque les X arrivent à l'âge adulte, leur façon de voir l'avenir est inconsciemment influencée par cette rhétorique. Évidemment, c'est la lutte pour la survie financière qui devient le souci principal des membres de cette génération. Il reste que les autres significations accordées au thème de la survie induisent le sens que les X donnent à leur destin. Ainsi, l'un des effets les plus durables de cet imaginaire de la survie est de négliger tout le potentiel de l'action politique et de nourrir bien peu d'espoir en cette dernière. L'homme est perçu comme un animal qui lutte pour préserver son intégrité physique. C'est par de petits gestes quotidiens, défensifs, prudents, que l'individu réussit à rester en vie. Absorbé par sa propre survie, il oublie les préoccupations plus nobles. Il n'est pas utile de lutter pour un idéal. Aucune cause ne mérite qu'on y consacre ou qu'on y laisse sa vie. La lutte pour la survie discrédite toute forme d'héroïsme. Le cinéma américain exprime cette idée à partir de la fin des années 1970 dans plusieurs films sur la guerre du Vietnam, qui suggèrent que, dans un monde qui a inventé la guerre technologique et l'extermination de masse, l'ancien code de combat est risible. La dignité de la mort au service d'une cause noble perd de sa pertinence. Aussi, se disputer sur le sens de la loyauté et de la traîtrise n'a plus de valeur. Ce sont les petits gestes du quotidien qui livrent le sens de la vie et, en corollaire, de la survie. En entrant dans les années 1980, la société est confortée dans sa conviction que les héros ne survivent pas. La défense des idéaux est ridicule et souvent dangereuse. À la limite, elle est prônée par des malades mentaux. L'air du temps, hostile à l'héroïsme, façonne l'attitude des X face aux enjeux collectifs.

On peut discerner deux attitudes typiques des X face à l'idée que l'humanité est engagée dans une lutte pour la survie. La première attitude est celle du survivant résigné. Elle s'est cristallisée chez beaucoup de X à la suite de longues années d'adaptation routinière. Pragmatique, terre à terre, ce type d'indivudu n'a comme horizon que le combat quotidien pour sa survie. Il sait que des menaces planent sur le monde, mais il pense que des obstacles insurmontables l'empêchent d'intervenir sur le cours des choses. Il refuse de se projeter dans l'avenir pour s'éviter des soucis qui pourraient surgir d'une anticipation pessimiste du destin collectif. Les nombreuses épreuves qu'il rencontre au quotidien l'attachent plutôt à des choses simples, comme les commodités offertes par la société de consommation. Il cherche à en jouir simplement, sans nourrir un sentiment de culpabilité trop important, étant donné que la vie quotidienne est à la limite du supportable. Comme des milliards d'humains, il ne cherche qu'à passer au travers de sa journée, à gagner sa vie dignement, et à goûter à d'éphémères moments de bonheur et de répit.

Le survivant apocalyptique, lui, embrasse une vision du monde radicale, en réponse aux menaces qui l'assaillent. À ses yeux, l'imminence de la fin du monde ne fait pas de doute. Pour éviter de sombrer dans le désespoir, il nourrit une espérance fondée sur un réveil collectif. Il a le sentiment de vivre une époque charnière dans l'histoire de l'humanité, où chaque geste compte. La survie implique donc un engagement moral quotidien de tous les individus. Le survivant apocalyptique méprise les biens matériels, en particulier ceux qui sont fabriqués en série et commercialisés par les grandes multinationales. Il adopte une attitude semblable face à l'ensemble de la culture populaire, qu'il juge responsable de l'« inconscience des masses » et, par conséquent, du péril de la planète. Cet individu adhère à un programme dictant ses moindres gestes au quotidien. Dans le but d'atteindre des niveaux supérieurs de conscience, il trouve son équilibre dans les religions exotiques, la méditation et les pratiques alternatives.

Entre les deux attitudes de survivant, c'est la première qui est dominante dans la génération X. On a vu plus tôt que l'adaptation à une société anomique en pousse beaucoup à adopter un profil de routinier. Scepticisme, ironie et résignation marquent la conduite de la majorité des membres de cette génération. Devenir un survivant résigné colle nettement plus à la psychologie du X, qui juge voués à l'échec les sermons du survivant apocalyptique visant à changer le monde. En retour, le survivant apocalyptique méprise la recherche de confort de son vis-à-vis résigné.

Par contre, au-delà de leurs différences et de leurs divergences, ces deux types de X jugent stérile l'engagement dans la politique institutionnelle. Cette tiédeur face au monde de la politique ne les dissuade toutefois pas d'imaginer un monde meilleur. Dès les années 1960, des utopies collectives naissent en réponse à ce désir de survie : le rêve de colonisation de l'espace (l'*astronautisme*), la lutte pour la paix (le pacifisme) et la lutte pour la survie de la Terre (l'écologisme). Dans le no man's land politique des années 1980, ce sont des utopies collectives apolitiques qui influencent l'imaginaire des X. C'est ce que je vais analyser dans les prochains chapitres en me penchant sur ces trois utopies.

22

Narcisse dans l'espace

Pendant des générations, dans le monde chrétien, enfants et adultes ont levé les yeux au ciel, rêvant d'un monde meilleur. Le déclin du christianisme, pourrait-on penser, aurait dû porter notre regard ailleurs. Pourtant, ce n'est pas le cas. La génération X ne détournera pas les yeux du firmament. Dès le tournant des années 1960, la révolution technique amène en effet l'idée que le sort de l'humanité se joue au-dessus de nos têtes.

En 1957, les Soviétiques ont marqué l'histoire du XXe siècle en lançant avec succès un satellite dans l'espace. Spoutnik a gravité autour de la Terre, obéissant aux mêmes lois que d'autres astres : le Soleil, la Lune, les étoiles. La réaction immédiate dans la presse a popularisé une expression célèbre : « le premier pas vers l'évasion de l'homme hors de la prison terrestre ». La vie sur terre était ainsi associée à un emprisonnement, idée qui prendra par la suite plusieurs formes. Le désir de s'affranchir d'une nature tyrannique sous-tendra plusieurs progrès du monde technique, scientifique et médical. Des scientifiques s'activeront à créer une intelligence artificielle, à concevoir des bébés en éprouvettes ou à prolonger la vie au-delà d'un siècle. L'aventure spatiale apparaît comme une autre révolte contre les limites de l'existence telle que nous la connaissions depuis des siècles.

Au début des années 1970, si peu de films sont offerts aux enfants qu'aller au cinéma est un événement rare. On se paye ce grand luxe une fois par année seulement dans la plupart des familles. En 1971, c'est un curieux film qui prend l'affiche dans tous les cinémas de la province. Produit par Bernard Gosselin, *Le Martien de Noël* met en vedette Marcel Sabourin. Ce film enchante les enfants québécois. On a habitué le public au traditionnel père Noël, à l'approche du temps des fêtes. Voilà que le cinéma québécois présente un personnage plus pittoresque, venu lui aussi du ciel.

En délaissant les églises, la génération X trouve une nouvelle source d'enchantement dans les produits de la culture de masse qui évoquent le ciel. En effet, dès l'enfance, cette génération est exposée à des intrigues dont l'espace est le thème principal. La bande dessinée *On a marché sur la Lune* de Hergé est publiée, la télévision diffuse *Perdus dans l'espace* et *Star Trek*. Enfin, le cinéma produit la trilogie culte *Star Wars*. Du côté de la musique populaire, Pink Floyd lance une révolution musicale avec son chef-d'œuvre *Dark Side of the Moon*, pendant que David Bowie relate la vie d'un curieux cosmonaute, Major Tom, dans l'album *Space Oddity* et la chanson *Ashes to Ashes*. Avec une telle production culturelle, comment la génération X peut-elle ne pas conclure que l'avenir de l'humanité dépend des prouesses des aventuriers de l'espace ?

Mais ce réenchantement des enfants appartenant à la génération X par le récit de la colonisation de l'espace présente rapidement une face inquiétante. Si nous étions en mesure de nous évader de la Terre, peut-être que d'autres espèces, ailleurs dans l'univers, seraient également en mesure de traverser les galaxies et de venir sur notre planète. Ici aussi, la science-fiction finira par nourrir nos angoisses et nos appréhensions. *Le Martien de Noël* était sympathique, bon enfant, inoffensif. D'autres productions culturelles sont cependant plus terrifiantes. La plus célèbre est diffusée en 1967 aux États-Unis par la chaîne ABC : *Les Envahisseurs*. Cette série est rapidement traduite en français et diffusée dans le monde francophone. Elle met en scène un Américain qui est témoin de l'atterrissage d'une soucoupe volante dans un coin reculé de l'Amérique. Ces envahisseurs ont une apparence humaine. Dans les différents épisodes, qui s'étalent sur deux ans, le protagoniste cherche à convaincre ses concitoyens que le cauchemar de l'humanité vient de commencer.

* * *

Étant donné les problèmes plus prosaïques vécus par l'humanité à cette époque, l'intérêt pour l'espace n'est-il pas finalement une fuite en avant ? C'est la question que pose Philippe, le personnage principal du film *La Face cachée de la lune* de Robert Lepage[1], qui explore avec intelligence plusieurs dilemmes moraux et sociaux chers à la génération X.

Le film met en scène la relation de deux frères, à la suite de la mort de leur mère. Philippe, un éternel thésard, est déprimé, affligé par la pesanteur de l'existence. André est un annonceur de météo, cassant et suffisant. Les deux frères incarnent bien les deux destins de la génération X. Le premier est un local qui n'a jamais voyagé, qui ne réussit rien de ce qu'il entreprend et qui, conscient de ses limites, envisage avec résignation son triste destin. Le second est un mondial qui a compris que le narcissisme est la voie royale pour se faire une place au soleil[2]. Il est léger, affranchi de toutes les limites qui peuvent entraver sa réussite et son bien-être.

Gagnant sa vie péniblement dans un centre d'appels, Philippe cherche sans succès à faire accepter sa thèse de doctorat. Cette dernière explore le travail d'un penseur russe, Constantine Tsiolkovsky, pionnier du projet soviétique de conquête de l'espace. Selon Philippe, ce savant aurait été le premier à prédire qu'un jour l'homme pourrait marcher sur la Lune et y vivre en état d'apesan-

---

1. Robert Lepage, *La Face cachée de la lune,* Montréal, Alliance Atlantis Vivafilm, 2004.
2. La mondialisation introduit dans les sociétés un clivage entre « locaux » et « mondiaux ». Voir Zygmunt Bauman, *Le Coût humain de la mondialisation*, Paris, Hachette, 1999.

teur. Pour le célèbre penseur russe, l'espace serait « le refuge idéal de ceux pour qui l'existence est lourde ». Cette phrase clé est centrale dans le propos du cinéaste. Dans une séquence, on voit Philippe assis dans un lavoir, profondément méditatif, l'expression lourde et grave. Son visage est ensuite vu à travers la vitre d'une machine à laver, qui se transforme en un hublot de navette spatiale. Affligé par ses échecs, Philippe est en effet souvent dans la lune.

Selon ce personnage, la grande maladie de notre époque est le narcissisme. Un échange tendu entre lui et sa patronne au centre d'appels en donne une définition.

> Philippe : Vous en avez une, famille, vous aussi ?
> La patronne : Non, j'ai deux chiens.
> Philippe : Vous êtes mariée ?
> La patronne : Non.
> Philippe : Pourquoi ? Ça ne vous a jamais intéressée, d'élever une famille ?
> La patronne : Non, j'aime mieux les chiens. Un chien, à trois mois, c'est propre. Puis à dix ans, c'est mort. T'es bien pressé de partir !
> Philippe : C'est parce que j'ai une présentation de thèse, moi.
> La patronne : Une présentation de thèse ? Une thèse sur quoi ?
> Philippe : Le narcissisme.

Après cet échange, Philippe se rend à l'université, où il doit soutenir sa thèse. Durant son exposé, il cherche à montrer que la pulsion narcissique se dissimule derrière les différents projets d'exploration de l'espace : « La théorie que je défends cet après-midi pour l'obtention de mon doctorat tente de démontrer que les programmes d'exploration spatiale du XXe siècle ont été motivés par le narcissisme. » Plus loin dans le film, on s'aperçoit que, pour Philippe, André est l'incarnation même du narcissisme. Ce dernier reproche à Philippe ses échecs et lui suggère de façon condescendante de changer d'attitude. L'échange est intéressant, car il révèle le sentiment de supériorité du mondial sur le local. Pour le voyageur, le succès se mesure en espèces sonnantes. Afin de l'aider à sortir de la pauvreté, André recommande à son frère une dame qui se prétend « médium financier ». Comme une cartomancienne, elle lit dans les portefeuilles. Cela permet de vérifier si un individu respecte l'argent. Si on respecte l'argent, on réussit dans la vie.

> Si tu respectes pas l'argent, l'argent va pas te respecter, lui. Elle regarde la qualité de ton portefeuille : est-ce que c'est du cuir véritable ? une cuirette ? Est-ce qu'il est abîmé ? Est-ce que les 5 sont avec les 5, les 10 avec les 10, les 20 avec les 20 ? Puis ensuite, elle t'aide à te débarrasser de tous les trucs que tu sais que tu trimballes dans ton portefeuille que t'as pas vraiment besoin pour t'aider à faire de la place pour de la nouvelle argent ! Parce qu'elle, elle croit que l'argent, c'est comme un visiteur, OK ? Si ça se sent pas bienvenu quelque part, ça reste pas, tabarnak !

La suite de l'entretien est désopilante. Au grand désarroi d'André, Philippe confesse qu'il n'a pas de portefeuille, pas d'argent, pas de carte de crédit ! Un beau jour, cependant, la vie de Philippe prend un virage inattendu. Il reçoit une lettre annonçant une bonne nouvelle : il est invité à prononcer une conférence en Russie en compagnie de sommités internationales. Le thésard y fait la rencontre d'un des cosmonautes les plus célèbres, Alexei Leonov, homme qu'il admire beaucoup. Il discute avec lui de sa thèse sur le narcissisme, jouant l'avocat du diable avec lui-même. Depuis le début de l'humanité, l'homme cherche partout des miroirs pour se contempler. Mais peut-être, concède-t-il, ne le fait-il pas uniquement par narcissisme : « Il le fait par envie de se connaître. Et si cette envie n'existait pas, il n'y aurait pas la science, il n'y aurait pas les arts, pour nous montrer à la fois nos vertus et nos défauts, nos blessures physiques et nos blessures d'amour-propre. »

À la toute fin du film, Philippe trouve des raisons de renoncer à son amertume. À temps perdu, il avait tourné un petit film documentaire destiné à un concours organisé par la NASA. Dans un grand appel au public, l'agence s'engageait à envoyer dans l'espace des messages destinés aux autres habitants de l'univers. À la fin de son séjour en Russie, dans sa chambre d'hôtel, il apprend de son frère au téléphone que son message a finalement été retenu par le prestigieux comité de scientifiques parrainé par la NASA. Il sera donc lu dans tout le cosmos. Dans la scène finale, on voit Philippe attendre sur un banc à l'aéroport de Moscou avant de s'envoler dans les airs, en apesanteur. Sa vie est à jamais changée. Admis dans le cercle des mondiaux, il peut enfin composer avec la légèreté du monde contemporain.

En apprenant que le film de son frère a été primé, l'attitude d'André change complètement. Il voit maintenant Philippe d'un autre œil, avec un mélange d'envie et d'admiration. Lepage montre que la seule façon pour un local d'être estimé par un mondial comme André, c'est d'être aussi consacré membre de la *world class*. En s'envolant dans les airs, en apesanteur, Philippe rejoint ceux qui croient qu'on peut s'affranchir de la lourdeur du monde et du fardeau de la condition humaine. Le cinéaste insinue peut-être que personne n'est à l'abri de la tentation narcissique. *La Face cachée de la lune* met ainsi en contraste les deux principales trajectoires qui attendaient les X dans les années 1980 et 1990. Le premier destin, celui d'André, est celui d'un mondial, en proie à la tentation narcissique. Le second destin, celui de Philippe, est celui d'un local, en proie à la tentation dépressive. Le premier destin mène à la célébration de la perte de l'idéal et à la conviction que les seules valeurs sont celles qui se mesurent en espèces sonnantes. Le second destin mène à un deuil léthargique de l'idéal. Le local n'a pas foi en l'avenir et finit même par douter de ses chances de réussir quoi que ce soit dans la vie. Parce qu'il est plus souvent renvoyé à ses propres échecs, parce qu'il est une victime de la logique du mouvement, le local possède un sens des limites plus aigu que le mondial.

23
Les guerriers de l'amour

Dans les années 1980, certains analystes ont interprété la tiédeur des X face à la politique institutionnelle comme un déplacement d'intérêt. Sur la base de sondages d'opinion, ils affirmaient que cette génération avait simplement tourné le dos à la politique nationale pour s'intéresser à des enjeux internationaux, en s'engageant dans des organisations humanitaires comme Greenpeace, Amnistie internationale, Médecins sans frontières ou Développement et Paix. Cette explication mérite d'être explorée. Elle a certes des accents de vérité, mais elle n'est pas pleinement convaincante.

Parmi les enjeux internationaux, le mouvement pour la paix est un de ceux qui marquent le plus les consciences durant les années 1980. La présidence de Ronald Reagan aux États-Unis constitue l'apogée de la course à l'armement à laquelle se livrent les États-Unis et l'Union soviétique. Des scénarios apocalyptiques suggérant une éventuelle guerre nucléaire sont présentés au grand public dans des essais, des reportages, des romans, des films, des chansons et des vidéoclips. Les organisations pacifistes profitent de cette manne pour dramatiser la situation et éveiller les consciences. À leurs yeux, la paix entre les nations est un impératif lorsqu'on a vraiment à cœur la survie de l'humanité. Si les pacifistes québécois ne réussissent pas durant les 1980 à rallier des masses, ils organisent néanmoins quelques manifestations impressionnantes dans les rues. D'un côté, les anciens marxistes s'animent pour lancer de nouveaux mouvements, plus modestes, visant à empêcher l'irréparable de se produire. De l'autre, de jeunes militants de la génération X découvrent les plaisirs du militantisme en se joignant aux vétérans des luttes sociales. Le combat pour la paix ne trouve toutefois guère d'opposants sérieux au Québec. L'armée canadienne apparaît comme une pâle copie de la puissance militaire américaine ou soviétique. Les Québécois, en grand nombre, se piquent d'être des pacifistes. La génération X ne fait pas exception. On pourrait même dire qu'elle pousse le pacifisme un cran plus loin. Certains jeunes intellectuels, par esprit de contradiction, décochent à l'occasion de sévères critiques aux aînés qui ont cédé à la violence politique durant l'éphémère « révolution québécoise ».

De jeunes Québécois belliqueux, au tournant des années 1980, on en trouve peu. L'éthique martiale n'a pas la cote. L'ère est à la douceur, à l'amitié, à l'amour. Enfants, les garçons de la génération X grandissent dans un climat sympathique au féminisme. Ils entendent souvent de la bouche de leur mère ou de leur institutrice des critiques du pouvoir masculin. Adolescents, ils sont parfois traités de machos, dans la cour d'école, en classe ou à la discothèque. Ces jeunes hommes n'ont pas la tête à la lutte. Ils veulent la paix, souhaitant que le combat des sexes appartienne au passé. Ils cherchent à montrer qu'ils sont de bons et doux garçons, différents en cela de leurs pères et de leurs grands-pères.

Peu sont captivés par la guerre. Certes, ils ont joué aux soldats ou aux cow-boys dans leur enfance. Ils ont été excités et émus par les films de Sergio Leone. Et plusieurs ont encouragé les Glorieux Canadiens à rosser les Big Bad Bruins ou les Broad Street Bullies lors des épiques séries éliminatoires menant aux coupes Stanley de la fin des années 1970. Il reste certes en eux des relents de l'ancienne éthique martiale lorsqu'ils sont adolescents. Mais on ne regarde désormais la guerre que sagement, en tant que spectateur. Et, dans les années 1980, les films sur la guerre du Vietnam finissent par avoir raison de l'admiration que les jeunes garçons pouvaient encore nourrir pour les soldats.

Préférer la paix à la guerre, ou la douceur à la violence, correspond à une féminisation de la société. Cette féminisation, toutefois, s'est peut-être déployée moins sous l'influence du pouvoir féminin que par la volonté silencieuse des hommes d'abandonner de lourdes responsabilités. Il se pourrait ainsi que ce soit les hommes qui ont jeté les armes, avec soulagement, sans trop s'en vanter. Le processus s'est déroulé par étapes, lentement mais sûrement, durant tout le XXe siècle.

La Première Guerre mondiale représente une première étape. Elle jette beaucoup d'ombre sur les vertus de l'héroïsme. Une génération d'hommes, après la guerre, conserve un souvenir amer de ce conflit : les massacres de masse, les interminables combats dans la boue, le bruit assourdissant des canons, les tranchées sombres et humides, les gaz assommants et les rats qui grugent les orteils des soldats… L'horreur de la guerre et la misère des tranchées sont une humiliation épouvantable pour les hommes engagés dans l'armée. Contrairement aux conflits armés précédents, la Première Guerre mondiale provoque la conscription d'à peu près tous les hommes majeurs. Fini l'enrôlement volontaire et patriotique. Sans aucune forme de consentement, les hommes deviennent de la chair à canon, des victimes meurtries, charcutées physiquement et moralement. L'image du mâle en Occident change. La guerre ne stimule plus la virilité.

Après cette guerre, l'élite européenne rejette le rationalisme et le progressisme scientifiques. Elle embrasse le mysticisme religieux et le sentimentalisme, deux attitudes qui demeuraient jusque-là l'affaire des femmes. Certes, la virilité est exaltée dans les mouvements totalitaires des années 1930 et 1940, mais ce sont surtout des émotions exacerbées qui se déchaînent. Les hommes qui naissent dans cette Europe dévastée sont les premiers boomers. Dégoûtés par leurs aînés, ils se jurent de ne jamais être des hommes. Devenus adultes durant les années 1960, ils se dépouillent des qualités masculines. Ils portent les cheveux longs et des blouses indiennes, parlent du *flower power*… Ces hommes ne jurent que par l'affection, la tendresse, l'amour, libre surtout. L'époque du *peace and love* est un âge de transformation de la condition masculine. Pour symboliser la mort du vieux modèle conjugal, John Lennon joue à la mère au foyer, Yoko Ono gérant la carrière de l'ex-membre des Beatles d'une main de fer. Certes, l'ancienne passion masculine pour l'éthique martiale se déchaîne dans les mouvements de l'extrême gauche. Mais seule une minorité adhère à ces mouvements. Et les furieux rebelles deviennent sages et pacifistes dès la décennie suivante.

* * *

Comme les autres hommes de l'Occident, les Québécois sont aussi entrés dans la marche à l'amour. De façon ostentatoire, souvent par la voie de leurs politiques, ils se drapent fièrement dans le drapeau du pacifisme. Ils aiment rappeler le « pacifisme québécois » qui s'est manifesté lors de certains conflits militaires passés, notamment par la massive opposition à la conscription lors des deux guerres mondiales. Les Québécois, hommes et femmes, aiment se voir comme une avant-garde pacifiste parmi les peuples civilisés de la terre.

Mais nous avons peut-être la mémoire courte. Nous oublions que nos ancêtres sont restés plus longtemps attachés aux institutions féodales que plusieurs peuples de l'Occident. Nos ancêtres célébraient l'esprit chevaleresque, admirant la bravoure, le courage et le respect d'un ordre social autoritaire. Dans notre société, la pratique du duel est d'ailleurs restée vivante jusqu'à la fin du XIXe siècle. L'éthique martiale a longtemps été idéalisée avant de disparaître, comme bien d'autres attributs de la masculinité québécoise. On s'accordera pour dire que l'homme québécois est aujourd'hui doux, peu querelleur, aucunement violent, et bien peu chevaleresque. À un point tel que beaucoup de Québécoises s'en plaignent maintenant ouvertement. Mais chassez le naturel, il revient au galop. La figure du guerrier a commencé à faire d'étonnantes réapparitions dans l'imaginaire québécois durant les années 1980. Elles ont parfois été tragiques, et leur sens nous échappe encore.

On pense d'abord à ce sanglant 8 mai 1984, lorsqu'un militaire québécois, Denis Lortie, a fait irruption à l'Assemblée nationale du Québec pour mitrailler plusieurs employés de l'établissement, en tuant trois. Le délire du caporal s'adressait à René Lévesque, à son parti ainsi qu'aux séparatistes, responsables à son avis de l'assimilation des Canadiens français. Le délire de Lortie fait évidemment ressortir le statut problématique des Canadiens français au sein d'une institution, l'armée, où ils sont souvent perçus comme de potentiels traîtres. « Le gouvernement du Québec avait le visage de mon père », a laconiquement expliqué Lortie. Cinq ans plus tard, le 6 décembre 1989, la figure du guerrier fait une tragique réapparition, en la personne de Marc Lépine. Déguisé en chasseur, le jeune forcené s'introduit dans l'École polytechnique, à Montréal, institution longtemps considérée comme une chasse gardée masculine. Il y assassine quatorze étudiantes, tirant des centaines de balles dirigées uniquement sur des cibles féminines. L'enquête révèle des faits consternants. D'abord, aucun homme dans la salle où le tireur se trouvait ne s'est interposé pour sauver la vie de ces femmes. Ensuite, les agents de police ont mystérieusement attendu de longues et précieuses minutes avant d'entrer dans l'école pour mettre fin au carnage. La tuerie de Lépine blesse la conscience collective québécoise. Les plaies mettront du temps à cicatriser. Des débats acerbes diviseront garçons et filles de la génération X. Des doutes planeront longtemps sur l'acceptation par les jeunes Québécois de la révolution féministe. Mais, par-delà les divergences, le pacifisme apparaîtra aussi comme l'horizon naturel de notre société.

Il vaut la peine de revenir sur la façon dont le pacifisme québécois s'articule dans l'imaginaire de la génération X. La voie d'expression par excellence de ce courant de pensée est la chanson québécoise. C'est cette forme d'art qui rejoint le plus grand nombre. Elle s'entend partout au quotidien : dans les ascenseurs, les salles d'attente, les commerces, les bureaux. Il est en effet difficile d'échapper au fond sonore destiné à la masse : de U2 aux Rolling Stones, de Tina Turner à Madonna pour le répertoire international; de Jean-Pierre Ferland à Ginette Reno, de Dédé Fortin à Laurence Jalbert, pour le répertoire québécois.

La sensibilité pacifiste des hommes de la génération X crève les yeux lorsqu'on se penche sur les textes des paroliers qui en sont issus. La question nationale y est absente, mais les déboires amoureux y sont omniprésents, comme les espoirs déçus de paix et de concorde universelle. Les Jean Leloup, Daniel Bélanger et Éric Lapointe proposent, dans leurs chansons, une véritable marche à l'amour. Mais il s'agit d'une marche impossible et décevante, qui aboutit presque toujours dans un cul-de-sac.

Certes, la chanson a toujours été le mode d'expression de la passion amoureuse. Comme je l'ai montré dans le chapitre sur monsieur Bovary, la passion amoureuse occulte toute autre préoccupation pour les chanteurs de la génération X. Elle semble engloutir la majeure partie des intérêts du groupe et relève quasiment de la compulsion. Auparavant, la chanson abordait les thèmes du pays, de la parenté, des interdits sociaux, des rites de passage et des injustices économiques. Avec la génération X, l'horizon s'est rétréci.

Parfois, bien sûr, la visée s'élargit, et les chanteurs s'adressent à l'humanité pour prêcher la paix universelle. Mais les bons sentiments émanent surtout du fond de la cuisine, et ils y restent. Dans cet espace restreint, qui peut être réconfortant mais aussi étouffant, les unes rêvent d'un homme idéal, d'une « bonne femme améliorée, romantique et prospère », et les autres rêvent d'une femme aimante, amusante, loyale et protectrice.

Pour illustrer mon point de vue, je vais me pencher sur le chanteur le plus populaire de la génération X, Jean Leloup. Ce dernier est une figure clé de la sensibilité culturelle québécoise. Derrière le personnage public narcissique et irritant se dévoile un auteur original, prolifique et audacieux, dont l'enfance passée en Algérie marque la conscience et la sensibilité. S'il est indifférent à la question québécoise, il se montre épris de paix et d'écologie. Ses textes, ses sorties publiques, ses entrevues données à la faune journalistique révèlent un fervent antimilitariste, antiaméricain et anticolonialiste. Il reste que le discours de Leloup porte avant tout sur des thèmes liés à la sphère intime. En effet, en se penchant sur son corpus, on note que les chansons les plus marquantes parlent surtout de déceptions amoureuses, d'amours impossibles, de ruptures amères et d'amitiés déchirantes. Comme chez beaucoup d'autres auteurs de cette génération, la vie intime est au cœur de son œuvre, et ce, dès les premiers albums. Leloup relate des histoires qui illustrent le grand brouillage amoureux de notre époque. Dans ses récits, l'homme et la femme ne pensent pas à faire des enfants. Ils se disputent, se consolent, se séparent ou se remémorent les souvenirs des premières étincelles amoureuses.

Les mots choisis par Leloup sont empreints de compassion, de tendresse et de solidarité. Pourtant, à un autre niveau, le personnage imaginaire qui se cache dans son œuvre peut être vu comme un amoureux déçu, nostalgique d'un âge où l'homme parcourait des contrées sauvages, dangereuses, à la recherche d'aventures et d'exploits.

Dans son premier album, Leloup offre une chanson exprimant un désir chevaleresque de se venger d'un affront. La chanson s'intitule *Cowboy*. Le fantasme de violence y est limpide. On y devine la nostalgie d'une époque où l'homme avait la responsabilité de protéger physiquement l'objet de son amour : « Si ma guitare était un revolver / Qu'est-ce que j'me taperais pas / Comme hommes d'affaires / Qu'est-ce que j'ferais pas / Comme encoches / Ils veulent me voler ma fiancée / Je sais où trouver ces salauds / Y aura du sang dans leur bureau[1] ».

L'intention pacifiste la plus évidente de Leloup ressort notamment dans la chanson la mieux connue de son répertoire, celle qui le propulse au sommet du palmarès. Intitulée *1990*, la chanson prend position par rapport à la guerre que mènent les Américains en Irak. Consacrée « première guerre en vidéo », la guerre contre Saddam Hussein confirme la déliquescence de l'esprit

---

1. Jean Leloup, *Cowboy*, dans *Menteur*, Montréal, Audiogram, 1989.

héroïque associé à la carrière militaire. De façon ironique, la chanson commence en vantant le progrès technologique et l'âge des communications :

> Depuis le début de ce siècle
> Nous avons vu l'apparition
> Du moteur Ford à explosion
> Puis de l'avion à réaction
> Mais de toutes les inventions
> C'est sans doute la bombe à neutrons
> Qui nous laissa le plus baba
> Au cours du célèbre Hiroshima[2].

Dans les années 1970, Charlebois chantait : « Entre deux joints, tu pourrais faire quelque chose / Entre deux joints, tu pourrais te grouiller le cul. » Avec Leloup, il n'y a pas de tels appels à l'action. La chanson *1990* suggère que l'action est vaine. C'est un constat désespéré, mais tout de même joyeux, insouciant et libidineux. Il n'est pas question de monter aux barricades pour faire trembler l'élite. Affranchi de toute responsabilité civique par la révolution sexuelle, le mâle de la génération X a mieux à faire. Affalé dans son salon devant le téléviseur, il trouve une autre forme de rédemption : « Heureusement que ma copine / A soudain l'idée de génie / De me toucher le porte-avions / Vite fait je lui sors mon canon / Ça va chauffer, oui, mon amour / Je pointe mon radar à ions / En plein dans ta sortie de secours / Je vais larguer mes bombes, attention ».

Les personnages de Leloup cherchent souvent à échapper à la civilisation, agissant parfois comme des animaux. Dégoûtés par la barbarie de la civilisation moderne, la cruauté des êtres humains et le matérialisme de la société, ils cherchent un lieu vierge, primi-

---

2. Jean Leloup, *1990*, dans *Je joue de la guitare. 1985-2003*, Montréal, Audiogram, 2005.

tif, qui aurait échappé à la stupidité et à la cupidité des institutions humaines. L'une des chansons les plus significatives à cet égard s'intitule *Paradis perdu*. Elle est une invitation à suivre le narrateur dans un lieu paradisiaque. Dans le passage suivant, une utopie primitive est esquissée :

> Que tu partes ou tu restes, tout est fini
> Nous ne reviendrons plus du paradis perdu
> Au-delà de la mer, il existe un pays qu'on dit impossible
> Comme le paradis de la Bible
> Au-delà de la mer, il existe un pays presque aussi beau que la folie
> Y vivent des peuples parfaitement sains, parfaitement accueillants
> On s'y baigne toute la journée dans des chutes et des torrents[3]

Pour atteindre cette société idéale, les aventuriers seront toutefois confrontés à des épreuves, des combats, des tueries. Les élans pacifistes de Leloup finissent souvent par se transformer en des affrontements sanglants : « Plusieurs se jetteront à l'eau et se noieront / Il y aura les marais, les sables mouvants / Il faudra être patient, trouver l'estuaire / Alors en arrivant, il faudra peut-être tuer les soldats / Et sûrement le commandant et cet imbécile de missionnaire ».

Le cas de Jean Leloup n'est pas atypique par rapport aux autres chanteurs de la génération X. On retrouve aussi chez Daniel Bélanger cette ambivalence entre une volonté de fonder le lien social sur l'amour et un désir de s'illustrer par des gestes de courage. Si Bélanger cède dans ses premiers albums à un bovarysme larmoyant, comme nous l'avons vu plus haut, il amorce en 2003 un virage étonnant. Il signe un album singulier, *Déflaboxe*. Chaque pièce est un round de boxe, où un pugiliste accompagne ses coups de réflexions visant à terrasser son adversaire.

---

3. Jean Leloup, *Paradis perdu*, dans *Je joue de la guitare*.

24

La planète des singes

Dès l'adolescence, la génération X entre dans une société consciente des menaces qui pèsent sur la planète. Les catastrophes écologiques se succèdent, envoyant le message que les humains, dans leur désir de maîtriser la nature, font des torts irréparables à la terre. Des mouvements sociaux se forment dans plusieurs pays pour faire naître une conscience écologique. Il faut savoir que la vie humaine fait partie d'un ensemble plus vaste, et que l'intervention de l'homme dans les processus naturels imprime des conséquences souvent incalculables. Le mouvement écologiste cherche à gonfler les sentiments humanitaires des peuples. Selon lui, il faudrait que la compassion s'adresse non plus seulement aux humains, mais aussi aux animaux, et même au monde végétal. Ce mouvement cherche à ramener l'homme à une position plus humble par rapport aux autres habitants de la planète. Nous sommes les enfants de la Nature et nous dépendrons toujours d'elle, disent les écologistes. Les partisans de ce mouvement pensent la condition humaine en termes de survie : les hommes, comme leur planète, sont menacés par leur propre imprudence.

* * *

La conscience d'une plus grande proximité avec le monde animal, voire avec le monde vivant en général, s'exprime chez beaucoup d'auteurs de la génération X. On pense immédiatement à l'écrivain Yann Martel, qui connaît un succès planétaire avec *L'Histoire de Pi*, un roman philosophique qui met en scène des animaux. Dans son dernier roman, Martel remet cela, revisitant l'Holocauste avec un récit où les personnages sont aussi des animaux. Dans un entretien, l'auteur explique l'intérêt de rapprocher les humains des animaux :

> La raison pour laquelle je les mets en scène est qu'ils m'aident à dire que l'homme est le seul animal cruel, qui blesse et tue pour rien. Les humains projettent leur mode de pensée sur les animaux, et croient qu'ils n'en sont pas eux-mêmes. En fait, ils sont à certains égards moins que les animaux. Seul l'humain est capable d'inhumanité[1].

Le chanteur Jean Leloup prend aussi plaisir à inventer des personnages animaux, notamment dans ses chansons *L'Escargot, Pigeon, Les Fourmis, Raton laveur* et *Début des temps*. Le mouvement de sympathie à l'égard des droits des animaux est d'ailleurs fort populaire au sein de sa génération, qui rêve d'améliorer la condition des poulets, des vaches, des phoques, en bref, de toutes les bêtes qui contribuent jusqu'à présent à notre alimentation, à notre habillement, à notre divertissement et parfois à notre ameublement. Elle critique la tendance des humains à se privilégier au détriment des autres espèces du monde vivant. Cette idée est développée avec brio dans un film qui marque l'imaginaire de la génération X durant les années 1970 : *La Planète des singes*.

Politiquement, cette conscience élargie de notre appartenance au monde animal a des conséquences pour la génération X. Certains rejettent par exemple les anciens idéaux politiques (communisme et social-démocratie) au profit d'une utopie apolitique, l'écologisme. D'autres, jugeant les élans altruistes en politique

---

1. Michel Schneider, « Yann Martel, le fabuliste », *Le Point*, 19 août 2010, p. 67.

comme de la pure hypocrisie, vont s'enthousiasmer davantage pour le darwinisme social (dans la dernière section de ce livre, je me penche sur l'influence de cet autre courant sur la sensibilité politique de la génération X). Ces visions sociales sont peut-être différentes, mais elles témoignent toutes deux de la volonté de reprendre le vieux débat sur la nature humaine.

Depuis l'Antiquité, philosophes et scientifiques spéculent sur l'importance relative de l'inné et de l'acquis dans le comportement humain. En acceptant que la part d'inné est grande, on admet l'idée qu'il existe une telle chose que la nature humaine. Cette dernière serait la somme des comportements et des caractéristiques qui sont typiques de l'espèce humaine, et elle émanerait nécessairement de facteurs génétiques plutôt que culturels. Du début du XXe siècle jusqu'à la fin de la Seconde Guerre mondiale, les scientifiques ont valorisé les attributs génétiques de l'homme au détriment de son bagage culturel. Puis, après la victoire des Alliés sur le régime nazi, les théories mettant l'accent sur les éléments génétiques ont été discréditées à cause de leur parenté avec les théories raciales. Les Trente Glorieuses donnent ainsi un puissant élan à une vision progressiste de l'histoire humaine. Le comportement humain est perfectible presque à l'infini, si l'on mise sur l'amélioration des facteurs culturels. La crise de la social-démocratie, qui pointe à la fin des Trente Glorieuses, marque un retour du balancier. Les théories qui mettent en évidence le rôle des éléments génétiques dans le comportement humain ont à nouveau la cote. Depuis ce temps, la presse dévoile quotidiennement des études qui prétendent avoir cerné le gène de l'intelligence, du désir ou encore de l'obésité.

Le débat sur les poids respectifs de la nature et de la culture dans le comportement humain est vif. Pendant longtemps, les clivages politiques étaient simples à saisir : la droite penchait du côté de la nature, tandis que la gauche, elle, insistait sur l'importance de la culture. Cela s'explique aisément. Les intellectuels de gauche rejettent généralement les théories insistant sur les différences naturelles, non seulement parce qu'elles légitiment la hiérarchie sociale, mais aussi parce qu'elles soulignent les limites du caractère perfectible de l'humain. Accepter qu'il existera toujours des différences naturelles entre les individus, c'est accepter que beaucoup de réformes sociales auront été vaines et que les injustices se perpétueront.

À partir des années 1970, toutefois, la popularisation du mouvement écologiste brouille la compréhension du débat sur la nature humaine. Pour élargir la conscience des peuples, les écologistes cherchent à rappeler la parenté génétique de l'homme avec l'animal. Cette idée est puissamment illustrée dans les propos de Jean Lemire, ce cinéaste et explorateur québécois qui a ébloui le public avec son documentaire sur l'Antarctique, *Le Dernier Continent*.

Né en 1962, Jean Lemire est un enfant de la Révolution tranquille. Parmi les auteurs de la génération X, il occupe une place de choix depuis quelques années. Avec son film *Le Dernier Continent*, il a réussi à sensibiliser des milliers de gens aux périls qui guettent la planète. Le point de vue qu'il jette sur le monde est audacieux ; pour le constater, il vaut la peine de se pencher sur quelques passages de son livre *Mission Antarctique*[2], publié à son retour d'un long voyage au pôle Sud à bord du navire *Sedna IV*.

Dans le premier chapitre, intitulé « La longue route intérieure », Lemire souligne que le voyage dans les mers de l'Antarctique se double toujours d'un second voyage, celui-ci dans les profondeurs de l'âme humaine :

> Pour tous les membres de l'équipage, il y aurait donc deux voyages : un premier, au fin fond de la planète, et un second, intérieur, au bout de soi, passage obligé pour celui ou celle qui accepte de laisser du temps au temps. Cette visite inattendue dans les sombres couloirs de l'âme n'était en rien planifiée[3].

---

2. Jean Lemire, *Mission Antarctique*, Montréal, Éditions La Presse, 2007.
3. *Ibid.*, p. 27.

Participer à la grande expédition intérieure, selon Lemire, est plus téméraire encore que de céder à l'appel du large. Elle comporte plus de risques et nécessite probablement plus de courage : « L'expédition discrète et ténébreuse de l'impénétrable en soi est souvent plus périlleuse que les sommets à gravir ou encore les mers hostiles. » Comme beaucoup de X, Jean Lemire observe la perte de nos repères. Il valorise le sens critique, la remise en question de nos certitudes. En bref, il cultive le doute méthodique. Quitter son pays et laisser les siens derrière soi donne du recul et permet de voir les choses sous un autre jour : « Quitter la route toute tracée devant nous, pour se perdre dans ce que nous sommes devenus, c'est accepter de porter un regard critique sur sa vie[4]. »

Que découvre Lemire au fond de son âme ? Il observe cette fascinante parenté de l'homme avec les animaux. L'explorateur québécois rappelle la thèse de Charles Darwin : nous sommes les descendants du singe et, plus largement, les parents de tous les animaux qui peuplent la planète. Au fond de nous, nous pouvons sentir la présence de ces êtres qui habitent les forêts, les mers, les plaines.

> J'aime m'abandonner à la nature pour reprendre contact avec l'instinct naturel qui sommeille en nous. J'ai besoin de me fondre à l'ineffable beauté des grands espaces pour retrouver la prédisposition bestiale dissimulée dans les profondeurs de ce que nous sommes. Il n'y a pas de honte à se comparer aux bêtes[5].

Lemire admet que son long périple à bord du *Sedna IV* a représenté une forme de fuite. Mais cette fuite serait nécessaire pour saisir dans la grande aventure humaine de vieilles significations cachées. Elle permettrait de redécouvrir un antique rapport à la nature, sain, profond et authentique. Le retrouver pourrait

---

4. *Ibid.*, p. 28.
5. *Ibid.*

aider les humains à déjouer les « crimes de la société » contre mère Nature. « La fuite spirituelle s'utilise dorénavant comme une option, voire comme une arme contre la société, pour retrouver les souvenirs et les mémoires du temps, conservés dans le coffre-à-âme intérieur[6]... »

Les humains qui accèdent comme Lemire à une conscience aiguë de leur nature sont des animaux mystiques. Ils fuient dans le but de réfléchir, de méditer, de se plonger dans la contemplation des profondeurs de leur intériorité. « Chacun d'entre nous a alors entrepris la construction de sa tanière intérieure, celle qui allait lui permettre de surmonter et d'affronter la pression du temps[7]. »

Les récits de voyage de Jean Lemire empruntent parfois le ton des anciennes expéditions coloniales, menées par des aventuriers ou des missionnaires. Dans le chapitre « Danser avec la mort », qui est une référence au célèbre roman de Joseph Conrad *Au cœur des ténèbres*, l'explorateur accepte sa filiation avec ces hommes qui, dans les derniers siècles, ont bravé les tempêtes, les climats, la sauvagerie, bref, tous les dangers, pour découvrir les coins les plus reculés de la planète. Cette mission, Lemire s'y engage, malgré tous les dangers qu'elle comporte.

> Tout cela n'a rien d'un jeu, même si nous savons, dès le départ, que nous jouerons inévitablement avec la mort... C'est le sort inéluctable de toute expédition de ce genre. Pour nous, revendiquer le privilège de nous battre pour poursuivre la mission signifie bien souvent le droit de combattre pour notre propre survie[8].

L'expérience mystique de Lemire l'amène à conférer un caractère angélique aux animaux qu'il admire dans certaines contrées. Ainsi, aux îles Malouines, il a l'impression de se trouver dans un

---

6. *Ibid.*, p. 33.
7. *Ibid.*
8. *Ibid.*, p. 37.

coin de paradis : « Les conditions pour accéder à ce paradis ont tout pour effrayer une majorité. » Cet Éden affranchit les espèces animales de leur côté prédateur : « Ici, la faune a peu de prédateurs. Elle ne redoute donc pas les humains. Ici, l'humain n'est qu'un animal parmi les autres[9]. » Même au bout du monde, selon l'explorateur, la cupidité des hommes est palpable. Les animaux sont des victimes impuissantes de la soif de profit des pêcheurs. Aux îles Malouines, par exemple, l'homme est en compétition avec les oiseaux. Il s'y fait beaucoup de surpêche et de pêche illégale qui prive les oiseaux de nourriture. Dans ces îles, écrit Lemire, l'homme a gagné contre l'oiseau.

Nous venons de voir que les récits de Jean Lemire véhiculent le thème de la lutte pour la survie, de façon plus ou moins consciente. D'abord, le but du voyage est de révéler les dangers qui mettent en péril la survie même des écosystèmes de la planète. Ensuite, la caméra de Lemire capte des images saisissantes d'animaux dont la survie semble être de plus en plus difficile. Enfin, la longue hibernation de l'équipe du *Sedna IV* (sept mois en Antarctique, loin de la civilisation) est en elle-même une lutte pour la survie. Pendant ces longs mois, les membres de l'équipage multiplient les stratégies pour éviter que le voyage tourne au cauchemar. Ils retournent quasiment à l'état de nature. Jour après jour, ils luttent pour se mettre à l'abri du froid, pour se nourrir et, finalement, pour ne pas céder à la démence.

En demandant de préserver l'avenir des générations futures, les écologistes touchent sans doute une corde sensible chez la génération X. Non sans raison, celle-ci accuse souvent ses prédécesseurs d'avoir hypothéqué l'avenir. Les X n'ont cependant pas tous la même attitude face au défi écologique. Comme nous l'avons vu dans un chapitre précédent, certains envisagent l'avenir d'un point de vue de survivants apocalyptiques, tandis que d'autres le font en survivants résignés. Les seconds sont sans doute plus nombreux

---

9. *Ibid.*, p. 55.

que les premiers. Il reste que ces deux attitudes, en évoquant l'avenir en termes de survivance, nous condamnent hélas ! souvent à l'impuissance politique.

Si les humains n'étaient animés que par des instincts et des pulsions, comme les animaux, ils se contenteraient de survivre, comme ceux-ci. Mais les humains, heureusement, aspirent à plus. Au fil des siècles, ils ont créé objets et œuvres qui font de la terre un monde habitable, confortable et beau. Au moyen de l'activité politique, ils ont aussi tissé des associations humaines de plus en plus complexes, qui prennent forme dans des civilisations, des nations, des villes. Vivre dans un monde fait d'artifices, et être capable de l'améliorer, de le transformer, c'est en bonne partie ce qui nous distingue des animaux. Le travail, les arts, la politique sont des activités pratiques, qui non seulement facilitent la vie humaine matériellement, mais aussi forment le caractère des hommes. Ces activités incitent les humains à s'élever et à se dépasser, à faire preuve de courage, d'imagination ou d'altruisme. En d'autres termes, elles permettent aux hommes d'affirmer leur caractère et leur humanité pour établir un monde meilleur.

VI
La perte des repères politiques

25
Sens de l'idéal et déceptions démocratiques

Pour comprendre comment les X voient la vie politique, il faut prendre en considération la façon dont ils perçoivent les idéaux lors de leur entrée dans la vie adulte. Il faut d'abord noter qu'il est rare qu'un idéal s'impose dans une société à l'ensemble de ses membres. Aux États-Unis, depuis les origines de ce pays, l'idéal républicain a rivalisé avec l'idéal puritain. De même, en France, l'idéal catholique a parfois contesté l'idéal républicain qui a pris forme suite à la Révolution française. Au XXe siècle, de nouveaux idéaux plus radicaux se popularisent et nourrissent l'espérance des peuples. Le fascisme comme le communisme embrasent des pays entiers. Mais après la Seconde Guerre mondiale, les grands idéaux sont de plus en plus perçus avec méfiance. Finalement, une prise de conscience des dangers du totalitarisme dans les années 1970 finit par pratiquement éteindre le sens du mot « idéal ».

Au diapason de l'opinion occidentale, les Québécois développent aussi une méfiance face aux grands élans collectifs. Dès les années 1960, la morale chrétienne entre en crise ; elle est rapidement abandonnée. Le temps d'une génération, celle des premiers boomers, l'idéal socialiste succède à la morale chrétienne. Le Québec devient un bastion important de la gauche socialiste en Occident. L'idéal qui mobilise toutefois le plus d'énergie est celui de l'indépendance nationale. Lors du premier référendum, en 1980, la plupart des X n'ont pas le droit de vote. Seuls les aînés du groupe, nés entre 1959 et 1961, peuvent participer à ce scrutin historique. Étant donné que les jeunes Québécois à la fin des années 1970 appuient massivement l'indépendance nationale, on peut supposer que la plupart de ces X se sont alors joints au camp du Oui. La décennie qui suit ce scrutin représente une longue éclipse de la question nationale. Elle prend fin abruptement, dans les mois qui précèdent l'échec de l'accord du lac Meech, en juin 1990. Jusqu'au second référendum, tenu en novembre 1995, la question nationale prend toute la place et réanime l'idéal. L'élite du mouvement national, à ce moment, est surtout composée de premiers boomers, mais les X sont aussi nettement favorables à l'option souverainiste. Environ 60 % d'entre eux appuient la coalition menée par Lucien Bouchard, Jacques Parizeau et Mario Dumont[1]. Le résultat serré, 49 % contre 51 %, aurait pu être interprété comme une victoire morale. La fin de la soirée référendaire, marquée par les écarts de Jacques Parizeau, donne cependant à plusieurs le goût de tourner le dos à la politique pour un bon bout de temps.

Le verdict référendaire conforte beaucoup de X, qu'ils soient souverainistes ou fédéralistes, dans l'opinion que les idéaux politiques mènent à de profondes déceptions et désillusions. Cette soirée-là, les X vont s'en souvenir jusqu'à la fin de leur vie. Nerveusement, ils ont anticipé, espéré ou craint que le destin du Québec bascule. Pourtant, dans les années qui suivent, on parle très peu de ce référendum. À l'instar des autres Québécois, les X ont relégué dans un recoin de leur mémoire les souvenirs de cet étrange événement. Ces souvenirs sont impérissables, mais on peine à les évoquer verbalement. Au lendemain de cet échec référendaire, les X retournent à leur occupation : chercher à se faire

---

1. Maurice Pinard, « Le contexte politique et les dimensions sociodémographiques », dans *Le Combat inachevé*, Montréal, Presses de l'Université du Québec, 1997, p. 301. Voir aussi les analyses de Gilles Gagné et de Simon Langlois, *Les Raisons fortes. Nature et signification de l'appui à la souveraineté du Québec*, Montréal, Presses de l'Université de Montréal, 2002.

une place au soleil, se préparer un avenir, bref, éviter le destin de déclassés. D'une certaine façon, pour cette génération, le référendum de 1995 est un simple interlude. Avant le référendum, ils étaient engagés dans une lutte pour la survie. Après celui-ci, la même lutte reprend, car les temps sont durs et l'avenir professionnel, incertain.

Le sens de l'idéal était faible lorsque les X sont venus au monde, durant les années 1960. Quatre événements clés ont tour à tour structuré leur méfiance face à l'esprit de groupe. La Révolution tranquille, d'abord, a véhiculé l'idée que le groupe canadien-français était bigot, colonisé et aliéné ; le début de l'ère du libre-échange, ensuite, a engagé cette génération dans une lutte pour la survie planétaire ; le résultat référendaire de 1995, troisièmement, a nourri la conviction que les grandes aventures collectives au Québec sont pratiquement toujours vouées à l'échec. Enfin, à l'échelle planétaire, l'essor fulgurant des médias de masse a aussi favorisé le déclin du sens de l'idéal. Dans *Le Temps de l'homme fini*, Marc Chevrier souligne que la révolution technique a profondément miné le sens de l'idéal, rétrécissant l'horizon des espérances collectives. Le monde d'idéaux de jadis a graduellement fait place à un nouveau monde d'images réductrices diffusées par les technologies de masse. L'individu est aujourd'hui enfermé dans son petit moi, son identité et ses droits, ne poursuivant que la satisfaction de ses désirs et de ses besoins : « En apparence ouvert à tout, l'homme fini s'est laissé enclore dans un cocon qu'il a lui-même sécrété. Cet enfermement, qui a pour cause la dégradation du sens de l'idéal, est celui d'un homme devenu narcissique et ivre de sa liberté, dont il se protège toutefois en se réfugiant dans un monde peuplé d'images[2]. » L'essayiste rappelle que le mot « image », du latin *imago*, se rapporte au verbe *imitare*, qui veut dire « imiter ». La déesse Mimesis serait partout aujourd'hui : dans le théâtre, la politique, l'éducation, les rapports interculturels… L'homme fini,

---

2. Marc Chevrier, *Le Temps de l'homme fini*, Montréal, Boréal, 2005, p. 18.

mené par ses pulsions narcissiques, est rivé à lui-même, fasciné par sa propre existence. Il se méfie des références lointaines, des passions désintéressées et des idéaux qui pourraient miner ses certitudes et l'astreindre à la discipline et à l'oubli de soi. Hésitant à contracter des engagements à long terme, l'homme fini préfère poursuivre une liberté chimérique, qui lui réserve la possibilité fantasmée de satisfaire toutes ses lubies.

En l'absence d'un sens de l'idéal, plusieurs X sont incapables de se projeter dans l'avenir. Menant une vie minimale, ils se sentent épuisés, vidés, déprimés. Plusieurs ont le vague sentiment d'être sur le point de craquer. Ils retournent contre eux-mêmes leur colère et leur déception, sombrent dans la dépression et, parfois, recourent à la médication pour retrouver un semblant d'équilibre. Dans plusieurs facettes de sa vie, le dépressif est incapable d'anticiper l'avenir, de faire des projets ; il est dérouté et désorienté[3]. Il se contente de réagir aux événements et aux pressions de son milieu, adoptant une position de repli, se plaçant sur la défensive. Il vit finalement dans un état de deuil sans fin. Il goûte des plaisirs éphémères et provisoires, et il dénigre les engagements fermes. En refusant de s'engager sérieusement dans la poursuite d'un idéal extérieur à lui-même, il en vient à se prendre pour un idéal suffisant. Il s'accroche à un moi idéalisé qui souvent ne tient pas la route, n'étant pas validé par les faits et les événements de tous les jours. Ces affections de la subjectivité du dépressif se cristallisent dans un contexte social où les institutions sont incapables de fournir un idéal.

L'abandon de l'idéal, pour être juste, ne commence pas avec la génération X mais avec les premiers boomers, ceux que François Ricard a dépeints comme une génération lyrique[4]. Ils auraient cherché à disqualifier tout ce qui limite et dévalue l'existence pré-

---

3. Sur le lien entre le faible sens de l'idéal et la dépression, consulter Tony Anatrella, *Non à la société dépressive*, Paris, Flammarion, 1995.
4. François Ricard, *La Génération lyrique*, Montréal, Boréal, 1992.

sente au nom d'une signification venue du dehors : mythe, divinité, transcendance, passé, autorité. Ces spécimens étaient évidemment plus nombreux dans les secteurs où l'on peut naviguer à distance du réel pendant un bon bout de temps : l'enseignement, la recherche, le journalisme, les arts ; les lieux où l'on brasse des idées, des plus raisonnables aux plus folles, sans s'empresser de les soumettre à un examen rigoureux. Il reste que les X, à la différence des premiers boomers, sont en deuil de l'idéal dès le début de l'âge adulte, et cela structure leur sensibilité.

En effet, la génération X s'engage dans la vie adulte avec un vif sentiment de déception et de trahison. Ce sentiment a cependant fini par se répandre et par contaminer de larges segments de la société dans les dernières années. L'expérience du déclassement finit par atteindre toutes les couches de la pyramide sociale. Mais la déception est nourrie par deux autres facteurs. D'abord, l'élan de la libération des années 1960 s'est largement essoufflé. Les individus se sont affranchis des anciennes autorités et ne rêvent plus d'expérimenter de nouvelles transgressions. Ensuite, l'éthique thérapeutique et la mondialisation font augmenter les problèmes d'anxiété dans la société. Au quotidien, les individus se sentent à la merci de menaces et de risques. L'insécurité nourrit ainsi le sentiment de vivre dans un monde où il existe un écart infranchissable entre les buts et la réalité. Nous vivons en effet dans une société où le désir est magnifié partout, dans la publicité, les médias, les arts. L'écart entre les attentes et le réel étant de plus en plus grand, il devient source d'amertume et de déception. Certes, cet écart a toujours été au cœur de la condition humaine ; désir et déception ont de tout temps formé une paire. Mais la civilisation née des années 1960, attachée à l'individualisme et à la démocratie, a donné une importance sans précédent au désir et au plaisir, et elle a disqualifié du même coup la retenue, la réserve et le respect des limites.

En un sens, l'individu apparaît moins bien armé qu'avant pour affronter la déception. La religion offrait jadis réconfort et consolation, avec, il est vrai, un succès relatif. Pour nos ancêtres, les échecs étaient vécus comme étant liés au destin de leur classe ou à la volonté de Dieu. Aujourd'hui, ils sont perçus comme le résultat d'une volonté défaillante[5]. L'individu se sent responsable de ses échecs, en dépit des injonctions des thérapeutes pour alléger son sentiment de culpabilité. Avec l'abolition des prérogatives de naissance, le monde moderne l'a incité à s'élever et à sortir de sa condition. L'individu cerne toutefois mal la différence entre ce qui est possible et ce qui ne l'est pas. La perte des repères l'entraîne dans une spirale de déception sans fin[6].

---

5. Alain Ehrenberg, *La Fatigue d'être soi. Dépression et société*, Paris, Odile Jacob, 1998.
6. Gilles Lipovetsky, *La Société de déception. Entretien mené par Bertrand Richard*, Paris, Textuel, 2006.

26

Darwinistes et libertariens : le culte de l'*animal laborans*

Dans les années 1980, les X entrent sur un marché du travail inhospitalier. Les nouveaux emplois sont peu nombreux, mal payés, rarement syndiqués. Lorsqu'ils se prennent à rêver, ils n'imaginent pas une société idyllique qui mettrait fin à toutes les injustices et à toutes les souffrances. Ils rêvent simplement de décrocher un travail normal, régulier, correctement payé. Les générations précédentes, depuis les années 1940, nourrissaient aussi cette aspiration, mais elle était en général plus rapidement satisfaite. La lutte pour la survie s'éternise pour plusieurs X, et elle devient parfois obsédante. Pour saisir la singularité de la situation qui se présente aux jeunes dans les années 1980, par rapport au domaine du travail, il est utile de faire un retour aux origines de notre civilisation.

Dans la Grèce antique, le travail n'était pas glorifié[1]. Selon l'échelle des valeurs hégémoniques à l'époque, c'était une activité dégradante et servile que l'on réservait aux esclaves. Le travail était certes nécessaire pour satisfaire les besoins du corps, mais, parce qu'il répondait à cette fin, il était regardé avec mépris. Penser tou-

---

1. Hannah Arendt, *Condition de l'homme moderne*, Paris, Calmann-Lévy, 1983.

tefois que le travail lui-même était méprisé dans l'Antiquité est une erreur. Les Anciens estimaient qu'un citoyen devait posséder un esclave à cause de la nature basse des occupations qui pourvoient aux besoins de la vie. C'est pour cette raison que l'on défendait et justifiait l'institution de l'esclavage. Travailler signifiait être asservi. Les hommes libres étant soumis à leurs besoins, ils ne pouvaient s'en libérer qu'en dominant ceux qu'ils forçaient à travailler pour les combler. La dégradation de l'esclave était une malédiction, plus terrible encore que la mort. Devenir un esclave provoquait une sournoise métamorphose qui changeait la nature d'un homme. Il devenait une espèce proche de l'animal domestique. Aux yeux des Anciens, ce que les hommes avaient en commun avec les animaux n'était pas noble. L'institution de l'esclavage était une tentative pour émanciper les hommes libres de ce qui les rapprochait de la condition animale. Aristote, qui libéra ses esclaves avant de mourir, refusait par exemple de donner le nom d'homme aux esclaves. L'*animal laborans* n'était pour lui qu'une espèce parmi l'ensemble des espèces animales.

Ces données sur l'Antiquité visent à rappeler que notre époque a développé une tout autre attitude à l'égard du travail. Elle glorifie cette activité, la plaçant au sommet de toutes les valeurs. Certes, durant les Trente Glorieuses, l'Occident rêve de la société des loisirs, en posant des bornes au déploiement du zèle de l'*animal laborans*. Cette période de prospérité est ainsi un interlude généreux et prometteur. Elle colore les aspirations des premiers et des seconds boomers, qui entrent dans la vie adulte dans un climat de forte croissance économique. L'avènement de cette société des loisirs pointe à l'horizon. Le divertissement prendra une place croissante dans la vie des gens, au détriment du travail ; la politique aussi gagnera du terrain, puisque l'idéal démocratique propre aux partisans de la société des loisirs organisera de plus en plus les institutions. Mais cette vision idyllique de l'avenir s'éteint progressivement au tournant des années 1980.

La génération X accède à l'âge adulte devant un tout autre horizon. Le rêve d'une société des loisirs est déjà devenu risible.

Les X devront travailler beaucoup pour maintenir un niveau de vie similaire à celui de leurs parents. De plus, la politique n'est plus vue comme un domaine d'intérêt utile ou valorisant. Les idéaux qui ont mobilisé les sociétés dans les années 1960 et 1970 se sont effondrés. Les X s'engagent dans une société où il ne semble plus y avoir d'idéaux capables de nourrir une action et un engagement collectifs. Pourtant, avec le recul, il est erroné d'affirmer que cette longue lutte pour la survie se mène dans un vacuum idéologique. Les deux longues décennies (de 1980 à 2000) lors desquelles cette génération cherche à s'installer sont traversées par un fil idéologique bien repérable. Les X vivent dans un monde darwiniste, et c'est précisément pour cela qu'ils interprètent leur destin en termes de lutte pour la survie.

En tant que courant de pensée, le darwinisme social possède une longue histoire. Il a souvent été condamné pour sa parenté avec le nazisme dans la première moitié du XXe siècle, mais il en mène quand même large dans les milieux anglo-américains avant le triomphe du New Deal de Roosevelt, dans les années 1930. Le darwinisme sert à désigner l'ensemble des théories qui se fondent sur les idées de sélection naturelle et de survie du plus apte. Il y a un siècle, le sociologue darwiniste W. G. Sumner avait frappé les consciences par cette formule évocatrice : « Liberté, inégalité, survie des plus aptes ; absence de liberté, égalité, survie des moins aptes [...]. Le premier terme de l'alternative fait progresser la société et favorise ses meilleurs éléments ; le deuxième fait dégénérer la société et favorise ses pires éléments[2]. » Les adeptes du darwinisme présentent l'évolution de l'humanité comme le résultat de la compétition entre les individus. L'évolution, c'est-à-dire le progrès, correspond à la survie des espèces les plus aptes. Les darwinistes sociaux reformulent au XXe siècle maints thèmes du libéralisme classique, comme le caractère naturel des inégalités et

---

2. Cité par Dominique Guillo, « Darwinisme social », dans Massimo Borlandi, *Dictionnaire de la pensée sociologique*, Paris, Presses universitaires de France, 2005, p. 153.

la futilité de l'intervention de l'État dans l'économie et la société. À la fin des Trente Glorieuses, l'horizon darwiniste redevient populaire dans les milieux intellectuels, mais, cette fois-ci, il ne prend pas appui sur le courant politique conservateur. C'est un nouveau courant politique, libertarien, qui entre en scène et provoque un grand brouillage des repères politiques en Occident.

Pour bien voir que le fil idéologique qui sous-tend notre époque est libertarien, il faut revenir aux repères qui structurent la politique institutionnelle d'autrefois. Durant les Trente Glorieuses, la gauche (social-démocrate) et la droite (conservatrice) occupent la majeure partie du terrain politique. Défendant l'égalité, la gauche est collectiviste sur le plan économique, mais individualiste sur le plan moral. Si elle donne à l'État de multiples mandats pour réglementer le système capitaliste, elle refuse qu'un cadre de valeurs commun s'impose à tous en matière de morale, comme en témoignent ses positions sur le divorce, l'avortement, la prostitution ou la consommation de drogues. Valorisant l'autorité, la droite est individualiste sur le plan économique, mais collectiviste sur le plan moral, prônant le dirigisme en matière de valeurs et de modes de vie.

Cet alignement idéologique tient bon jusqu'au milieu des années 1970. Les révolutions culturelle et économique, prônant toutes deux la liberté individuelle, font par la suite basculer cet ordre des choses. Avec le temps, un nombre croissant d'électeurs désertent la gauche et la droite. Ces électeurs, orphelins sur le plan idéologique, finissent par se tourner de façon plus ou moins consciente vers deux courants de rechange : le populisme et le courant libertarien. Une étude américaine publiée en 1984 par William S. Maddox et Stuart A. Lilie a bien montré la popularité croissante de ces deux courants[3]. Au sein de chaque parti (démo-

---

3. William S. Maddox et Stuart A. Lilie, *Beyond Liberal and Conservative: Reassessing the Political Spectrum*, Washington, Cato Institute, 1984. Les démocrates se départageaient ainsi : 30 % gauchistes *(liberals)*, 37 % populistes, 11 % conservateurs, 7 % libertariens (15 % des démocrates,

crate et républicain), près de la moitié des électeurs n'étaient ni gauchistes ni droitistes (conservateurs).

Les différences entre le populiste et le libertarien sont tranchées. Hostile à l'individualisme, le populiste est un interventionniste tous azimuts : dans le domaine de l'économie comme dans celui de la morale. Confiant dans les vertus du peuple, il souhaite qu'une autorité légitime réprime les menaces à l'ordre social. À l'inverse, le libertarien voue un culte à la liberté individuelle, cherchant à l'étendre au maximum. Permissif en matière morale comme en matière économique, il présume que l'individu règle généralement sa conduite sur des choix rationnels.

Durant les Trente Glorieuses, il y avait tout un pan de la société qui échappait au marché. L'idéal libertarien cherche à étendre son influence à des facettes de la vie qui y échappaient auparavant. À partir des années 1980, les nouvelles générations sont poussées à adhérer pleinement, sans arrière-pensée, à la conception de l'*animal laborans*. L'essentiel de la vie, en d'autres termes, consisterait à gagner sa croûte, à se soucier de son corps, à planifier le prochain repas. L'individu est incité à se méfier de ce qui relève de la culture ou de la civilisation (choses immatérielles et inutiles) et à apprécier ce qui relève de sa parenté avec les espèces animales.

Cette vision de l'homme comme animal, insatisfait, insatiable et aculturel, fait réapparaître un problème qu'on croyait disparu depuis longtemps. En effet, derrière les idées libertariennes se cache un nouveau conflit entre les classes. Les deux nouvelles figures de la politique contemporaine, libertariens et populistes, se recrutent dans des milieux sociaux différents. Tandis que les populistes se retrouvent surtout dans les classes populaires, les libertariens se multiplient au sein des élites économique et cultu-

---

enfin, étaient impossibles à rattacher à l'un des quatre courants). Les électeurs républicains, eux, se départageaient comme suit : 27 % conservateurs, 29 % libertariens, 13 % gauchistes, 18 % populistes (13 % des républicains, de la même manière, étaient impossibles à relier à l'un des quatre courants).

relle[4]. À l'égard de la mondialisation, populistes et libertariens sont aux antipodes : les premiers sont solidaires des locaux, les seconds voient le monde en tant que mondiaux.

Cette nouvelle polarisation sociale et politique traduit les tensions introduites par le capitalisme mondialisé. Les professionnels, qui occupent les meilleures places au sein de la pyramide sociale, ont avantage à vivre sur une planète libertarienne, où les taxes et les impôts sont susceptibles de diminuer substantiellement. Évoluant dans un univers en voie de ségrégation, ils ont les moyens de s'affranchir du système public, de vivre de façon insulaire, en d'autres termes. Depuis les années 1980, ils ont appris à se payer des écoles, des services de santé et des systèmes de sécurité sophistiqués, nécessaires pour se protéger des classes populaires en ruine.

Si le mouvement libertarien tire ses origines dans les années 1960, il serait erroné de l'associer de façon mécanique à l'influence des premiers boomers. Beaucoup de X qui ont emprunté les filières payantes sont attirés par ce credo idéologique. Ils trouvent injustes les avantages octroyés par l'État-providence aux baby-boomers. Ils voient dans les idées libertariennes une façon astucieuse d'ouvrir la compétition avec ces privilégiés, en prônant une libéralisation radicale des marchés et de la société. Quel est le profil de ces X libertariens ? Ils sont en général scolarisés, ayant pour la plupart décroché un baccalauréat. Sur le plan des origines sociales, on peut distinguer deux groupes. Au sein du premier, on trouve des enfants de familles liées au secteur public. Dès les années 1980, ces jeunes libertariens déplorent que ce secteur soit fermé pour au moins une génération. Au sein du second groupe, on trouve des X issus de familles œuvrant dans le secteur privé. Depuis leur enfance, ils entendent des jérémiades contre les « gras dur » du secteur public.

---

4. Pour les États-Unis, consulter E. J. Dionne, *Why Americans Hate Politics,* New York, Simon & Schuster, 1991 ; pour l'Europe, lire Emmanuel Todd, *L'Illusion économique,* Paris, Gallimard, 1998.

Les X libertariens font connaissance puis se fréquentent dans différents réseaux. Ils écrivent dans le journal étudiant de l'Université de Montréal, *Le Continuum*, ou la revue intellectuelle *L'Analyste*. D'autres œuvrent dans les jeunes chambres de commerce ou au sein de l'aile jeunesse du Parti libéral du Québec. Avec l'échec de l'accord du lac Meech, plusieurs se rassemblent autour de Mario Dumont et s'activent à créer un nouveau véhicule politique, qui deviendra bientôt l'Action démocratique du Québec[5]. Il reste que les jeunes libertariens québécois investissent à peu près tous les partis politiques à cette époque. À la façon des trotskystes dans les années 1960 et 1970, ils pratiquent l'« entrisme ». La plupart des jeunes libertariens préfèrent s'intégrer à des formations politiques existantes plutôt que de bâtir leur propre parti.

Les lendemains du référendum de 1980 fournissent un contexte favorable à l'essor des idées libertariennes. D'abord, l'idéal d'indépendance est mort aux yeux de beaucoup d'analystes ; ensuite, l'économie du Québec est jugée au bord de la faillite. En un sens, les libertariens québécois ont la tâche plus facile que leurs frères idéologiques américains ou européens. Contrairement aux libertariens américains, ou à ceux d'autres pays, les libertariens québécois n'ont pas à nouer une coalition avec les partisans du conservatisme. Ces derniers sont devenus marginaux depuis la Révolution tranquille. Les libertariens québécois ne se font pas embêter par des questions sur des thématiques morales : avortement, mariage gai, monoparentalité, suicide assisté, clonage ou légalisation des drogues. Litigieux dans d'autres sociétés de l'Occident, ces enjeux sont marginaux dans le débat public québécois.

Les X libertariens souhaitent surtout démanteler l'État-providence, car il ne sert à leurs yeux qu'à protéger les privilèges des boomers. Ils vont chercher à exploiter l'ambivalence de leur

---

5. Jean-François Lisée a décrit avec force détails la trajectoire de ces X libertariens dans ses deux livres sur Robert Bourassa et la saga du lac Meech, *Le Tricheur* et *Le Naufrageur*, Montréal, Boréal, 1994.

génération envers l'État-providence, qui échoue à venir en aide aux cohortes nées à partir des années 1960[6]. Si les X développent un certain cynisme face à cette justice à deux vitesses, la plupart d'entre eux ne vont pas jusqu'à souhaiter le démantèlement de l'institution. Les X libertariens, jugeant les premiers boomers hypocrites et surclassés, entretiennent cependant ce rêve.

Avec le temps, les libertariens québécois s'aperçoivent que le démantèlement de l'État-providence sera difficile. L'électorat, par sa volonté réitérée de protéger certains mécanismes de solidarité sociale, est jugé inconscient, immobiliste, voire passéiste. Avec le temps, l'idéal libertarien prendra une autre voie, celle de la création d'un grand marché mondial où les frontières économiques et sociales tombent les unes après les autres. Ses partisans cherchent à imposer une plus grande flexibilité chez les petits salariés, en faisant l'éloge des économies émergentes. Lorsque l'électorat résiste à la mondialisation, ils peuvent recourir à l'argument suprême et le taxer de xénophobie ou, pire, de racisme. Depuis l'accord de libre-échange avec les États-Unis, ils ont réussi, en s'appuyant sur l'argumentaire du multiculturalisme, à persuader l'élite que « protectionnisme » rime avec « racisme ». Dans son essai *Les Maîtres Censeurs,* la journaliste Élisabeth Lévy décrit comment l'élite libertarienne en France a ainsi réussi à intimider les opposants au projet d'unification de la zone européenne.

> L'euroscepticisme ne saurait s'expliquer que par méconnaissance, masochisme, conservatisme de mauvais aloi ou encore par une inquiétante perversion des âmes. Ainsi, à l'automne 2000, alors que le Danemark vient de rejeter la monnaie unique, un sondage, apprend-on opportunément dans *Libération,* révèle un lien entre racisme et euroscepticisme. « Le Danemark, le pays le plus euro-

---

6. Simon Langlois, « Jeune en colère à Québec : malaise de classe et de génération », dans Michel Venne, *L'Annuaire du Québec 2005*, Montréal, Fides, 2006, p. 92-94.

sceptique, est aussi le plus xénophobe. » La démonstration est concluante... On conviendra que la perspective d'être soupçonné de racisme a de quoi inciter les souverainistes les plus déterminés à quelques concessions[7].

Certes, les premiers boomers ne se convertissent pas en masse au courant libertarien dans les années 1980 et 1990. Ils sont nombreux à demeurer des gauchistes. Ceux qui appartiennent à l'élite économique, par contre, ont tendance à pousser la société dans cette voie, en sacralisant l'idée de la liberté de choix. La société devient un immense supermarché, non seulement dans le domaine de l'économie, mais aussi dans celui de la morale et, plus largement, de la vie collective. Les grandes institutions de la société doivent accepter la valeur clé qu'est la liberté de choix, ainsi que sa philosophie : l'approche clientéliste. Les écoles, les hôpitaux, les médias et la famille se transforment rapidement pour s'adapter à un monde qui bouge constamment et qui cherche à combler ses besoins en magasinant parmi diverses options.

La pénétration croissante de nos vies par le marché augmente la nécessité de travailler beaucoup. Depuis vingt-cinq ans, les jeunes familles doivent investir beaucoup plus d'heures que les membres des générations antérieures dans le marché du travail pour maintenir un niveau de vie satisfaisant. Les choix collectifs effectués dans les années 1960 et 1970 vont accentuer cette tendance dans les prochaines années. Le *Manifeste pour un Québec lucide,* qu'on peut qualifier de programme libertarien modéré, soutient que le taux d'activité des Québécois adultes devra nettement augmenter dans les prochaines décennies pour atténuer les effets du vieillissement de la population. Dans l'essai *Quelque chose comme un grand peuple,* Joseph Facal explique l'analyse des lucides concernant la nécessité pour les Québécois de « travailler plus ».

---

7. Élisabeth Lévy, « Quand le peuple dit non, c'est oui », *Les Maîtres Censeurs,* Paris, JC Lattès, 2002, p. 396-397.

Des mesures favorisant l'augmentation du taux d'emploi dans toutes les catégories sociales — aînés, femmes, chômeurs, assistés sociaux — sont évidemment nécessaires, mais elles ne pourront empêcher la baisse du poids des travailleurs, tout simplement parce que le vieillissement sera trop fort et très concentré dans le temps. En ce moment, 49 % des Québécois travaillent. Pour que ce pourcentage se maintienne, Fortin et Godbout ont calculé que la proportion des personnes âgées de 15 à 64 ans qui travaillent, qui est présentement de 70 %, devrait passer à 85 % en 2051[8].

On peut se révolter contre un tel scénario ou l'accepter avec résignation. Il reste qu'il permet de voir le triomphe d'une certaine conception de l'homme depuis les années 1980, celle de l'*animal laborans*. Dans une société où les adultes ne font guère autre chose que travailler, certaines facettes de la vie commune dépérissent ou se marginalisent. C'est l'univers du travail, avec ses habitudes et ses exigences, qui impose de plus en plus sa logique à l'ensemble de l'existence : aux loisirs, à la vie familiale, à la vie de l'esprit et même à la sexualité.

---

8. Joseph Facal, *Quelque chose comme un grand peuple*, Montréal, Boréal, 2010, p. 229.

27

L'élève, le citoyen et le client : les X en tant que parents

Le film *The Wall* suggérait qu'un mur d'autoritarisme aliénait l'individu et l'empêchait de déployer sa créativité et sa liberté. Cette représentation était typique du mouvement contre-culturel en Occident. J'ai soutenu au début de ce livre que les X n'ont pas fait face à un tel mur en avançant vers l'âge adulte. Si ce mur a vraiment existé avant les années 1960, il est en ruine lorsque les X deviennent des adolescents. En fait, un nouveau mur se construit et structure leur façon de comprendre le monde. L'idée qu'il faut faire table rase du passé et qu'il faut donc s'affranchir de la tradition coupe les X de la sagesse des générations antérieures et des fruits de la civilisation[1]. Ce mur sépare les X de ce qui a historiquement construit les générations qui les ont précédés, il les isole de ces éléments de la civilisation qui donnent du caractère à l'individu et participent à faire de lui un adulte. Un jour ou l'autre, plusieurs X finissent par le réaliser, mais il est trop tard. Dans *La Crise de l'éducation,* Hannah Arendt a analysé les conséquences néfastes de cette rupture avec la tradition : « Avec l'effondrement

---

1. Sur les effets négatifs de la rupture radicale avec le passé canadien-français, consulter l'essai de Jacques Beauchemin, *L'Histoire en trop. La mauvaise conscience des souverainistes québécois,* Montréal, VLB, 2002.

de la tradition, nous avons perdu notre fil conducteur dans les vastes domaines du passé, mais le fil était aussi la chaîne qui liait chacune des générations successives à un aspect prédéterminé du passé². » Cette réflexion suggère peut-être une piste pour comprendre la crise de l'éducation aujourd'hui.

Cette crise, les professeurs la vivent chaque fois qu'ils pénètrent dans une salle de cours. Quand ce ne sont pas les autorités administratives, les syndicats, le ministère ou le Conseil du patronat, ce sont les élèves qui rappellent les professeurs à l'ordre : les connaissances doivent être utiles ; chaque point perdu dans un examen doit être expliqué de façon systématique, même si la copie de l'élève est illisible ; chaque moment passé en classe doit répondre à un besoin précis ou développer une compétence. Vantée et célébrée, l'école publique réduit d'année en année l'horizon de l'instruction publique et de la culture. L'enseignement de la culture générale est en déclin. Une attitude de révérence face aux auteurs ; le caractère sacré du livre ; l'observation du silence à la bibliothèque ou en classe ; la politesse à l'égard des pairs ; la primauté accordée à la contemplation sur l'activité ; une modestie face à la possibilité de comprendre le monde, les choses et les humains ; et enfin, une méfiance devant les innovations sociales les plus saugrenues... Tout cela disparaît graduellement des exigences scolaires.

Heureusement, certains résistent au changement. En septembre 2001, l'Inspection générale de l'éducation en France publiait un document³ dans lequel les inspecteurs s'interrogeaient sur une apparente anomalie : le taux de réussite au bac dans la région de la Bretagne était supérieur de 10 % à la moyenne nationale. Cela n'était pas une surprise, les résultats scolaires variant souvent d'une région à l'autre. Ce qui l'était, par contre, c'est que

---

2. Hannah Arendt, *La Crise de l'éducation* (1958), dans *La Crise de la culture,* Paris, Gallimard, 1972, p. 124-125.
3. Cité dans Éric Conan, *La Gauche sans le peuple,* Paris, Fayard, 2002, p. 180-182.

le coût moyen investi par élève dans cette région était parmi les plus faibles en France. Une autre surprise attendait le lecteur du rapport. Au lieu de simplement féliciter les professeurs bretons, les inspecteurs persistaient à vouloir élucider ce qui à leurs yeux défiait toute logique. Ils ont fini par laisser tomber le reproche suivant. Le corps professoral de cette région est certes sérieux et compétent, mais il semble maladivement attaché aux méthodes traditionnelles d'enseignement.

Selon le document, les professeurs bretons sont plus conservateurs que leurs collègues du reste de la France. En retard par rapport aux modes pédagogiques parisiennes, les professeurs bretons enseignent d'une façon directive. Ils pensent, naïvement, qu'ils ont quelque chose à transmettre. Ils ont recours au cours magistral et utilisent des méthodes classiques d'évaluation, cherchant surtout à mesurer la capacité des élèves à lire, à écrire, à calculer et à transmettre les connaissances acquises dans chaque discipline. Dans ce rapport insolite, les inspecteurs reprochent aux professeurs bretons leur peu d'empressement à innover sur le plan des méthodes pédagogiques et à se questionner sur les méthodes anciennes héritées de la vieille école de Jules Ferry.

Les inspecteurs déplorent aussi au passage le sous-équipement des établissements. Trop peu de salles, à leur avis, sont munies de télévisions et de magnétophones. Le sous-équipement n'est cependant pas attribuable à la négligence des autorités scolaires. Ce sont les professeurs qui sont coupables. Ils ne font tout simplement pas les demandes nécessaires pour suivre le virage technologique. Les professeurs sont néanmoins pardonnés par les inspecteurs. Les élus représentés dans les établissements, fort têtus, tiennent beaucoup au maintien des vieilles méthodes pédagogiques.

Cette longue anecdote lève le voile sur une cause cachée de la crise de l'éducation : la compulsion du changement. La génération X a été soumise à cette dérive dans plusieurs aspects de la vie. Dans le cas de l'école, il ne reste plus beaucoup de gens pour soutenir que les réformes pédagogiques des vingt dernières années ont amélioré le niveau d'instruction dans la société. Pourtant, les élites scolaires continuent à jouer à l'autruche.

Depuis quarante ans, le milieu scolaire cherche à suivre l'évolution de la société. Dans les écoles comme dans d'autres institutions, la plupart des éléments classiques (précapitalistes) de la vie sociale ont été minés par la logique progressiste et modernisatrice. Attachée au culte du mouvement, l'école ne s'est pas contentée d'une victoire partielle. Chaque fragment de la culture, de la tradition, de notre passé a dû être remplacé par du neuf, du vécu, du concret, du performant. L'école publique (polyvalentes et cégeps) qui prend forme à la suite du rapport Parent a fait des dommages sérieux à l'idéal d'instruction publique. Elle rompt un fragile équilibre qui existait jusqu'aux années 1960 dans le milieu scolaire entre les philosophies classique et moderne[4].

Mais comment cette rupture avec la tradition s'est-elle produite dans le monde scolaire, du primaire jusqu'à l'université ? Le culte du mouvement s'est imposé en deux temps distincts. Comme je l'ai affirmé précédemment, dans les années 1960 et 1970, la sociologie marxiste a prôné une liquidation radicale de la tradition dans le domaine scolaire. C'est la première étape. La seconde se déroule au tournant des années 1980, lorsque le credo libertarien prend le relais. Il transforme l'élève en client, au nom de la liberté de choix. Dans l'essai *La Barbarie douce,* Jean-Pierre Le Goff montre que le vocabulaire du milieu des affaires et celui des facultés d'éducation sont devenus pratiquement identiques à partir des années 1980[5]. Les professeurs font face à des clientèles, les étudiants magasinent les profs et, au terme des examens, ils négocient les notes comme on le fait pour acheter une voiture usagée. Cette invasion du langage libertarien, où tout se marchande, est rendue possible parce que les parents X sont devenus fort ambivalents face à l'école publique.

---

4. Jean-Claude Michéa, *L'Enseignement de l'ignorance,* Paris, Climats, 1999.
5. Jean-Pierre Le Goff, *La Barbarie douce,* Paris, La Découverte, 1999.

Dès les années 1980, les premiers-nés de la génération X commencent à avoir des enfants. Comme parents, ils sont conscients que l'école publique connaît de sérieux ratés, en dépit de la propagande diffusée par les autorités scolaires. Plusieurs de ces parents pressentent déjà qu'ils ont une trajectoire de déclassés. Cette position particulière influe sur leur rapport à l'école. Ils savent qu'un fossé se creuse entre ceux qui accèdent à l'éducation supérieure (une minorité) et la masse, qui reçoit une instruction à rabais, laquelle donne à peine la capacité de lire, d'écrire et de calculer. Parce qu'ils ont été les cobayes du grand chantier pédagogique des années 1960 et 1970, ces parents ont une conscience plus vive des ratés du réformisme pédagogique. Ils sont nombreux à comprendre qu'en dévalorisant les connaissances au profit de l'activité et de l'expérience, cette école a produit une génération d'illettrés. Sur la base de cette conviction, les parents X adopteront face à l'école une attitude différente de celle des générations de parents qui les ont précédés. Anxieux par rapport à la réussite de leurs enfants, ils participent avec agressivité à la grande lutte pour les places qui se joue désormais dans le monde scolaire.

Cette nervosité des parents X est exacerbée par le décalage entre le discours rassurant des autorités scolaires et leurs propres perceptions, fortement teintées de doute et d'inquiétude. Malgré les appréhensions des parents, qui voient bien que leurs enfants n'apprennent pas, les élites scolaires persistent à voir la réalité en rose. Pour parer à la critique, elles rétorquent que l'ancienne école, méritocratique, était plus désastreuse encore et que, tout compte fait, d'un point de vue idéologique, on n'a pas le choix : il faut continuer le combat contre l'école traditionnelle. Plutôt que de renforcer les sanctions (positives et négatives) visant à mieux instruire les élèves, il faut innover, s'adapter à la clientèle, révolutionner les approches et faire preuve de créativité dans la pédagogie.

Les parents X se questionnent sur la cécité des autorités scolaires. Or, le refus de reconnaître la destruction de l'école publique tient largement aux intérêts de ses acteurs. Comme l'a démontré le sociologue Raymond Boudon dans *L'Inégalité des chances*, la théorie qui sous-tend l'école de masse est peut-être erronée, jusqu'à avoir des conséquences catastrophiques, mais elle demeure fort utile aux élites scolaires et culturelles[6]. Cette destruction de l'école publique confirme des avantages pour certains groupes de la société. En effet, elle permet aux enfants de l'élite culturelle (incluant ceux des professeurs) de grimper des échelons dans la pyramide sociale, au détriment des enfants des classes populaires et des familles immigrées.

Depuis quarante ans, par l'entremise de leurs syndicats, les professeurs ont accepté des réformes dont ils savaient souvent les effets dévastateurs sur la performance scolaire des classes populaires. Les familles enseignantes ont beau pester contre la moindre forme d'élitisme dans la société, elles font preuve d'un élitisme fort paradoxal dans les décisions concernant la trajectoire scolaire de leurs propres enfants. Consommateurs avertis sur le marché de la culture, les professeurs savent qu'il ne faut pas placer ses enfants dans n'importe quelle école. Comme les familles de l'élite économique ou de l'élite culturelle, les familles enseignantes magasinent les bonnes écoles. Avec les années, elles ont discrètement investi l'école privée ou, si elles sont plus radines, elles ont appris à faire le tri entre les bonnes et les mauvaises écoles publiques. C'est leur droit le plus strict de choisir les bons établissements. C'est même le devoir du parent d'offrir le meilleur à ses enfants, pour qu'ils réussissent dans la vie. Mais il serait collectivement bénéfique que le diagnostic pessimiste des professeurs sur l'état de l'école publique soit partagé et qu'il puisse être communiqué aux familles des classes populaires. En d'autres termes, il serait plus honnête que les professeurs disent la vérité au sujet de la qualité des écoles que leurs propres enfants ne fréquentent pas.

Les parents X ne sont cependant pas dupes. Ils savent maintenant que, dans l'école publique, le relativisme est roi : le droit au

---

6. Raymond Boudon, *L'Inégalité des chances* (1973), Paris, Hachette, 2001.

diplôme est devenu un fait ; le redoublement, un tracas administratif désavoué par la direction ; les notes, illisibles, un outil pour décourager la compétition des classes populaires ; enfin, la « pédagogie démocratique », une approche qui sert à recaler les forts au niveau des faibles. Les étudiants ont beau étudier plus longtemps, la mobilité sociale est loin d'être garantie, car la valeur du diplôme a beaucoup chuté : le réel est dur. Il faut par conséquent des études plus longues pour accéder à la même position que ses parents dans la hiérarchie professionnelle. De cette dévalorisation des diplômes universitaires, l'économiste québécois Gérard Bélanger a brossé un tableau consternant. Les statistiques sur les étudiants en Amérique du Nord montrent que ceux-ci consacrent beaucoup moins de temps à leurs études, mais que, paradoxalement, ils obtiennent de bien meilleures notes. La dévalorisation de l'enseignement au profit de la recherche pousse les professeurs à acheter la paix avec leurs étudiants. Selon l'économiste, il existe une relation entre l'inflation des notes et la baisse du temps d'étude.

> Une recherche récente conclut que le temps d'étude moyen serait d'environ 50 % plus court si les étudiants d'un cours s'attendaient à une note moyenne de A au lieu de C. La dépréciation des études de premier cycle reflète les incitations qu'affronte l'universitaire dans un monde de plus en plus spécialisé. Le chercheur vise la reconnaissance des membres de sa discipline et reçoit les nombreuses décharges d'enseignement à l'intérieur de son université. La promotion dépend des activités de recherche et l'inflation des notes achète la paix[7].

L'école a fini par abrutir une part significative de la jeunesse scolarisée. Elle a introduit de nouvelles formes d'ignorance. Les nouvelles générations ont de plus en plus de difficulté à faire des déductions logiques, à comprendre de simples articles de jour-

---

7. Gérard Bélanger, « Le bac se déprécie », *La Presse*, 2 juin 2010.

naux, à utiliser la langue avec précision et éloquence, et à connaître quelques faits élémentaires sur l'histoire de leur pays. Les progrès de l'ignorance sont subtilement camouflés par la propagande politique et la paresse des médias de masse. La jeunesse, même celle qui accède à l'université, est de plus en plus perméable aux nouvelles formes de superstition : le nouvel âge, la propagande des sectes, l'ésotérisme, les recettes de croissance personnelle et l'industrie envahissante de la santé et du bien-être. Le déclin des connaissances sur le monde s'accompagne d'une baisse dramatique de l'intelligence critique, cette capacité d'écarter des explications irrationnelles à propos de faits élémentaires de la vie quotidienne.

Ce constat ne vaut cependant pas pour les grandes écoles. Dans celles-ci, où les enfants de l'élite apprennent à la dure à devenir médecins, administrateurs ou ingénieurs, c'est une autre histoire. Car ces grandes écoles constituent encore aujourd'hui des filières sûres et gagnantes. Les diplômes qu'elles décernent souffrent beaucoup moins de la magie pédagogique ou de la dévalorisation scolaire. Une certaine rigueur y prévaut encore, car on prépare les étudiants à devenir des mondiaux. La grande révolution pédagogique, en dépit de sa sémantique démocratique, n'a donc pas entamé les privilèges des héritiers de la classe supérieure.

L'attitude du monde scolaire, si elle n'est pas excusable, est toutefois facile à comprendre. Comme jamais auparavant, la place de l'individu dans la pyramide sociale est tributaire de sa capacité à décrocher les diplômes payants. Une lutte pour ces places est engagée au sein de l'école, et le déclassement social vécu par la jeune classe moyenne depuis vingt ans exacerbe l'anxiété qui caractérise cette lutte. Les parents X cèdent aux stratégies de marketing des établissements scolaires, qui laissent miroiter la possibilité de démocratiser la réussite sociale. La finalité de l'école est ainsi de plus en plus dénaturée. Au lieu de chercher à transmettre des modèles d'intelligence, de courage et d'audace, elle tente de produire des mondiaux rusés, calculateurs et polyglottes qui seront propulsés vers les sommets de la pyramide sociale.

En tant que partisans de l'ordre capitaliste, les libertariens devraient réaliser que le capitalisme a pu se développer au XVIIIe siècle parce qu'il a hérité d'une série de types anthropologiques qu'il n'a pas créés et qu'il n'aurait pas pu créer lui-même : des juges incorruptibles, des fonctionnaires intègres, des professeurs dévoués, des ouvriers consciencieux… Ces types ne surgissent pas d'eux-mêmes. Ils ont été façonnés sur plusieurs générations, et à partir de valeurs qui n'ont rien à voir avec l'appât du gain : l'honnêteté, le service de l'État, la transmission de la culture, le travail bien fait[8]. Des auteurs de la génération X ont critiqué l'idée selon laquelle l'individu peut se former en tournant le dos au passé. Sur ce point, les cadets des X, élevés dans l'horizon de Mai 68, semblent les plus sévères. Agathe Fourgnaud, une représentante de ce groupe, a fait l'observation suivante dans un essai pénétrant :

> Vous avez fait table rase de tout ce qui apparaissait être des contraintes, mais incarnait aussi des valeurs, une culture, une éducation qui vous ont permis de vous construire. Vous n'avez choisi de les rejeter que parce qu'elles ont eu le temps de vous structurer. Elles sont votre squelette, votre colonne vertébrale. Nous, les « jeunes », vos enfants et petits-enfants, avons vécu l'inverse. Vous nous avez donné de la chair avant de nous donner une ossature. Vous nous avez élevés comme vous auriez souhaité l'être : libres. Résultat : nous sommes souvent plus contraints que vous, condamnés à ne rien pouvoir choisir[9].

Au terme de longues années d'études, plusieurs sont restés d'éternels adolescents qui ne possèdent pas les connaissances nécessaires pour se situer dans le monde et agir dans le domaine

---

8. Cornelius Castoriadis, *Les Carrefours du labyrinthe*, III : *Le Monde morcelé*, Paris, Éditions du Seuil, 1990.
9. Agathe Fourgnaud, « Nous, les enfants des baby-boomers », dans *La Confusion des rôles*, Paris, JC Lattès, 1999, p. 9-10.

public comme d'honnêtes citoyens. L'école tend ainsi à enfermer l'individu dans le stade de l'enfance. C'est d'ailleurs l'une des idées fortes de la pédagogie moderne que de chercher à ne pas brimer l'enfant. Pour y parvenir, elle demande aux éducateurs de se placer au second plan, de laisser un monde d'enfants se former dans lequel ceux-ci apprendraient par eux-mêmes. L'idéal démocratique, adapté au monde de l'éducation, a donc fini par se retourner contre ce dernier. Quand il n'échoue pas à produire des adultes, il faillit à former des citoyens. L'élève que forme l'école aujourd'hui sort du secondaire sans connaître l'histoire de son pays, sans être bien informé sur les événements qui marquent la politique internationale et sans avoir acquis la capacité à exercer un sens critique à l'égard de l'information qui est véhiculée par les médias de masse. En refusant de transmettre la culture, les œuvres et les connaissances fondamentales de la civilisation, l'école s'est tournée vers le vécu de l'élève. Elle a encouragé son narcissisme, et l'a privé des connaissances et des références nécessaires pour entrer dans un monde commun, façonné par les générations précédentes.

28

Les capacités politiques du peuple

Lorsque les X entrent dans l'âge adulte, la foi de l'Occident dans l'idéal démocratique s'affaiblit. Dans *L'Illusion économique,* Emmanuel Todd a montré qu'un long siècle d'égalisation sociale a pris fin après les Trente Glorieuses[1]. Le doute à l'égard de cet idéal a différentes sources : la stagnation des taux de scolarisation et de diplomation, l'augmentation des écarts de revenu, le regain des théories darwinistes, et la montée des sectes et de l'ésotérisme. Au Québec, le virage en faveur d'un nouvel âge des inégalités est palpable dès le tournant des années 1980. Il se structure autour de l'idée que le peuple n'est pas apte à se gouverner lui-même. Les capacités de ce dernier à délibérer, à juger du bien commun et à faire preuve de raison face à différentes avenues politiques seraient finalement assez faibles. Les premiers boomers comme les X manifestent de plus en plus de méfiance face au peuple[2]. Ils le font cependant pour des raisons différentes. Les premiers boomers entrent dans une déprime post-référendaire, entretenant l'idée que le peuple n'a pas été à la hauteur de la cause de l'indépendance.

---

1. Emmanuel Todd, *L'Illusion économique,* Paris, Gallimard, 1998.
2. Le sociologue Jacques Grand'Maison est peut-être le premier à percevoir la montée de cette hostilité à l'égard des classes populaires dans un livre prophétique : *La Nouvelle Classe et l'avenir du Québec,* Montréal, Stanké, 1979.

Les X, eux, commencent à se méfier de l'égalitarisme radical qui circule dans les filières scolaires où ils sont passés. À leurs yeux, le credo égalitaire était pure hypocrisie et justifiait des dérives condamnables ; il est dorénavant utilisé par les syndicats pour cimenter les privilèges de leurs membres au détriment des jeunes qui arrivent sur le marché du travail. Que ces opinions sur l'idéal démocratique soient fondées ou non importe peu. Ces perceptions finissent par sédimenter la sensibilité politique des années 1980.

Quand les X fréquentaient la polyvalente dans les années 1970, la doctrine marxiste était hégémonique. Elle prônait la haine des bourgeois. À partir des années 1980, subtilement, le discours change. C'est le petit salarié qui devient l'objet du mépris. Les anciens révolutionnaires qui œuvrent dans les médias de masse redéfinissent le mépris des classes inférieures. Maintenant, il fait bon de se laisser aller au dégoût du peuple. Cette nouvelle perception est réconfortante pour l'élite, puisqu'elle justifie l'abandon de politiques sociales coûteuses, notamment, en plus de lui éviter un grand sentiment de culpabilité[3]. Durant les Trente Glorieuses, l'humour était un arsenal redoutable, utilisé par des enfants du peuple pour noircir l'image de l'élite. Dans les années 1960, par exemple, les Cyniques proposaient des sketchs corrosifs qui ciblaient des figures de l'élite du Canada français : les bourgeois, les évêques, les politiciens. Dans les années 1980, l'humour change de fonction : il devient l'arme de la faune médiatique et culturelle pour mettre en relief la bêtise des classes populaires. La nouvelle génération d'humoristes qui se fait une place au soleil durant les années 1980 ne s'attaque pas à l'élite comme le faisaient les Cyniques vingt ans plus tôt. Les cibles sont trouvées désormais dans les différentes catégories de gens qui composent les couches inférieures de la pyramide sociale.

---

3. Sur le divorce de l'élite et du peuple, il faut lire Hervé Algalarrondo, *La Sécurité. La gauche contre le peuple*, Paris, Robert Laffont, 2002.

Les médias encouragent un nouveau style : la caricature grossière du peuple. Le dénigrement du petit salarié est un « mépris bon chic bon genre » socialement acceptable. Ce phénomène n'est pas propre au Québec, bien sûr. Ailleurs en Occident, la guerre au peuple est lancée, et elle fait bien rigoler. On crée *Les Deschiens* en France et *The Simpsons* aux États-Unis. Au Québec, bien qu'il dirige parfois son humour mordant vers certaines figures puissantes, le groupe Rock et Belles Oreilles cède aussi à ce penchant. Les membres de la famille Slomo sont bêtes, idiots, dépassés par la technologie. Les personnages de cet imaginaire antipopulaire, qui meublent les soirées des téléphiles en Occident, sont des dinosaures qui résistent au culte du changement et qui pour cette raison ne méritent aucune compassion.

Les médias imposent facilement ce nouvel imaginaire antipopulaire. Ils sont aidés en cela par des intellectuels et des créateurs. En 1985, par exemple, le cinéaste Pierre Falardeau signe *Elvis Gratton*. Le film met en scène un modeste garagiste, menant de petites affaires, dans un quartier de l'est de Montréal. Ce garagiste est issu des classes populaires. Comme bien d'autres Québécois, il parle joual, valorise la consommation et rêve de devenir millionnaire. L'idéal qui le fait rêver est calqué sur le rêve américain. Elvis Gratton envie en effet la confiance, l'audace et le succès des Américains. Le garagiste possède d'autres défauts : il est antiséparatiste et antisocialiste. Le film suggère que cet attachement atavique aux valeurs anciennes (le fédéralisme, le capitalisme) explique pourquoi le peuple refuse de s'engager dans la libération du Québec.

Le succès du film dépasse les attentes du cinéaste. En moins de dix ans, Elvis Gratton devient un personnage légendaire dans l'imaginaire québécois. Elvis Gratton, ce n'est jamais soi-même, mais les autres : il peut s'agir de son voisin, de son beau-frère ou de son collègue de travail. Il est significatif que tant de Québécois voient en Gratton le Québécois moyen, colonisé et aliéné, au moment même où les élites québécoises sont enivrées par les succès du « Québec inc. ». Dans la presse québécoise, l'entrepreneur fait figure de coureur des bois audacieux, indépendant et prospère qui se moque des frontières nationales. Le Québec né pour un petit pain, c'est de l'histoire ancienne. Le film *Elvis Gratton* envoie un tout autre message : les Québécois sont restés des colons, des idiots, des aliénés, des demi-civilisés.

Le succès du film donne à penser que les Québécois, durant les années 1980, ne sont finalement pas optimistes face à l'avenir. Une certaine presse a beau vanter les succès du Québec entrepreneurial, l'enthousiasme est loin d'être contagieux. Il se heurte aux angoisses, aux inquiétudes et aux peurs des couches intermédiaire et inférieure de la pyramide sociale. Sans doute, les Québécois continuent à se percevoir collectivement comme des perdants, un peuple qui s'assimile tranquillement à la nation américaine. Le succès populaire du film révèle que les Québécois, cinq ans après le référendum de 1980, ont renoué avec le vieux mépris de soi caractéristique de l'ancien Canadien français. Des pans entiers du Québec inc. s'effondrent, de fait, dès la fin des années 1980[4].

Dépassé par le succès de son film, Falardeau rechigne pendant plusieurs années à l'idée d'écrire une suite à *Elvis Gratton*. Il finit un jour par céder dans le but de financer ses « films sérieux », selon ses dires. Devant ceux qui l'accusent de rire des classes populaires, de les caricaturer, le cinéaste se défend ainsi : pour lui, Gratton n'est pas un ouvrier québécois. C'est plutôt un petit bourgeois qui gagne sa vie en collaborant avec les forces corrompues de la société locale (le maire, le journaliste, le chef de police). La défense du cinéaste à ce sujet n'est pas convaincante. On cherche en vain dans le film des personnages qui auraient échappé à l'acculturation et à l'abêtissement de la société de consommation. On perçoit mal, après le visionnement, les qualités que le cinéaste prétend avoir données à ses personnages. La scène finale du premier film est

---

4. Le sociologue François Moreau est le premier auteur à avoir démontré la fragilité du Québec inc. Lire « La résistible ascension de la bourgeoisie », dans Gérard Daigle, *Le Québec en jeu*, Montréal, Presses de l'Université de Montréal, 1992, p. 335-356.

éloquente : dans un dépanneur d'un quartier populaire, tous les clients portent un masque d'Elvis Presley.

On pourrait hausser les épaules face à cette représentation du peuple dans les médias. Mais on doit au contraire s'en inquiéter, car elle correspond à la façon dont les élites mondialisées perçoivent les peuples. Après la chute du mur de Berlin, les démocraties libérales ont redéfini leur vision du monde. Il y a un siècle, l'idéal des démocraties libérales était d'instruire le peuple, d'élever ses capacités intellectuelles, d'aiguiser ses capacités politiques pour lui permettre de mieux participer aux affaires publiques. Un siècle plus tard, les démocraties libérales abandonnent cet horizon politique[5].

Lorsque les classes populaires réaffirment leur volonté d'agir sur les événements, les penseurs de l'élite s'empressent de remettre en question leur bonne foi : ils prétendent que les petits salariés ne travaillent pas assez, ne sont pas productifs, s'accrochent à leurs acquis. Le *Manifeste pour un Québec lucide* fait écho aux analyses sur la « France paresseuse » ou aux thèses des libertariens américains. Ayant renoncé à persuader le peuple, l'élite a mis au point des astuces pour contourner sa volonté. L'État renonce à son rôle, déléguant des pouvoirs à des instances internationales, judiciarisant des enjeux trop complexes pour être décidés par des élus, ou cédant au secteur communautaire certaines de ses prérogatives traditionnelles.

Avec les années, ce contournement du fait majoritaire par l'élite a nourri la colère des électeurs. Les sondeurs sont les premiers à le reconnaître. Le nombre d'électeurs difficiles à classer (gauche, droite, souverainistes, fédéralistes) grossit avec les années. L'analyse des scrutins confirme une certaine désaffection des petits salariés pour les partis traditionnels. De plus en plus de citoyens refusent de leur donner leur appui. Si l'on additionne les votes blancs, les nuls, les abstentions et ceux qui sont accordés à l'extrême gauche et à l'extrême droite, on arrive souvent à la moitié de

---

5. Krzysztof Pomian, « La vraie fin du XXe siècle », *Le Débat*, printemps 2000.

l'électorat. Dans ce contexte, il est permis de penser que le divorce entre le peuple et l'élite est en train de se consommer. En effet, plus le peuple se sent bafoué et diabolisé, plus il se rabat sur l'ultime moyen à sa disposition pour s'exprimer : le vote. Voter est une façon pour lui de faire un pied de nez aux élites bien-pensantes. Les petits salariés et les chômeurs, lorsqu'ils se tournent vers des formations politiques marginales, le font moins pour appuyer le programme de ces dernières que pour manifester leur désaccord avec les partis soutenus et contrôlés par les élites.

Au Québec, cette désertion des partis traditionnels est manifeste depuis maintenant vingt ans. Sur la scène fédérale, l'électorat québécois refuse d'appuyer les deux grands partis dominants et encourage plutôt le Bloc québécois. Sur la scène provinciale, la situation est encore plus incertaine. Depuis le référendum de 1995, un troisième bloc d'électeurs s'est formé et a grossi pour finalement changer la donne politique à partir des élections générales de 2002. Les analyses sociologiques ont révélé que la majorité de cet électorat se trouvait dans les familles de la jeune classe moyenne, à l'extérieur de Montréal. C'est un électorat imprévisible, qui se trouve sans véhicule politique. Après avoir abandonné le PQ, il a temporairement appuyé l'ADQ, puis l'a abandonnée à son tour.

> La frange la plus jeune du groupe porteur, constituée des jeunes familles de la classe moyenne qui migrent massivement vers les couronnes périphériques des grandes villes, est celle qui décroche du Parti québécois. Or, depuis 30 ans, ce groupe social a été la colonne vertébrale de l'électorat péquiste. Dans les années 1970 et 1980, il s'agissait des baby-boomers qui ont bénéficié de la Révolution tranquille ; aujourd'hui, il s'agit de leurs fils et de leurs filles devenus adultes et ayant des enfants. On assiste donc peut-être à une double rupture : rupture de classe et rupture de génération[6].

---

6. Pierre Drouilly, « Une élection de réalignement ? », dans *L'Annuaire du Québec 2008*, Montréal, Fides, 2009, p. 38.

Cet électorat est volatil et capricieux, en partie parce qu'il se trouve sans leadership. Il s'exprime jusqu'à maintenant par des votes de protestation. De plus, il faut le noter, il est nerveux, car il pressent le caractère décevant de son destin. La jeune classe moyenne qui en compose le noyau est fortement déstructurée par les effets conjugués de la révolution culturelle et de la révolution économique. La difficulté de comprendre cet électorat tient au fait qu'on compare inévitablement sa sensibilité politique à celles des premiers boomers. C'est une tâche ardue que de s'affranchir des catégories qui ont marqué l'âge de la révolution québécoise. Il était facile d'imaginer, en 1960, comment faire tomber les derniers vestiges d'une société qu'on jugeait figée et immobile ; il est moins facile d'anticiper aujourd'hui les actions qui permettraient à la société québécoise de garder sa cohésion au milieu de la tempête que le culte du mouvement déclenche sur son passage.

29

Le mouvement, le Mur et l'insécurité

Dans cette dernière section du livre, j'ai développé l'hypothèse selon laquelle le fil idéologique qui sous-tend notre époque est libertarien. L'affaiblissement des frontières nationales crée un monde où les normes, façonnées et relayées par des siècles de civilisation, sont subitement rejetées au nom du mouvement. Au bas de la pyramide sociale, les petits salariés peinent à maintenir un niveau de vie décent. Grands perdants de ce monde nouveau où les institutions sont en déclin et où l'autorité est en crise, ils sont condamnés à vivre dans l'insécurité. Ils espèrent en silence un redressement politique par lequel l'ordre social serait fermement défendu, le travail honnêtement rémunéré, la justice appliquée de façon indifférenciée. Ils sont attachés à des idées qui traduisent le simple bon sens, comme la décence, le bien commun et la coutume. Les classes populaires sont allergiques au progressisme ambiant, car elles ont la nostalgie de l'ancien ordre des choses, celui où leurs enfants avaient une possibilité réelle de grimper dans la pyramide sociale ou, à tout le moins, de se tailler une place dans la société sans craindre constamment de la perdre.

La nostalgie pour les Trente Glorieuses ne se fonde pas sur des motivations purement matérialistes. Cette ère n'a pas seulement permis aux sociétés de l'Occident d'améliorer leur niveau de vie. Parmi les objectifs visés par le New Deal de Roosevelt durant les années 1930, il y avait aussi le droit à la sécurité. Or, les années 1980 sont faites d'insécurité, et ça ne s'améliore pas avec le temps. Elle touche d'abord les X, mais bientôt d'autres segments de la société québécoise sont placés dans un état de survie. Un film québécois a dépeint avec intelligence la montée d'un tel sentiment au sein des classes populaires. Il s'agit de *Gaz Bar Blues*, de Louis Bélanger, sorti en salle en 2003[1]. Cette œuvre relate la vie d'une modeste famille habitant un quartier ouvrier de la ville de Québec. Dirigée par un veuf, cette famille connaît une profonde insécurité économique. En effet, le petit *gaz bar* exploité par François Brochu est entraîné vers un déclin irréversible. À l'heure de la mondialisation, suggère le film, les gros mangent inexorablement les petits. L'insécurité matérielle vécue par les habitants de ce quartier ouvrier se double d'une insécurité sociale. Ils sont exposés à la délinquance, au crime et à la toxicomanie.

François Brochu a quatre enfants : trois garçons et une fille. Les deux plus vieux, Réjean et Guy, épaulent leur père à la station d'essence. Bien scolarisés, ils gagnent pourtant leur vie sans enthousiasme dans l'entreprise familiale, espérant pouvoir un jour s'adonner à autre chose qu'à des petits boulots mal payés. L'aîné rêve d'être photographe, l'autre joue de l'harmonica dans un groupe de blues après les heures de travail.

Le fils aîné, Réjean, est intéressant à plus d'un titre. Travailleur intègre et loyal, il peine à contenir son ressentiment et sa révolte face aux forces qui fragilisent son milieu et face à la lâcheté de ses contemporains. Comme les autres habitants du quartier, il ne fait plus confiance au « système ». À plusieurs reprises, victime des attaques de voyous, il se fait lui-même justice. À la suite d'une tentative de hold-up qu'il réussit à faire avorter, Réjean répond aux remontrances de son père, qui considère qu'il a manqué de prudence. Le dialogue entre les deux personnages est instructif. Le jeune homme dit qu'il faut se battre pour obtenir le respect et ne

---

1. Louis Bélanger, *Gaz Bar Blues*, Montréal, Alliance Atlantis Vivafilm, 2004.

plus attendre la protection des autorités : « Je suis écœuré de faire rire de nous autres… C'est simple, je vais plus laisser personne te faire du trouble. Tu fais du trouble à mon père, tu le voles, ben tu vas passer par moi avant. C'est une question de respect, ça. » François Brochu ne comprend pas la rage de son fils. Sa réponse livre la leçon du film. Il faut avoir le courage de s'opposer à une évolution sociale qu'on prétend inévitable.

> Le père : T'as une rage en dedans de toi, Réjean… Ça fait peur. J'ai-tu raté quelque chose avec toi pour que tu sois triste de même ? On dirait que t'es pas heureux.
> Réjean : Non, je suis heureux, p'pa, je veux juste que ça arrête.
> Le père : Quoi ?
> Réjean : Toute !

Ainsi, à plusieurs reprises durant le film, Réjean suggère subtilement qu'il doit chercher à arrêter le cours des choses. Il comprend qu'aujourd'hui, garder sa dignité nécessite de s'opposer au culte du mouvement. Dans les années 1960, la jeunesse révoltée s'appliquait plutôt à accélérer le train de l'histoire. Il fallait flairer dans quel sens soufflait le vent du progrès et le suivre. Le film de Louis Bélanger montre que cette époque est révolue. Être courageux consiste à s'opposer aux réformes que l'élite présente frauduleusement comme des progrès. Il faut user de son jugement devant les innovations sociales avant de choisir de les accepter ou de les rejeter.

Réjean campe cette posture défensive pour garder sa dignité, certes, mais aussi pour protéger le bien de son père et préserver un minimum de décence et de justice dans sa communauté. Le *gaz bar* n'est peut-être plus rentable, mais il reste un lieu de rencontre, convivial et humain, pour les gens du quartier. Au milieu du film, toutefois, Réjean oublie son amertume : enthousiasmé par la chute du mur de Berlin, il décide d'aller en Europe pour assister à cet événement historique et prendre des photos des célébrations. À peine quelques jours suffisent pour éteindre l'excitation du jeune homme : « C'est rendu fou ici. Le monde pense juste au crisse de cash. La réunification de l'Allemagne est organisée comme une vente de garage. » Réjean est dégoûté par l'attitude des Berlinois de l'Ouest, qui à ses yeux ne cherchent que le profit. Sa déception tourne à la colère, puis à la révolte violente. Dans un geste symbolique, il incite les Berlinois de l'Est à reconstruire le mur : « On est décevant, l'être humain, des fois. La chute du mur veut peut-être rien dire… Faut que je trouve une passe pour que rien bouge. M'a tout' figer ça là. » Ici encore, Réjean prône une attitude défensive et méfiante face au changement. Il faut éviter de se laisser emporter par l'ivresse du mouvement. Son geste traduit une volonté d'arrêter ce qui est désigné comme le cours irréversible des choses, la marche de l'Histoire. Expulsé d'Allemagne, le jeune révolté, de retour au pays, tente d'expliquer son coup à son père. Une conversation entre eux révèle le caractère héroïque de son attitude défensive. Réjean établit une comparaison entre l'Allemagne de l'Est et le petit *gaz bar* : le mouvement va rapidement écraser ces deux entités, car il favorise toujours les puissants.

> Le père : Tu me prends-tu pour un imbécile ? Tu prends tout' ces détours-là pour finir par me dire ça ? Le monde est en train de changer, pis moi, j'ai de la misère à suivre. Penses-tu que je le sais pas, ce qui me pend au bout du nez ?
> Réjean : Moi, ce que je dis, c'est qu'il y a pas de honte à pas vouloir changer. Si les changements font pas ton bonheur, t'es pas obligé de jouer leur *game*.

Dans cet échange, le père et le fils s'entendent sur le constat suivant : le mouvement étourdissant des sociétés, présenté sous des allures du progrès, ne sert pas le bien commun. Le mouvement de l'Histoire n'a que faire des gens de condition modeste, ordinaires. Durant tout le film, le personnage de Réjean trouve une dignité dans le fait de s'opposer, de façon symbolique mais courageuse, au progrès dévastateur. Mais s'il est sceptique face au progrès, il n'est pas pour autant conservateur. Comme beaucoup de X,

Réjean est un produit de la société moderne, mais qui a tiré quelques leçons à propos de la modernité triomphante. Sans être traditionaliste, il juge que certaines vertus sont nécessaires pour assurer un minimum de justice et de décence dans la société : la loyauté, l'effort, la discipline, notamment. Le contraste entre Réjean et son frère Guy est saisissant. Comme employé, Guy est nettement moins discipliné et responsable que son aîné. Pur produit de la révolution culturelle, il s'absente souvent du travail sans prévenir. Il mène une vie insouciante dans l'*underground*.

Dans *Gaz Bar Blues,* le personnage de Réjean est emblématique de la façon dont certains X cherchent parfois à soutenir une forme d'héroïsme. Refuser la conception progressiste de l'Histoire n'implique pas de plier devant les nouvelles formes de servitude. Dans l'histoire de la démocratie, comme l'ont montré Hannah Arendt et J. G. A. Pocock, de nombreuses actions héroïques avaient pour cible le progressisme[2]. Se voulant respectueuses de la continuité historique, bien des insurrections cherchaient avant tout à préserver des habitudes, des traditions et des coutumes héritées d'un âge prémoderne. Les insurgés résistaient aux tyrans de leur temps, car ils jugeaient que ces traditions et ces coutumes conféraient à la collectivité une forte cohésion sociale et une dose nécessaire de civilité.

Outre *Gaz Bar Blues,* d'autres œuvres québécoises engagées expriment un scepticisme face au progrès. On peut penser par exemple à *L'Erreur boréale* ou à *Bacon, le film*. On peut évoquer aussi les fameux combats de Daniel Pinard contre les multinationales de l'alimentation. Ces discours, qui cherchent à préserver et à conserver, et qui défendent entre autres les petits producteurs contre les multinationales, sont difficiles à faire entrer dans les catégories politiques classiques. Bien sûr, certains accents rappellent des combats menés par la gauche ; d'autres, toutefois, évo-

---

2. Hannah Arendt, *Essai sur la révolution*, Paris, Gallimard, 1967 ; J. G. A. Pocock, *Le Moment machiavélien*, Paris, Presses universitaires de France, 1997.

quent des mouvements populistes de l'époque du New Deal. Ce qui est certain, c'est que ces discours politiques contestataires se poursuivent avec les ans, portés par des sentiments d'inquiétude et de crainte, et reposent souvent sur la conviction que la modernisation en marche n'amène pas toujours le bien commun.

Dans *Gaz Bar Blues,* le garage représente un microcosme de la société. C'est un lieu de rencontre informel qui ne trouve plus sa place dans une économie mondialisée. Plusieurs études en sociologie ont montré l'importance de ce type de lieu dans les quartiers. Historiquement, dans la plupart des sociétés civilisées, les lieux de rencontre informels (cafés, bistros, magasins généraux) ont joué un rôle clé dans le développement de la sociabilité et dans l'acquisition d'une capacité à faire la conversation et à argumenter sur des sujets politiques ou sociaux[3]. Ces lieux sont aussi importants pour la socialisation des enfants. Dans ces endroits, l'enfant apprend à entrer dans le monde des adultes et à se conformer à ses normes, en côtoyant les aînés et en les imitant. Les personnages de François Brochu et de M. Savard sont emblématiques à cet égard : ils sont sévères mais chaleureux, exigeants mais généreux. Dans une société où il est interdit d'interdire, ils n'ont jamais baissé les bras. Ils cultivent la politesse, la décence, la civilité, malgré une société qui juge désormais ces valeurs encombrantes.

Gaz Bar Blues montre aussi avec justesse la façon dont le capitalisme élime le tissu social des vieux quartiers populaires. En détruisant ces derniers au nom de la modernisation, le système capitaliste affaiblit la vigilance politique des classes populaires. Les politiques de développement urbain, menées dans une visée progressiste, ont aggravé l'isolement, l'anomie et l'atomisation des classes populaires. Ce faisant, elles ont exacerbé l'insécurité économique et sociale du peuple. Plutôt que de favoriser la lutte aux délinquants (revendeurs de drogue, voyous, bandes criminelles),

---

3. Ray Oldenburg, *The Great Good Place: Cafés, Coffee Shops, Community Centers, Beauty Parlors, General Stores, Bars, Hangouts and How They Get You Through the Day,* New York, Marlowe, 1989.

elles prêchent une tolérance naïve en ressassant leur évangile humanitaire. Les classes populaires sont ainsi laissées à elles-mêmes pour faire face aux délinquants. Le film de Louis Bélanger a aussi le mérite de montrer que le peuple est le grand perdant de la sacralisation de la figure du délinquant dans la culture de masse. Depuis une génération, les héros des films et des séries télévisées sont souvent des voyous, des criminels, des salauds, bref, des ennemis de la communauté. Dans beaucoup d'œuvres, les délinquants sont des héros attachants, en lutte contre une société hypocrite et corrompue. Pourtant, le délinquant moderne n'enlève pas aux riches pour redonner aux pauvres. Il s'attaque à sa communauté, cherchant à la vampiriser et terrorisant ses membres. Jouisseur invétéré, il s'amuse à défier la loi. De nos jours, les bandes violentes font bon ménage avec le capitalisme mondialisé. Ces bandes ne font pas que singer l'arrogance des requins de Wall Street, elles sont au cœur du système de criminalité financière international.

L'insécurité a aujourd'hui trois sources. Premièrement, le domaine du travail, où la précarité a grandement augmenté depuis la fin des Trente Glorieuses. Elle a d'abord frappé les X et les seconds boomers. Mais elle touche des segments de plus en plus larges de la population : les jeunes comme les vieux, les hommes comme les femmes, les employés du secteur public comme ceux du secteur privé. Avec la mondialisation, l'évolution technologique et le recours à la sous-traitance, les entreprises deviennent réticentes à offrir une bonne sécurité professionnelle à leurs employés.

Deuxièmement, la hausse de la délinquance juvénile provoque le sentiment d'insécurité des résidants des quartiers populaires depuis les années 1960. Dans les zones les plus à risque, les gens ne font même plus confiance à la police pour assurer leur sécurité.

Troisièmement, l'épargne est une source d'insécurité importante. La financiarisation de l'économie crée un immense secteur où, en somme, des joueurs aguerris cannibalisent de petits épargnants impuissants. Aussi, les crises financières de 1998 et de 2008 ont fait disparaître une partie significative de l'épargne de ces derniers. L'inquiétude quant à la retraite est devenue aujourd'hui une obsession pour des millions de gens.

Ces trois sources d'insécurité, en apparence sans lien, sont traitées séparément dans les journaux et les bulletins télévisés. Elles sont en fait liées et s'alimentent mutuellement[4]. Elles font naître aussi une angoisse à l'échelle de la collectivité et une méfiance à l'égard de l'autorité publique. Les classes populaires ont le sentiment d'avoir été abandonnées par les élites. Ces dernières négligent la souffrance engendrée dans les quartiers populaires par la montée de l'insécurité. En accord avec une vieille hostilité envers les forces policières, elles parlent de « sentiment » d'insécurité, de « fantasme » sécuritaire, comme s'il n'y avait aucun problème réel dans ces quartiers, que les statistiques mentaient. Ce constat d'une détérioration du tissu social est pourtant partagé par les professeurs des écoles publiques de ces quartiers, par les chauffeurs d'autobus qui sillonnent leurs principales artères ainsi que par les policiers qui y sont affectés.

Dès qu'elles en ont les moyens, les jeunes familles de ces quartiers votent avec leurs pieds : elles déménagent en banlieue. Ou alors, elles placent leurs enfants à l'école privée. Ainsi, de plus en plus, au sein de villes comme Montréal et Toronto, on distingue deux univers. D'un côté, les quartiers faiblement touchés par la progression de la délinquance ; de l'autre, ceux qui composent avec elle au quotidien. Dans les premiers, les citoyens possèdent les moyens de se protéger ; dans les seconds, ils inventent des ruses pour compenser les défaillances et l'indifférence des autorités publiques. Cette méfiance est affirmée d'une façon imagée, dès le début du film de Louis Bélanger, par M. Savard, employé typique, bourru et sévère, mais aussi sociable et généreux. Il s'adresse dans cette scène à la fille du patron :

---

4. Sur les liens entre ces trois sources d'insécurité, consulter l'essai de Philippe Cohen, *Protéger ou Disparaître*, Paris, Gallimard, 1999.

Maudit que t'es naïve, la jeune ! C'est des histoires pour nous fourrer. C'est comme quand y ont changé pour les litres. Faut que tu fasses des divisions du verrat juste pour savoir comment ça fait en gallons... Fais-toi-z'en pas qu'y ont pas enlevé le système impérial pour rien. Ça fait leur affaire qu'on comprenne plus rien. Hey ! On s'en câlisse-tu, de la pollution, entre toé pis moé ? Vous autres, les enfants du boss, vous avez ben de l'éducation. Mais pas de jugement pantoute !

La résignation du père de famille, François Brochu, illustre l'amertume de beaucoup de parents de X qui constatent, au soir de leur vie, que leurs enfants sont sur la voie du déclassement social. Sans l'exprimer clairement, ces parents ont acquis la conviction que les promesses des années 1960 ont été trahies. Ayant connu une bonne mobilité sociale durant les Trente Glorieuses, ils ont fini par réaliser que le destin de leurs enfants serait bien différent[5].

---

5. Le sociologue Louis Chauvel a noté le même phénomène pour la France dans son essai *Les Classes moyennes à la dérive*, Paris, Éditions du Seuil, 2006.

30

Retrouver l'enfant en soi

Au début de cette enquête sur la génération X, il était surtout question d'analyser les obstacles politiques et économiques qui se sont dressés sur son chemin. Petit à petit, toutefois, l'angle d'analyse s'est déplacé. J'ai observé que la singularité du destin de cette génération tenait probablement plus aux mutations qui ont affecté le vaste champ de la vie intime. La plupart des X se sont finalement installés dans la vie d'une façon bien différente de ce qui était la norme au début de la Révolution tranquille. Ils n'ont pas cherché à changer la société ; ils n'ont pas voulu casser le système capitaliste. Ils ont simplement cherché un emploi stable et, surtout, une vie familiale normale. Les débats sur la place publique, depuis vingt ans, reflètent ce changement d'esprit. La famille a été la cible de critiques sévères dans les années 1960 et 1970. Cette institution était vue comme un lieu d'endoctrinement ou d'oppression. À partir des années 1980, les Québécois cherchent plutôt à se réconcilier avec elle.

Cette révision du rôle de la famille ne touche pas seulement les X. Les enfants nés dans les années 1970 et 1980 valorisent également beaucoup l'unité familiale, bien que presque la moitié de ceux-là aient grandi dans des foyers éclatés. Une anecdote permettra d'illustrer ce fait. Au début de chaque session, je pose deux questions à mes étudiants lors du premier cours : quelle est votre idole ? Qu'est-ce que vous souhaiteriez avoir accompli au terme de votre vie d'adulte ? Les réponses à ces deux questions sont déroutantes. À la première, la plupart des élèves ne répondent pas Winston Churchill, Charles de Gaulle, Nelson Mandela ou René Lévesque. Ils nomment le plus souvent tantôt leur mère, tantôt leur père, tantôt un grand-parent. Les réponses à la seconde question sont aussi étonnantes. La plupart des étudiants ne rêvent pas de devenir des athlètes olympiques, des savants, des vedettes rock ou encore de grands politiciens. Ils veulent simplement réussir leur vie familiale. Ces réponses, en un sens, sont réjouissantes. Elles donnent à penser que l'institution familiale, en proie à de sérieuses secousses depuis des décennies, est encore une source d'espoir pour les jeunes. D'un autre point de vue, cependant, elles sont inquiétantes. Cette absence d'ambition face au monde extérieur à la famille représente peut-être un piège. Dans un roman récent, l'écrivain Benoît Duteurtre décrit ce fait, qu'il observe dans la curieuse disparition des mots « père » et « mère » et leur remplacement par l'usage exclusif de « papa » et « maman ».

> Il n'y a pas si longtemps, la première manifestation de maturité consistait à rejeter ces termes puérils. Entre copains, on disait bruyamment « mon père » ou « ma mère », « mes vieux » ou « les parents », comme pour liquider le poids de l'enfance. Notre époque préfère entretenir l'illusion que nous restons, jusqu'à la mort, de grands bambins attachés aux joies et aux traumatismes de nos premières années. Tout nous ramène vers la famille, ultime petite barque survivant au naufrage des religions, des nations et des cultures[1].

Toute civilisation, pour se maintenir ou grandir, a besoin d'un idéal, qui incite l'individu à s'élever et à reléguer à l'arrière-plan son origine et sa condition. La conscience des limites, bien qu'elle soit un atout de la génération X, pourrait aussi un jour se retour-

---

1. Benoît Duteurtre, *Le Retour du général*, Paris, Fayard, 2010, p. 104-105.

ner contre elle si ses membres refusent d'établir un standard élevé de conduite pour eux-mêmes, pour leurs enfants et, plus largement, pour l'ensemble de leurs contemporains.

Le sens des limites s'est imposé à beaucoup de X dans un contexte de lutte pour la survie. Lorsqu'un individu est engagé dans une telle lutte, il doit ménager ses forces. Il cherche simplement à conserver son intégrité face aux menaces qui l'assaillent. Il ne cherche pas à s'élever, à se dépasser, à gravir des sommets, à faire de grandes choses, bref, à atteindre l'excellence dans les arts, la science, l'action politique, le sport ou l'engagement social. À mesure que les X s'engagent dans leur traversée du désert, le sens de l'idéal est abaissé ou même abandonné. L'écrivain Alain Roy a évoqué cette idée, rappelant que les X n'ont jusqu'ici pas fait autre chose que de chercher à survivre. Ils ont tâché d'éviter Thanatos, pendant que les premiers boomers, aînés et rivaux, continuaient à poursuivre Éros[2].

L'imaginaire de la survie s'est imposé de façon soudaine à la génération X durant les années 1980, mais il a réussi par la suite à étendre son hégémonie à la société entière. La société thérapeutique diminue en effet les attentes des individus face à l'avenir, les intimant à « se sentir bien » avant d'embrasser toute autre forme d'idéal. L'individu moderne ne cherche pas à exceller, par exemple en dépassant ses parents dans un domaine précis comme les arts, la science, les affaires ou la politique. Il cherche plutôt à être bien dans sa peau, à atteindre l'harmonie psychique, physique et familiale, sans avoir trop d'ambition quant au reste. Les médias de masse nourrissent cet imaginaire par les innombrables émissions et chroniques sur la santé, la cuisine, les soins du corps, la remise

---

2. Alain Roy, « Le refus total », *Liberté*, vol. 37, n° 221, 1995, p. 93. Les auteurs des *Invincibles* ont aussi illustré une telle idée dans un savoureux épisode. À l'occasion d'une fête chez le père d'un des quatre Invincibles, ces derniers notent avec consternation que les vieux boomers sont tous accompagnés par de belles jeunes femmes. L'échec générationnel dans le domaine de la séduction est ici évoqué avec mordant.

en forme. Nous sommes loin des années 1960, où les Québécois se considéraient comme des citoyens capables de changer le cours de leur destin en tant que peuple. Lorsque les X étaient enfants, les féministes encourageaient les femmes à sortir de leur cuisine. Aujourd'hui, on remarque que les femmes y sont restées et que les hommes, eux, sont venus les y rejoindre.

Cette réduction de l'horizon des citoyens au cercle étroit de la maisonnée, aucun auteur ne l'a mieux décrite que Hannah Arendt. Dès la fin des années 1950, la philosophe avait anticipé les ressorts de cette société où la condition humaine se limiterait à l'entretien de la vie et à la reproduction. Dans son grand livre *Condition de l'homme moderne*, elle rappelle que le travail n'avait pas dans l'Antiquité le prestige qu'il a acquis des siècles plus tard, avec l'avènement du monde moderne. Dans l'Antiquité grecque, par exemple, le travail était réservé aux esclaves. Ceux-ci n'avaient pas accès au domaine public. Ils étaient privés de quelque chose : « L'homme qui n'avait pas d'autre vie que privée, celui qui, esclave, n'avait pas droit au domaine public ou, barbare, n'avait pas su fonder ce domaine, cet homme n'était pas pleinement humain[3]. » Arrivés à la modernité, les hommes ont relégué au second plan la vie contemplative au profit de la vie active. Et parmi les trois grandes facultés de la vie active — l'action, l'œuvre et le travail —, c'est la dernière qui a pris progressivement toute la place[4]. Pour les modernes, aucune activité n'a de noblesse si elle n'est vue comme un travail capable d'alimenter le processus vital ou, comme on le dirait aujourd'hui, de « faire rouler l'économie ». Pour Marx, en

---

3. Hannah Arendt, *Condition de l'homme moderne*, Paris, Calmann-Lévy, 1983, p. 77. Pour la version originale : *The Human Condition*, Chicago, University of Chicago Press, 1958.
4. L'action est, selon Hannah Arendt, l'activité humaine proprement politique ; l'œuvre est la faculté privilégiée de l'*homo faber*, celui qui fabrique des objets possédant une durée et survivant au monde que nous habitons. Le travail est l'activité qui sert simplement à rester en vie, à permettre la reproduction quotidienne du processus vital.

effet, travail et consommation sont les deux stades du cycle perpétuel du processus biologique : tout ce que produit le travail est fait pour être absorbé dans le processus vital et servir à l'entretien du corps.

L'un des paradoxes de la génération X est d'entrer dans la vie adulte au sein d'une société entièrement composée de travailleurs, mais où il n'y a pas de travail pour les jeunes adultes. Dans cette société, presque toutes les activités ont été nivelées, réduites à la seule fonction commune de pourvoir aux nécessités biologiques de la vie. Peu importe notre métier — professeur, policier, ingénieur, boulanger, charpentier —, nous sommes tous censés œuvrer pour gagner notre vie. Mais qu'advient-il à une génération quand elle ne peut s'adonner à la seule activité qui est jugée digne par la société ? Les X, rappelons-le, sont considérés comme un groupe inutile durant une longue décennie. Sans travail dans une société qui magnifie le travail, et en l'absence des repères du passé, ils se sont employés, du mieux qu'ils le pouvaient, à meubler leur temps et à survivre au marasme économique. Ils ont cherché à rassurer leurs parents inquiets, souvent en leur laissant croire qu'ils avaient un avenir.

L'imaginaire de la survie façonne l'individu narcissique, le repoussant au stade primal. Cet individu ressemble à Kaspar Hauser, cet orphelin allemand qui a grandi seul, sans lien avec l'environnement humain. Hauser était à la merci de la vie, comme un animal solitaire. Par toutes sortes d'incitatifs, l'individu aujourd'hui est rabaissé par la société jusqu'au stade de l'animal, ou plutôt du nourrisson. À la naissance, un nourrisson est incapable de subvenir lui-même à ses besoins primaires : il dépend donc de sa mère, à qui il rappelle sans cesse ses devoirs par des cris, des pleurs, des geignements. Un jour, le nourrisson accède à l'autonomie, ce qui ne signifie pas qu'il apprend à combler ses besoins de façon immédiate. Plutôt, il finit par apprendre à tolérer sa faim, à supporter la douleur, à accepter un certain inconfort et à être séparé de ses parents. Il apprend à vivre la frustration et accepte la limitation de ses désirs. L'apprentissage des limites, voilà ce qu'une société doit inculquer à ses enfants. Voilà aussi ce que beaucoup de X ont appris par eux-mêmes, à un âge bien tardif. Et certaines choses, malheureusement, s'apprennent plus difficilement à l'âge adulte. C'est pourquoi certains X ne trouveront jamais les forces pour renverser le cours de l'histoire. Un désir inconscient de ne pas accéder à la vie adulte les gardera dans les dédales de la vie infantile.

ÉPILOGUE

Le sens des limites

> *Il y a des coutumes auxquelles nous sommes tenus de nous conformer ; si nous y dérogeons trop gravement, elles se vengent sur nos enfants. Ceux-ci, une fois adultes, ne se trouvent pas en état de vivre au milieu de leurs contemporains, avec lesquels ils ne sont plus en harmonie.*
>
> ÉMILE DURKHEIM[1]

Beaucoup de X entretiennent ce souvenir des dimanches de leur enfance, où ils accompagnaient leurs parents pour la visite hebdomadaire aux grands-parents. Ils pénétraient dans de vieilles maisons, où s'étaient succédé plusieurs générations. Ces demeures dégageaient un parfum du passé. Des icônes religieuses tapissaient les murs. Le salon était un sanctuaire interdit où l'on ne pénétrait que rarement, lors d'événements spéciaux comme un baptême ou des fiançailles.

    Ces grands-parents semblaient provenir d'un autre siècle. Par leur habillement, leurs manières, leur parler, leurs superstitions,

---

1. Émile Durkheim, *Éducation et Sociologie* (1922), Paris, Presses universitaires de France, 1968, p. 35.

leur catholicisme imparfait aussi. Ils étaient tendres, attachants, mais aussi sévères. Ils ressemblaient à des personnages de musée tant ils incarnaient une autre époque. La conservation de leur mode de vie était menacée. La course trépidante de la société moderne rendait ces vieux étrangers à ce que l'on vivait.

Les X ont été influencés par la génération de leurs grands-parents. Dans un sens, ces derniers leur sont parfois apparus comme des repoussoirs, comparés aux gens dans le vent qu'ils côtoyaient dans d'autres milieux et qui affrontaient l'avenir avec tant d'audace. D'un autre point de vue, toutefois, les vieux ont fini par s'infiltrer quelque part dans l'imaginaire de la génération X, en tant que modèles d'humilité, de persévérance et de courage. Ces modèles allaient un jour se révéler utiles pour aider des X en proie au désespoir. Ils allaient représenter, dans leurs souvenirs, des archétypes de ce qui résiste dans l'ordre humain. Ces archétypes incarnant la patience, la détermination et aussi, simplement, la force d'inertie étaient en leur temps des preuves vivantes que tout ne plie pas et ne cède pas devant la loi du mouvement.

C'est l'expérience vécue durant la première tranche de la vie adulte qui va inciter les X à réviser leur jugement sur leurs aïeux. Durant la vingtaine, les X frappent un mur. Ils réalisent avec le temps que l'idéal de vie prôné par leurs propres parents est hors de portée. L'idéal de vie de la société québécoise, dans les années 1970 et 1980, consiste à réussir ses études, à s'installer avec l'âme sœur et à fonder une famille, comme l'ont fait les générations précédentes. Mais beaucoup de X doivent renoncer à cet idéal, ou du moins le reporter à plus tard. Ils sont nombreux à l'abandonner ou à l'oublier, à se contenter de survivre, à simplement chercher à passer à travers leur journée sans affronter trop de déceptions ni de tracas. Ils ne cherchent pas, non plus, à inventer un nouvel idéal de vie en esquissant des projets de société, des utopies politiques ou de nouveaux horizons spirituels. Les X acceptent la société comme elle est, maugréant en guise de contestation. Ils deviennent, en somme, une génération de routiniers.

Cette entrée laborieuse dans la vie adulte, durant les

années 1980, a cristallisé chez les X des émotions particulières face à la vie, au destin, au monde. Le tout a résulté pour eux en une posture défensive, sceptique, pessimiste, moins une posture politique qu'une humeur. Ils cherchent, de façon prudente mais improvisée, à conserver des bribes de la sécurité, du bonheur et de l'humanité goûtés dans l'enfance, mais que le destin générationnel a fragilisés ou fait voler en éclats.

Aujourd'hui, la génération X approche de la cinquantaine ou l'a atteinte. Une bonne partie a réussi sa traversée du désert, bien que l'insécurité menace encore bien des adultes, même ceux qui ont toutes les apparences d'être solidement installés. Cette génération connaît un destin de déclassés. Elle sait que, pour vivre avec une certaine sérénité, elle a dû réviser ses attentes par rapport à la vie. Elle a accepté des postes moins intéressants, des conditions sociales plus modestes. Et, dans sa vie personnelle, elle a accepté l'idée que la stabilité familiale d'antan est révolue.

Cette traversée du désert a nourri des convictions de plus en plus fermes au sein de cette génération. La première est que la maturité consiste, souvent, à renoncer à ses rêves de jeunesse. En cela comme sur d'autres points, les X ressemblent à leurs grands-parents, nés au tournant du XXe siècle. Les baby-boomers auront été à cet égard une génération d'exception dans l'histoire. L'erreur des X aura consisté à envier leur destin.

Développer une certaine maturité dans une société qui valorise la jeunesse, l'insouciance et l'immaturité n'est évidemment pas une mince affaire. Cette maturité aura néanmoins été acquise, mais au prix de multiples trébuchements. Comme un alcoolique abstinent qui vit à l'occasion des rechutes, bien des X ont appris à la dure à retomber sur leurs pieds après un enivrement furtif. Ils ont dû revenir sur leur propre passé trois fois plutôt qu'une, et reconsidérer la prudence et le bon sens de la génération de leurs grands-parents. Ils ont fini par comprendre que leurs aïeux, s'ils étaient moins scolarisés, avaient au moins du caractère et une sagesse pratique. Leur conduite au quotidien était dictée par le sens des limites. Ces êtres avançaient dans la vie avec des proverbes qui peuvent sembler simplets, mais qui traduisaient des siècles d'expérience : des maximes qui suggéraient par exemple que seul l'effort peut assurer la réussite ; que l'avenir ne sera peut-être pas meilleur que le présent ; que le bonheur, finalement, réside peut-être dans l'acceptation du fait que le bonheur n'existe pas ; que l'honnêteté et la loyauté finissent par payer. Ces éléments de sagesse, à tout prendre, sont plus justes que les slogans naïfs de la révolution culturelle : « Il est interdit d'interdire », « Il faut jouir sans entraves » ou encore « Soyez réalistes, demandez l'impossible. »

Les X commettent cependant une erreur s'ils poussent trop loin cette référence au destin des cohortes nées dans les années 1920 ou les années 1930, ou même de celles qui sont venues au monde au début du siècle. Nos ancêtres ont grandi dans l'austérité et en portent la marque. La génération X a plutôt dû se familiariser avec les anciennes vertus bourgeoises, mais bien tardivement, dans une société qui ne se lasse pas de valoriser le plaisir, la fête, le délire, la défonce, etc.

Avec le temps, les X ont appris à se méfier des innovations, qu'elles viennent de l'ordre économique ou de celui de la morale. Ils ont trop souvent été les premiers à faire les frais d'un système qui s'amuse à pulvériser les limites et les repères, ceux-là mêmes qui, pendant des siècles, ont conféré leur solidité aux collectivités. En cherchant à réhabiliter un certain sens des limites, en nourrissant une méfiance face aux appels à faire l'histoire, les X ont peut-être finalement fait œuvre utile. Leur façon de se démarquer, par le biais d'une posture défensive, est difficile à comprendre à partir de la grammaire politique héritée des années 1960. Pourtant, il se pourrait qu'ils aient préparé, modestement et instinctivement, un renouvellement de l'horizon politique du peuple québécois.

ANNEXE

Un chantier et une méthode

La recherche qui a mené à la publication de ce livre a représenté, dès le début, un projet personnel. À quelques reprises, elle a toutefois trouvé un appui institutionnel dans des milieux scientifiques. Avant de parler de ma méthode, je souhaite relater la genèse du chantier de recherche. J'ai d'abord organisé un colloque en 2001 à l'Université McGill, au programme d'études sur le Québec. Il visait à explorer la sensibilité historique et politique de la génération post-baby-boom. Les débats tenus lors de ce colloque ont nourri l'écriture d'un collectif intitulé *Les idées mènent le Québec*[1]. J'ai par la suite poursuivi ce chantier de recherche au CELAT de l'Université Laval. Ce travail a permis l'obtention d'une subvention de recherche du CRSH (catégorie « Jeune chercheur », 2003-2006).

Pendant ces années, j'ai testé différentes hypothèses sur la trajectoire de la génération X. Dans le but de les confronter au réel, j'ai recueilli des données en recourant à diverses techniques de recherche. Le but ultime de l'enquête était d'analyser la trajectoire sociale des X, de l'enfance jusqu'à aujourd'hui. Je cherchais avant tout à produire une grande synthèse qui donnerait un sens à l'expérience collective des individus nés dans les années 1960. Je vou-

---

1. Stéphane Kelly (dir.), *Les idées mènent le Québec,* Québec, Presses de l'Université Laval, 2003.

lais que l'essai soit rédigé dans une langue simple, claire et accessible, afin de rejoindre un large public cultivé, et non seulement la confrérie des sociologues et des historiens.

L'inspiration méthodologique qui sous-tend cet essai vient du regretté Hubert Guindon. C'est à ce dernier que je dois une bonne partie de ma formation de sociologue. Avant de devenir professeur à l'Université Concordia, il avait fréquenté le Département de sociologie de l'Université de Chicago ; mon travail doit d'ailleurs beaucoup à la tradition de cette école. Étant donné que ce livre a été campé à mi-chemin entre l'essai et la monographie scientifique, je dois à mes collègues quelques précisions sur la démarche qui l'a inspiré.

J'ai cherché à mettre au point une approche susceptible d'écarter les explications traditionnelles sur les générations issues du baby-boom. Les techniques utilisées empruntent principalement à la méthodologie qualitative, bien que l'apport des données statistiques n'ait pas été exclu. Privilégiant une démarche compréhensive, je cherchais surtout à décrire les significations attribuées par les X à leur trajectoire et à leur destin. La collecte des données a été divisée en trois volets.

Le premier, relevant moins d'une méthodologie qualitative, consistait à analyser et à interpréter des tendances sociales affectant la trajectoire de la génération X (quant à la scolarisation, à l'emploi, au revenu et à la vie familiale). Ces tendances sont bien mesurées par les institutions qui produisent les données statistiques institutionnelles (Statistique Canada, Bureau de la statistique du Québec). Ce volet était moins ambitieux que les deux autres, mais il était un préalable à la poursuite de la recherche, car il permettait de nuancer, de corriger ou de confirmer dès le départ des perceptions touchant la trajectoire des X et des autres cohortes générationnelles à l'étude.

Un deuxième volet visait à analyser le matériel documentaire touchant la génération X. Il s'agissait d'interpréter l'abondante littérature sur cette cohorte. J'ai d'abord analysé la documentation scientifique sur le sujet dans différentes disciplines (histoire, sociologie, science politique). J'ai ensuite procédé à une analyse de discours tenus par des X de différents horizons (cinéastes, chanteurs, journalistes, essayistes). L'accent a été placé sur des discours qui ont connu un bon rayonnement public. Je présume que si un film comme *Horloge biologique* a obtenu un grand succès populaire, c'est que le public y a trouvé une certaine dose de vérité.

Ce troisième volet de la recherche est en bonne partie fondé sur la technique de l'observation[2]. En effet, certaines problématiques en sociologie ne sont compréhensibles que par un travail d'observation directe, préalable à l'analyse, des interactions sociales qui se nouent au quotidien entre les individus. Lorsqu'Alexis de Tocqueville a parcouru les États-Unis dans le but de rédiger *De la démocratie en Amérique*, il y a enregistré une grande variété d'observations, matière qu'il n'aurait pas trouvée dans la littérature scientifique.

Cela dit, il existe différents modes d'observation[3]. Elle peut être clandestine ou avouée. Durant toute la durée de mon enquête, j'ai recouru aux deux types, selon la nature des milieux observés. Beaucoup d'informations à l'origine des biographies ont été recueillies au sein de milieux fréquentés par des X. Ces informations ont fini par remplir, au fil des ans, des dizaines de carnets. Plusieurs individus de ces milieux connaissaient mon chantier de recherche sur la génération X et échangeaient spontanément avec moi sur différents sujets. Il reste qu'une bonne partie des renseignements proviennent davantage de simples observations que d'entretiens formels et sollicités. Une grande variété de sources m'ont fourni les autres données : articles de presse, essais, monographies. Sans compter, bien sûr, toutes sortes de textes non publiés auxquels j'ai eu accès durant ces

---

2. Jean Peneff, *Le Goût de l'observation. Comprendre et pratiquer l'observation participante en sciences sociales*, Paris, La Découverte, 2009.
3. Henri Peretz, *Les Méthodes en sociologie. L'observation*, Paris, La Découverte, 1999.

années, étant engagé dans des activités éditoriales ou scientifiques depuis la fin des années 1980[4].

Chacun des portraits présentés dans la troisième section du livre est la synthèse de trois ou quatre individus réels rencontrés au cours de ce chantier de recherche. Je les ai rédigés en respectant des règles propres à la fiction. C'est qu'il est de toute façon impossible pour un chercheur de restituer le passé véritable d'un informateur qui a accepté de se confier lors d'un entretien. Il est difficile pour n'importe qui de livrer, rétrospectivement, le sens exact de son histoire personnelle. Une biographie ne peut jamais être qu'une des nombreuses versions, toutes importantes, d'une vie humaine. La vie d'un individu s'écrit et se réécrit au fur et à mesure qu'il traverse les grandes étapes de sa trajectoire. Le recours à la fiction indique que c'est seulement une interprétation qui est proposée, et non pas une vérité exhaustive.

Le recours à la fiction était motivé par une autre raison. Je cherchais à comprendre les mutations radicales qui survenaient dans toutes les facettes de la vie intime des X. En privilégiant la fiction, j'avais une plus grande liberté pour les explorer. Certes, il aurait été possible de proposer des portraits de X ayant acquis une notoriété dans tel ou tel secteur d'activité. Mais le dévoilement d'aspects intimes de leur vie aurait posé problème d'un point de vue éthique.

La rédaction des portraits a été en partie inspirée par le travail du journaliste américain Studs Terkel[5]. Celui-ci publiait des biographies ou des silhouettes à partir d'un raccourci de la carrière ou d'une vie, dans un style dense et syncopé. J'ai adopté librement ce style d'écriture, en utilisant toutefois la troisième personne,

---

4. J'ai assumé des fonctions de rédacteur et d'éditeur dans les publications suivantes : journal étudiant *Le Continuum* de l'Université de Montréal (1986-1990), revue *Possibles* (1990-1997) et revue *Argument* (1999-2003).

5. Studs Terkel, *Hard Times. Histoires orales de la Grande Dépression*, Paris, Éditions Amsterdam, 2009.

contrairement à Terkel, qui utilise plutôt la première personne dans ses livres. L'approche biographique, en sociologie, cherche à dégager le sens que les individus donnent à leur conduite et à leur propre histoire, rétrospectivement. Pour y arriver, j'ai suivi les normes méthodologiques suggérées par les premières monographies issues de l'école de Chicago. Ces dernières décrivent des trajectoires d'individus déroutés, désorientés, parfois déracinés, mais qui finissent par développer une capacité de résistance et un courage hors du commun. Le livre *The Hobo*[6] a été précieux lorsqu'est venu le temps de relater l'état d'anomie de nombreux X. Il raconte habilement comment des individus cultivés, qualifiés, politisés trouvent refuge pendant des mois ou même des années dans l'errance sociale et finissent par inventer des stratégies de survie, le plus souvent en l'absence d'un appui de leur famille, du marché du travail, de l'Église et, parfois, sans même avoir un domicile.

Les carnets qui ont servi de matériau pour les biographies ont été rédigés sur une très longue période, pratiquement une vingtaine d'années. Les milieux privilégiés dans l'enquête de terrain donnent accès à des profils de X très différents. Certains des endroits visités étaient surtout le lieu de rencontre de X fortement scolarisés, aspirant à occuper des fonctions de premier plan dans la société. D'autres lieux, au contraire, étaient fréquentés par des X appartenant au bas de l'échelle. L'usage des biographies était plus utile encore pour cette seconde catégorie de sujets. Les premiers étaient sur le point de se tailler une place enviable au sommet ou au milieu de la pyramide sociale ; ils parvenaient parfois à se faire entendre. Les X appartenant aux classes populaires étaient au contraire confinés au silence, à tout le moins sur la place publique. Durant ces années de recherche, pendant de longues périodes, j'ai habité d'anciens quartiers ouvriers en déclin. L'analyse de la trajectoire des X de ces milieux a été facilitée par les circonstances de ma trajectoire personnelle.

---

6. Nels Anderson, *The Hobo*, Chicago, University of Chicago Press, 1923.

Remerciements

Mes remerciements sont brefs. Trop d'individus m'ont aidé au cours des années à poursuivre cette enquête sur la génération X pour que je procède à une énumération.

C'est ma conjointe, Mélissa Anctil, une X, qui m'a insufflé l'idée d'un tel livre, sous cette forme. L'idée a pris vie lentement, au terme d'une année de chroniques au journal *La Presse* en 2005-2006. Nés à six mois d'intervalle l'un de l'autre, nous avons accepté de faire un voyage dans le temps, pendant plus de quatre ans. Nous avons ressassé mille souvenirs et observations. Ce travail de mémoire a permis d'analyser, de comprendre, d'interpréter et de retourner dans tous les sens les trajectoires de nombreux X. Je la remercie tendrement pour les suggestions, les bémols, les désaccords, les critiques, les encouragements et, surtout, pour les éclats de rire qui ponctuaient souvent nos conversations. Nous avons discuté en long et en large de chacun des chapitres livrés ici, ainsi que de quelques autres qui ont finalement été laissés de côté. Parmi ses apports cruciaux à ce manuscrit, il y a le fait qu'elle m'a aidé à comprendre la trajectoire des femmes appartenant à la génération X, bien que je sois conscient qu'une femme sociologue aurait écrit sur ce sujet un essai présentant des teintes analytiques différentes. Les talents littéraires de Mélissa m'ont aussi aidé à injecter une certaine imagination sociologique aux analyses proposées dans ce livre, notamment celles qui ont donné vie à monsieur Bovary et à madame Don Juan.

Enfin, je veux remercier mon fils, Alexis. Sa présence les weekends me donnait un bon alibi pour prendre une pause dans l'écriture. Un répit est tout indiqué quand le projet poursuivi ressemble à un marathon exténuant. La venue au monde de mon fils, il y a neuf ans, a imprimé des changements décisifs dans ma vie. Ceux-ci m'ont aidé à réviser mon apport à la vie des idées au Québec, à approfondir ma lecture du destin de la génération X et, plus largement, à imaginer sous un autre angle l'horizon politique de la nation québécoise.

Table des matières

INTRODUCTION • Les enfants de la révolution — 11

I L'enfance de la génération X

1 • Les années 1960 et la société thérapeutique — 19

2 • Des parents déboussolés — 24

3 • Le Mur et la destruction de l'école publique — 29

4 • La religion du rock ou la passion selon C.R.A.Z.Y. — 37

5 • Le sexe : les illusions de la libération — 44

II Devenir un jeune adulte

6 • Les années 1980 et la crise de la classe moyenne — 53

7 • Les étapes de l'installation dans la vie — 60

8 • Stratégies de survie en temps d'anomie — 69

9 • Monsieur Bovary — 79

10 • Madame Don Juan — 89

III La traversée du désert

11 • La pyramide sociale et les trajectoires biographiques — 101

12 • Au sommet : la classe supérieure — 106

13 • La classe moyenne I : les X tard-installés — 116

14 • La classe moyenne II : les X tôt-installés — 130

15 • Vivre au bas de l'échelle : la classe inférieure — 141

IV Les filières payantes

16 • La lutte pour les places des mondiaux — 157

17 • Les thérapeutes — 161

18 • Les vedettes — 168

19 • Les juristes — 175

20 • Les managers — 183

V La lutte pour la survie

21 • La fin du monde : héros, victimes, survivants — 195

22 • Narcisse dans l'espace — 201

23 • Les guerriers de l'amour — 207

24 • La planète des singes — 216

VI La perte des repères politiques

25 • Sens de l'idéal et déceptions démocratiques — 227

26 • Darwinistes et libertariens : le culte de l'*animal laborans* — 233

27 • L'élève, le citoyen et le client : les X en tant que parents — 243

28 • Les capacités politiques du peuple 253

29 • Le mouvement, le Mur et l'insécurité 260

30 • Retrouver l'enfant en soi 269

ÉPILOGUE • Le sens des limites 275

ANNEXE • Un chantier et une méthode 279

Remerciements 285

CRÉDITS ET REMERCIEMENTS

Les Éditions du Boréal reconnaissent l'aide financière du gouvernement du Canada par l'entremise du Fonds du livre du Canada (FLC) pour leurs activités d'édition et remercient le Conseil des Arts du Canada pour son soutien financier.

Les Éditions du Boréal sont inscrites au Programme d'aide aux entreprises du livre et de l'édition spécialisée de la SODEC et bénéficient du Programme de crédit d'impôt pour l'édition de livres du gouvernement du Québec.

Illustration de la couverture : Dreamstime.com

EXTRAIT DU CATALOGUE

Mark Abley
Parlez-vous boro ?
Marcos Ancelovici et Francis Dupuis-Déri
L'Archipel identitaire
Bernard Arcand
Abolissons l'hiver !
Le Jaguar et le Tamanoir
Margaret Atwood
Cibles mouvantes
Comptes et Légendes
Denise Baillargeon
Naître, vivre, grandir. Sainte-Justine, 1907-2007
Bruno Ballardini
Jésus lave plus blanc
Maude Barlow
Dormir avec l'éléphant
Maude Barlow et Tony Clarke
L'Or bleu
Pierre Beaudet
Qui aide qui ?
Éric Bédard
Les Réformistes
Thomas R. Berger
La Sombre Épopée
Gilles Bibeau
Le Québec transgénique
Gilles Bibeau et Marc Perreault
Dérives montréalaises
La Gang : une chimère à apprivoiser
Michel Biron
La Conscience du désert
Michel Biron, François Dumont
et Élizabeth Nardout-Lafarge
Histoire de la littérature québécoise
François Blais
Un revenu garanti pour tous

Mathieu Bock-Côté
La Dénationalisation tranquille
Jean-Marie Borzeix
Les Carnets d'un francophone
Gérard Bouchard et Alain Roy
La culture québécoise est-elle en crise ?
Serge Bouchard
L'homme descend de l'ourse
Le Moineau domestique
Récits de Mathieu Mestokosho, chasseur innu
Gilles Bourque et Jules Duchastel
Restons traditionnels et progressifs
Philippe Breton et Serge Proulx
L'Explosion de la communication à l'aube du XXIe siècle
Dorval Brunelle
Dérive globale
Georges Campeau
De l'assurance-chômage à l'assurance-emploi
Jean Carette
L'âge dort ?
Droit d'aînesse
Claude Castonguay
Mémoires d'un révolutionnaire tranquille
Luc Chartrand, Raymond Duchesne et Yves Gingras
Histoire des sciences au Québec
Julie Châteauvert et Francis Dupuis-Déri
Identités mosaïques
Jean Chrétien
Passion politique
Adrienne Clarkson
Norman Bethune
Chantal Collard
Une famille, un village, une nation
Nathalie Collard et Pascale Navarro
Interdit aux femmes

Douglas Coupland
  Marshall McLuhan
Gil Courtemanche
  La Seconde Révolution tranquille
  Nouvelles Douces Colères
Harold Crooks
  La Bataille des ordures
  Les Géants des ordures
Tara Cullis et David Suzuki
  La Déclaration d'interdépendance
Michèe Dagenais
  Montréal et l'eau
Louise Dechêne
  Habitants et Marchands de Montréal au XVIIe siècle
  Le Peuple, l'État et la guerre
    au Canada sous le Régime français
Serge Denis
  Social-démocratie et mouvements ouvriers
Benoît Dubreuil et Guillaume Marois
  Le Remède imaginaire
Carl Dubuc
  Lettre à un Français qui veut émigrer au Québec
André Duchesne
  Le 11 septembre et nous
Christian Dufour
  La Rupture tranquille
Valérie Dufour et Jeff Heinrich
  Circus quebecus. Sous le chapiteau
    de la commission Bouchard-Taylor
Renée Dupuis
  Quel Canada pour les Autochtones ?
  Tribus, Peuples et Nations
Shirin Ebadi
  Iranienne et libre
Joseph Facal
  Quelque chose comme un grand peuple
  Volonté politique et pouvoir médical
Joseph Facal et André Pratte
  Qui a raison ?
Vincent Fischer
  Le Sponsoring international
Dominique Forget
  Perdre le Nord ?
Graham Fraser
  Vous m'intéressez
  Sorry, I don't speak French
Alain-G. Gagnon et Raffaele Iacovino
  De la nation à la multination
Lysiane Gagnon
  Chroniques politiques
  L'Esprit de contradiction
Robert Gagnon
  Questions d'égouts

Danielle Gauvreau, Diane Gervais et Peter Gossage
  La Fécondité des Québécoises
Yves Gingras et Yanick Villedieu
  Parlons sciences
Jacques T. Godbout
  Le Don, la Dette et l'Identité
  L'Esprit du don
Peter S. Grant et Chris Wood
  Le Marché des étoiles
Allan Greer
  Catherine Tekakwitha et les Jésuites
  Habitants et Patriotes
  La Nouvelle-France et le Monde
Scott Griffin
  L'Afrique bat dans mon cœur
Steven Guilbeault
  Alerte ! Le Québec à l'heure des changements
    climatiques
Tom Harpur
  Le Christ païen
  L'Eau et le Vin
Jean-Claude Hébert
  Fenêtres sur la justice
Michael Ignatieff
  L'Album russe
  La Révolution des droits
  Terre de nos aïeux
Jane Jacobs
  La Nature des économies
  Retour à l'âge des ténèbres
  Systèmes de survie
  Les Villes et la Richesse des nations
Daniel Jacques
  La Fatigue politique du Québec français
  Les Humanités passagères
  Nationalité et Modernité
  La Révolution technique
  Tocqueville et la Modernité
Stéphane Kelly
  À l'ombre du mur
  Les Fins du Canada
  La Petite Loterie
Will Kymlicka
  La Citoyenneté multiculturelle
  La Voie canadienne
Robert Lacroix et Louis Maheu
  Le CHUM : une tragédie québécoise
Céline Lafontaine
  Nanotechnologies et Société
Jean-Christophe Laurence et Laura-Julie Perreault
  Guide du Montréal multiple
Adèle Lauzon
  Pas si tranquille

Michel Lavoie
C'est ma seigneurie que je réclame
Jocelyn Létourneau
Les Années sans guide
Passer à l'avenir
Que veulent vraiment les Québécois ?
Jean-François Lisée
Nous
Pour une gauche efficace
Sortie de secours
Jean-François Lisée et Éric Montpetit
Imaginer l'après-crise
Jocelyn Maclure et Charles Taylor
Laïcité et liberté de conscience
Marcel Martel et Martin Pâquet
Langue et politique au Canada et au Québec
Monia Mazigh
Les Larmes emprisonnées
Michael Moore
Mike contre-attaque !
Tous aux abris !
Patrick Moreau
Pourquoi nos enfants sortent-il de l'école ignorants ?
Michel Morin
L'Usurpation de la souveraineté autochtone
Anne-Marie Mottet
Le Boulot vers…
Christian Nadeau
Contre Harper
Pascale Navarro
Les femmes en politique changent-elles le monde ?
Pour en finir avec la modestie féminine
Antonio Negri et Michael Hardt
Multitude
Lise Noël
L'Intolérance
Martin Pâquet
Tracer les marges de la Cité
Jean Paré
Conversations avec McLuhan, 1960-1973
Roberto Perin
Ignace de Montréal
Daniel Poliquin
René Lévesque
Le Roman colonial
José del Pozo
Les Chiliens au Québec
Jean Provencher
Les Quatre Saisons dans la vallée du Saint-Laurent
John Rawls
La Justice comme équité
Paix et démocratie

Nino Ricci
Pierre Elliott Trudeau
Noah Richler
Mon pays, c'est un roman
Jeremy Rifkin
L'Âge de l'accès
La Fin du travail
Christian Rioux
Voyage à l'intérieur des petites nations
Antoine Robitaille
Le Nouvel Homme nouveau
François Rocher
Guy Rocher. Entretiens
Jean-Yves Roy
Le Syndrome du berger
Louis Sabourin
Passion d'être, désir d'avoir
Christian Saint-Germain
Paxil$^{(\text{®})}$ Blues
John Saul
Dialogue sur la démocratie au Canada
Mon pays métis
Rémi Savard
La Forêt vive
Dominique Scarfone
Oublier Freud ?
Michel Seymour
De la tolérance à la reconnaissance
Patricia Smart
Les Femmes du Refus global
David Suzuki
Ma dernière conférence
Ma vie
Suzuki : le guide vert
David Suzuki et Wayne Grady
L'Arbre, une vie
David Suzuki et Holly Dressel
Enfin de bonnes nouvelles
Pierre Trudel
Ghislain Picard. Entretiens
Christian Vandendorpe
Du papyrus à l'hypertexte
Yanick Villedieu
La Médecine en observation
Un jour la santé
Jean-Philippe Warren
L'Engagement sociologique
Hourra pour Santa Claus !
Une douce anarchie

Ce livre a été imprimé sur du papier 100 % postconsommation,
traité sans chlore, certifié ÉcoLogo
et fabriqué dans une usine fonctionnant au biogaz.

MISE EN PAGES ET TYPOGRAPHIE :
LES ÉDITIONS DU BORÉAL

ACHEVÉ D'IMPRIMER EN MARS 2011
SUR LES PRESSES DE L'IMPRIMERIE GAUVIN
À GATINEAU (QUÉBEC).